Bernhard Plois, Werner Strodmeyer (Hg.)

Heilsame Haltungen

D1719075

Theorien und Praxis der Beratung

herausgegeben von

Christoph Hutter
Detlev Lindau-Bank
Bernhard Plois
Klaus-Dieter Scheer (†)

Band 3

LIT

Bernhard Plois, Werner Strodmeyer (Hg.)

Heilsame Haltungen

Beratung als angewandte
theologische Anthropologie

LIT

Umschlagbild: Bernhard Plois privat

Gedruckt auf alterungsbeständigem Werkdruckpapier entsprechend
ANSI Z3948   DIN ISO 9706

Bibliografische Information der Deutschen Nationalbibliothek
Die Deutsche Nationalbibliothek verzeichnet diese Publikation in der
Deutschen Nationalbibliografie; detaillierte bibliografische Daten sind
im Internet über http://dnb.d-nb.de abrufbar.

ISBN 978-3-643-13411-0

© LIT VERLAG Dr. W. Hopf Berlin 2016
Verlagskontakt:
Fresnostr. 2   D-48159 Münster
Tel. +49 (0) 2 51-62 03 20   Fax +49 (0) 2 51-23 19 72
E-Mail: lit@lit-verlag.de   http://www.lit-verlag.de

Auslieferung:
Deutschland: LIT Verlag Fresnostr. 2, D-48159 Münster
Tel. +49 (0) 2 51-620 32 22, Fax +49 (0) 2 51-922 60 99, E-Mail: vertrieb@lit-verlag.de
Österreich: Medienlogistik Pichler-ÖBZ, E-Mail: mlo@medien-logistik.at
E-Books sind erhältlich unter www.litwebshop.de

Inhalt

Vorwort
Franz-Josef Bode   9
Vorwort

Einführung
Bernhard Plois, Werner Strodmeyer   15
Heilsame Haltungen – Psychologische Beratung als
angewandte theologische Anthropologie

Aspekte theologischer Anthropologie für Beratung
Werner Strodmeyer, Bernhard Plois   33
Selbstwerdung in Beziehung – Menschenbilder einer
relationalen Theologie und intersubjektiven Psychologie

Erwin Möde   99
„Ich habe Dich bei Deinem Namen gerufen ..." (Jes 43,1):
„Heilsame Haltungen" alternativ zu Kontingenzerfahrung
und Atheismus

Ralf Miggelbrink   113
Mit Angst und Sorge leben

Hans-Jochen Jaschke   129
„Die Ehre Gottes - der Mensch" – eine Lektüre
bei Irenäus von Lyon

Klaus Baumann   143
Heilsame Haltungen unter widrigen Systembedingungen?
Beraterinnen und Berater im kirchlichen Dienst

Heilsame Haltungen in der Beratung
Margrit During   159
Stabilitas und Mut

Sebastian Debour   175
Demut erdet und befreit. Eine heilungsrelevante
Haltung aus biblischer Sicht

Bernhard Kassens 187
Trost und Zuspruch

Christopher Trouw 205
Barmherzigkeit und Vergebung

Reinhard Heine 213
Freude und Hoffnung in der Ehe

Birgit Westermann 223
Compassion und Erziehungsberatung

Bernhard Plois 255
Beratung und Psychotherapie:
Verwandt und doch zweierlei – ein Essay

Anhang

Bernhard Plois 265
Informationen zur aktuellen katholischen
Beratungslandschaft in Deutschland

Autorenverzeichnis 277

„Ich habe Dich bei Deinem Namen gerufen"
Jesaja 43,1

Dr. Franz-Josef Bode

Vorwort

Die „Zeichen der Zeit" zu beachten und im Licht des Evangeliums zu deuten, forderten vor nun 50 Jahren die Konzilsväter des Zweiten Vatikanischen Konzils von allen Gläubigen, um dem Evangelium zeitgemäß dienen zu können. Der seelsorgliche Dienst der Kirche am Menschen ist eine konkrete Gestaltung dieses Konzilsauftrags. Die Zuwendung zum Menschen prägte das Werden der Kirche von ihren Anfängen an. Sie antwortet denen, die auf Güte, Erbarmen, Gnade, Beistand oder Trost angewiesen sind. Wenn die höchste Verherrlichung Gottes der lebendige Mensch ist, wie Irenäus von Lyon sagt (Adversus haereses IV, 20,7), dann trägt die Kirche in ihrem Dienst am Menschen, dem Ebenbild Gottes, zur Verherrlichung Gottes bei.

Der Austausch zwischen den Disziplinen Seelsorge, Beratung und Psychotherapie wird in dem vorliegenden Buch wissenschaftlich aufbereitet, indem akademische Perspektiven aus Anthropologie, Theologie, Psychologie und Psychotherapie in ihrer Bedeutung für die Entwicklung und das Verinnerlichen heilsamer Haltungen dargelegt werden. Damit wird die grundlegende Bedeutung des personalen Angebots im Beratungsbereich vor dem des Methoden- und Sachangebots herausgestellt. Mit dieser Sichtweise knüpfen die Autoren an den von Aufbruchsstimmung getragenen Beschluss „Ziele und Aufgaben kirchlicher Jugendarbeit" der gemeinsamen Synode der Deutschen Bistümer aus den Jahren nach dem II. Vaticanum an. Darüber hinaus werden Haltungen in ihrer Praxisrelevanz reflektiert. Alle Haltungen, die hier diskutiert werden, gelten für das breite Spektrum pastoraler Handlungsfelder wie zB. Krankenhausseelsorge, Flüchtlingsseelsorge, Notfallseelsorge oder auch der Beratung von Menschen, die existenzielle Ehe-, Familien-, Lebens- und Erziehungsfragen stellen und Hilfe brauchen. Sie gehören zu jeder Tätigkeit eines pastoralen Mitarbeiters, der sich in Ausübung seines Hirtenamtes um einzelne Menschen kümmert.

Das Buch lädt zu einem erweiterten Blick über den nur theologischen Tellerrand hinaus ein. Die Autoren plädieren dafür, Widersprüchlichkeiten, Mehrdeutigkeiten und Ambivalenzen auszuhalten und sie konstruktiv und heilsam in die Entwicklungsprozesse einzubeziehen. Dabei ist es die gläubige Haltung, die mitträgt und ermöglicht. Glaube wird als Kraft zur Lebenshilfe gesehen. In Krisen führen Lebensfragen den Menschen oft zur Gottesfrage. Dafür ein Auge und ein Ohr zu haben, ist eines der Anliegen, das dieses Buch neu zu Bewusstsein bringen möchte. Krisen erfordern ein heilsames Verstehen, das durch ein integriertes Zusammenwirken der Disziplinen befördert werden kann. Die Sinnhaftigkeit des Bündelns der Kräfte aus unterschiedlichen Traditionen, die sich längst nicht immer Freund waren und sind, könnte heute ein Zeichen der Zeit sein.

Seelsorgliches Handeln möchte Heilungsprozesse ermöglichen oder unterstützen. Da erfreut es, dass Glaube und Religion seit einigen Jahren auch im psychotherapeutischen Diskurs mit Blick auf ihre heilsamen Anteile neu diskutiert und nicht mehr nur mit den sog. ekklesiogenen Neurosen oder mit ihren zwangsneurotischen Deformationen in Zusammenhang gebracht und beargwöhnt werden. Heute werden Glaube an Gott, eine religiöse Bindung, eine Gebetsbeziehung als Faktoren gesehen, die Heilung begünstigen und als Ressource oder Resilienzfaktor Anerkennung finden.

Die zentrale Kategorie in den Beiträgen dieses Buches ist Beziehung in ihren vielfältigen Ausprägungen. In ihnen sind die Angewiesenheit und Ausgerichtetheit auf Andere und auf Gott konstitutiv. Beziehungen können den Menschen bereichern oder verwunden, ihm Seelenwunden oder Seelenheil zufügen. Beiden gilt es in heilsamen Haltungen zu begegnen.

Ich danke allen, die zu diesem Buch beigetragen haben, für die Einblicke in Ihre kreativen praktisch-pastoralen, psychologischen und theologischen „Werkstätten", die allesamt zeigen, dass sie „den Menschen nahe" sind - ob als Suchende, Leidende, Ratlose oder am Alltäglichen Überforderte. Immer steht der Mensch in seelischer Not im Fokus des Interesses.

Besonders danke ich den beiden Initiatoren, Bernhard Plois und Werner Strodmeyer, die ihre Wurzeln im Bistum Osnabrück haben und seit vielen Jahren in der kirchlichen Ehe-, Familien-, Lebens- und Erziehungsberatung tätig sind. Aus dieser Beratungspraxis, der konkreten Arbeit mit Ratsuchenden vor Ort wie auch dem institutionell organisierten katholischen Beratungsnetzwerk ist dieses Buch hervorgegangen. Beratung begründen und verstehen die Herausgeber als einen pastoralpsychologischen Fachdienst an der Schnittstelle zwischen Seelsorge und Psychotherapie. Mit dem Band „Heilsame Haltungen" fördern sie die Anschlussfähigkeit der psychologischen Beratung an ihre theologischen und anthropologischen Wurzeln. Sie verstehen Beratung nicht nur psychologisch und therapeutisch. Damit sollte das Buch einen wertvollen Dienst auch als Hilfe bei der eigenen Standortbestimmung von angehenden Beraterinnen und Beratern in den verschiedenen Ausbildungsgängen in Beratung in kirchlicher Trägerschaft leisten.

Dr. Franz-Josef Bode

Bischof von Osnabrück,
Vorsitzender der Pastoralkommission
der Deutschen Bischofkonferenz

Einführung

Bernhard Plois, Werner Strodmeyer

Heilsame Haltungen

Psychologische Beratung als angewandte theologische Anthropologie

Die Beiträge dieses Bandes reflektieren einige theoretische, insbesondere theologische Grundlagen kirchlicher Beratungsarbeit. Die Autoren[1] sind Praktiker in der Ehe-, Familien- Lebens- und Erziehungsberatung, einem psychologischen Fachdienst der Pastoral, oder lehrend im akademischen Umfeld tätig. Der Band soll zum Diskurs zwischen Psychotherapie/Beratung und Seelsorge beitragen. Die meisten Artikel befassen sich mit heilsamen Haltungen, die in zwischenmenschlichen Beziehungen und Begegnungen wirksam sind. Die Haltungen haben ideengeschichtlich eine lange Tradition. Großenteils sind sie bereits biblisch verbürgt. Sie spielen in der christlichen Anthropologie eine Rolle und finden in der modernen Psychotherapie und Beratung zunehmend wieder Beachtung. Wenn Seelenwunden schmerzen, helfen Haltungen wie zB. Güte, Neugier, Demut, Trost, Mut, Vergebung. Die Psychotherapie entdeckt sie heute neu für sich. Man kann den Eindruck gewinnen, dass das umso mehr geschieht, je weniger Beachtung Theologie und Glaube in der postmodernen Gesellschaft finden.

Die Beiträge dieses Buches setzen sich interdisziplinär mit heilsamen Haltungen auseinander, die hilfreich waren und sind, wenn der Mensch allein mit seinen Seelenwunden überfordert ist. Die psychotherapeutische Literatur fokussiert meist auf Verhalten, Emotionen und Affekte sowie deren beraterische und klinische Relevanz. In Ergänzung dazu bekommen in diesem Band theologisch-anthropologisch hergeleitete Haltungen und Tugenden Aufmerksamkeit. In ihrer intersubjektiven Bedeutung für das Gestalten von Beziehungen, im

---

[1] Wir verwenden in diesem Beitrag der besseren Lesbarkeit wegen in der Regel nur eine Geschlechtsform. Selbstverständlich sind jedoch immer Frauen und Männer gleichermaßen gemeint.

Misslingen wie im Gelingen, können die Haltungen die psychotherapeutischen und seelsorglichen Gegenwartsdiskurse bereichern.

Wendepunkte im Lebenslauf nennt der Paarforscher Jürg Willi sein
letztes großes Werk. Darin schreibt er am Ende eines langen For-
scherlebens: „Der Mensch ist so ein komplexes Wesen, dass die Psychologie immer nur einen kleinen Aspekt einer unendlichen Fülle von
Möglichkeiten erfassen kann."[2] Und Karl Jaspers, ein Psychiater und
Philosoph des vorigen Jahrhunderts, betont die Unbegreiflichkeit des
Menschen: „Was der Mensch im Ganzen sei, kann nicht festgestellt
werden in Experimenten und Laboratorien, nicht in Unterhaltungen
und Ausfragen, nicht in einem objektiv vorweisbaren Material an Ausdruck, Leistungen, Hervorbringungen [...] immer ist der Mensch mehr
und anders, als von ihm gewusst und erkennbar wird."[3] Theologisch
ist die wertschätzende Rede vom Menschen als einem Geheimnis
vertraut, auch in den Topoi *Gottebenbildlichkeit* oder *Kind Gottes* tra-
diert. In ihnen wurde die Betonung der Personenwürde des Menschen
lange vor jeder Aufnahme dieses Gedankens in den psychotherapeutischen Schulen grundgelegt. In der theologischen Anthropologie mit
der ihr impliziten Wechselwirkung von Gottes- und Menschenbild werden Haltungen beschrieben, die bereits biblisch benannt sind und die
ein helfendes intersubjektives Verstehen und Handeln weitgehend leiten können, wenn Wendepunkte im Leben heraus- oder auch überfordern: *Barmherzigkeit, Güte, Gerechtigkeit, Würde, Liebe, Fürsorge,
Trost, Vergebung, Weisheit, Mitgefühl, Mitleiden, Dank und Hoffnung*
sind dabei zentral. Ihre Strahlkraft bewirkt – theologisch gesprochen –
bereits das gegenwärtige Wirklich- und Wirksamwerden des *Reiches
Gottes*.[4]

---

[2] Willi 2007, 8
     Es wird in dieser Einleitung auf die wissenschaftlich vertraute Praxis der aus-
     führlichen Zitation der besseren Lesbarkeit wegen verzichtet. Am Ende der
     Einleitung findet sich ein Überblick über die von uns gesichtete und für diesen
     Einleitungstext verwandte Literatur.

[3] Zit. n. Maio 2011, 132

[4] Sattler 2002, 145

Noch steht der psychotherapeutische Diskurs am Anfang, derart hilf-
reiche Haltungen zu diskutieren. So klagt Sandra Buechler über ihre
psychoanalytische Ausbildung: „Wir lernen, was projektive Identifizierung und Spiegelübertragung ist, aber wir erfahren zu wenig über das
Hervorrufen von Hoffnung, das Bewahren der Sinnerfüllung oder das
Wecken der Neugier."[5] Das gilt ähnlich auch für die Forschung im Feld
der Ehe-, Familien-, Lebens- und Erziehungsberatung, die in Anlehnung an die Psychotherapieforschung primär empirisch und auf Wirk-
samkeitsnachweise hin orientiert ist. Deshalb wollen wir hier ergänzend die alten, seelsorglich bewährten, heilsamen Haltungen zur Diskussion stellen, deren Tradition biblischen Ursprungs ist oder die
schon auf die Wüsten- und Kirchenväter zurückgehen. So lehrt zB.
Gregor von Nazianz die weise, heilsame und den Menschen wertschätzende Haltung: *Was nicht angenommen wird, kann nicht geheilt
werden,* oder über Augustinus wird berichtet, dass er von seinen
Schülern forderte: *Sprecht, was in ihnen [den Menschen] lebt.* Diese
und andere Haltungen und Tugenden erscheinen heute wieder im
Gewand moderner psychotherapeutischer Terminologie, etwa wenn
von Empathie, von Bewusstmachung von Verdrängtem oder von Ressourcenorientierung die Rede ist.

Die Relationalität dieser wirksamen Haltungen und Tugenden macht
den Befund theologisch und psychologisch gleichermaßen bedeutsam. Beziehungsdenken ist die Signatur der *anthropologischen Wende* in der Theologie (bes. Karl Rahner), die die Frage nach dem Menschen stellt.[6] Der aktuelle psychoanalytische Diskurs thematisiert den
Vorrang des Beziehungsdenkens in der sogenannten *intersubjektiven
Wende*[7] neu. Gemeinsam ist der Theologie und der Psychoanalyse
die Auffassung, dass wir nur durch Beziehungen zu dem werden, was
und wer wir sind. Auch in dieser Publikation wird das intersubjektive
Denken favorisiert. Beratung wird in dieser erweiterten Perspektive
bedacht und plausibilisiert. Das Arbeiten an Beziehungen und mit Hilfe

---

[5]   Buechler 2009, 15

[6]   Voßhenrich 2007

[7]   Reuter 2012, 75-101

von Beziehung ist das entscheidende Merkmal der kirchlich getragenen Ehe-, Familien-, Lebens- und Erziehungsberatung.

Die Wechselwirkungen zwischen Theorie und Praxis sowie zwischen
Psychologie und Theologie, wie sie sich im intermediären Raum (sensu Winnicott) zwischen den Menschen, zwischen Berater und Klient
und für Gläubige auch zwischen Gott und Mensch entfalten, sollen
untersucht werden. Das „Zwischen" als existenzielle Kategorie soll
überprüft werden, um es in seiner Bedeutung zu bestätigen oder zu
relativieren.

Die theologisch-anthropologische Rede von der *relationalen Identität
des Menschen* wird heute auch in der systematischen Theologie favorisiert. Mit der Figur des Dritten entfaltet zB. Erwin Dirscherl das Bild
der relationalen Identität. *Zur dialogischen Zweierbeziehung kommt
der Dritte, das Phänomen der Gemeinschaft, hinzu.* Unsere Beziehungen leben davon, dass sie einem Zweiten und/oder einem Dritten
das Dasein ermöglichen.[8] Die Seele wird in dieser Konzeption als ein
Beziehungsbegriff verstanden, „[…] der auf das Sprechen Gottes und
den angesprochenen Menschen zielt und für diese unmittelbare Beziehung steht."[9]

In den kirchlichen Beratungsstellen für Ehe-, Familien- Lebens- und
Erziehungsfragen setzen Berater sich gemeinsam und relational mit
den Klienten für Veränderungen ein. Leidvolle, die eigenen Kräfte des
Menschen überfordernde Anlässe sollen behoben und hoffnungsvolle
Ziele erreicht werden. Berater und Klient fokussieren zwischen sich
ein Drittes. Zeitsignaturen oder Zeitdiagnosen wie zB. *der erschöpfte
und verwundbare Mensch, der auf Andere angewiesene und bedürfti-
ge Mensch, der öffentliche und einsame Mensch, der sehnsüchtige
und suchende Mensch,* wie überhaupt das weite Spektrum von Beratungsanlässen stellen ein Untersuchungsfeld zur Verfügung, das einer
therapeutisch arbeitenden Theologie wie auch einer religiös und spirituell aufgeschlossenen Psychotherapie erweiterte Einsichten und Sy-
nergieeffekte ermöglichen kann.

---

[8] Dirscherl 2006, 74.88

[9] Dirscherl 2013, 80

Das etablierte Fach im theologischen Fächerkanon für den psychologischen Fachdienst Beratung ist die Pastoralpsychologie. Ihr Blick auf den Menschen ist polyperspektivisch und weniger in diagnostischen Kategorien oder in einer symptomzentrierten Begrifflichkeit gegeben. So hält beispielsweise Klaus Kießling das Geheimnishafte menschlicher Existenz auch im beraterisch-therapeutischen Milieu für nicht hintergehbar.[10] Und Rainer Krockauer stellt die Frage nach der Favorisierung und Vermittlung theologisch-anthropologisch abgeleiteter Haltungen bei zunehmend säkular geprägten Biographien angehender Berater.[11] Klaus Baumann hinterfragt den Grenzgang zwischen kapitalistisch-ökonomischen Trends im Gesundheitswesen und theologisch-ethischen Grenzen. Daraus leitet er seelsorgliche Haltungen ab.[12] Erwin Möde sucht die Verbindung zwischen dem Heilsamen und Religiösen; er setzt dezidiert therapeutisch-theologische Schwerpunkte.[13]

Unübersehbar öffnet sich die systematische Theologie dem Primat der erfahrungshermeneutischen Zugänge. Das veranschaulicht aktuell und prägnant die *relational-soteriologische* Konzeption von Dorothea Sattler. Sie wählt programmatisch den Begriff der *soteriologischen Wende*[14] und spricht von Wandlung und von Veränderung mit Rekurs auf die Ergebnisse der Psychotherapieforschung.[15] Bedeutsam für unseren Kontext sind auch die gegenwärtigen Arbeiten von Ralf Miggelbrink, der mit dem theologischen Konzept *Lebensfülle* wie auch einer Untersuchung des komplexen Gefühls *Zorn* hervorgetreten ist. Er öffnet mit seiner Untersuchung den Weg zu einer *Theologie der Gefühle*.[16] Intersubjektivität versteht er als *letztes sinngebendes Ziel des Lebens überhaupt*.[17] Bischof Hans-Jochen Jaschke leitet als sys-

---

[10] Vgl. Kießling 2012; vgl. auch Küng 1987

[11] Vgl. Krockauer 2009, s. a. Jungbauer und Krockauer 2013

[12] Vgl. Baumann 2013, 2015

[13] Vgl. Möde 2013

[14] Sattler 2011, 193

[15] Vgl. Sattler 1997, 2011

[16] Vgl. Miggelbrink 2002, 2009

[17] Miggelbrink 2009, 247

tematischer Theologe die Grundlegung für heilsame Haltungen in der pastoralen Praxis aus der Anthropologie des Kirchenvaters Irenäus von Lyon ab.[18]

Die Heraus- und Überforderungen von Ratsuchenden verlangen vom Berater immer wieder eine Besinnung und Selbstvergewisserung seiner Hoffnung und seines Tuns. Der Berater sollte wie schon die Jünger Jesu zur Rechenschaft fähig sein über das, was ihn trägt und wider alle Prognosen hoffen lässt, also über das, worin seine Haltungen grundgelegt sind. *„Seid stets bereit, jedem Rede und Antwort zu stehen, der nach der Hoffnung fragt, die euch erfüllt"* (1 Petr 3,15). Für Papst Franziskus ist das, was trägt, eine – auch politische relevante – dem Evangelium gemäße Haltung: Jesu Identifikation mit den Geringsten „[...] erinnert uns daran, dass wir Christen alle berufen sind, uns um die Schwächsten der Erde zu kümmern [...]." Es gehe ihm, dem Papst „[...] einzig darum, dafür zu sorgen, dass diejenigen, die Sklaven einer individualistischen, gleichgültigen und egoistischen Mentalität sind, sich von jenen unwürdigen Fesseln befreien und eine Art zu leben und zu denken erreichen können, die menschlicher, edler und fruchtbarer ist und ihrer Erdenwanderung Würde verleiht."[19] Nur zu oft erleben Berater, wie Ratsuchende als Opfer oder Mittäter „Sklaven einer individualistischen, gleichgültigen und egoistischen Mentalität" sind, aus der es sich zu befreien gilt. Damit erhält kirchlich getragene psychologische Beratungsarbeit auch eine politische Dimension und Ausrichtung. Was gemeinhin als rein menschliches Scheitern verkürzt wahrgenommen wird, findet Beachtung auch als Ausdruck gesellschaftlich bedingter Missstände. Psychisches Leiden wird auch als gesellschaftlich mit verursacht gesehen.[20] Die Verwertungshorizonte

---

[18] zB. In dem Artikel in diesem Buch

[19] Evangelii gaudium vom 24. Nov. 2013, Art. 208. 209, S. 148. Vgl. die große inhaltliche Nähe zum Synodendokument „Unsere Hoffnung. Ein Bekenntnis zum Glauben in dieser Zeit": „Alle unsere Initiativen messen sich letztlich am Maße der ‚einen Hoffnung, zu der wir berufen sind' (vgl. Eph 4,4). Diese Hoffnung kommt nicht aus dem Ungewissen und treibt nicht ins Ungefähre." In: Gemeinsame Synode der Bistümer in der Bundesrepublik Deutschland. Offizielle Gesamtausgabe, 1976, 84-111, hier: 111

[20] Vgl. Jaenicke 2014. Vgl. auch die gesellschaftskritische Sozialpsychologie, wie sie dezidiert zB. von Heiner Keupp vertreten wird; Keupp 2010

moderner neoliberaler Denkströmungen mit Optimierungsverheißungen, die beispielsweise im *schneller, effizienter, erfolgreicher* zum Ausdruck kommen, werden hingegen kritisch gesehen und, wenn nötig und sinnvoll, auch abgelehnt. Beratung gibt vielfältigen menschlichen Erfahrungen von Sehnsüchten, emotionalen Einbrüchen, demütigenden Widerfahrnissen, Überforderungen, Grenzsituationen und existenziellen Verunsicherungen Raum, weil Menschen in ihnen dringend heilsame Begegnung brauchen.[21] Papst Franziskus geht es grundsätzlich um eine benevolente Haltung, die auch in den Worten des Zweiten Vatikanischen Konzils zum Ausdruck kommt: „Freude und Hoffnung, Trauer und Angst der Menschen von heute, besonders der Armen und Bedrängten aller Art, sind auch Freude und Hoffnung, Trauer und Angst der Jünger Christi."[22]

Kirchliche Beratungsdienste haben, wie Karl Lehmann und Notker Klann es ausdrückten, eine seismographische Funktion, indem sie die „Zeichen der Zeit" erkennen und benennen helfen.[23] Sie orten intersubjektives Leid und sensibilisieren Kirche und Gesellschaft für die Wahrnehmung von und das Reagieren auf Fehlentwicklungen. Insofern ist Beratung auch ein Dienst an Gesellschaft und Kirche.[24] Beratung setzt Kontrapunkte zu unreflektierten Lebensstilen allgemein, heute speziell auch zu einem rein vom ökonomischen Neoliberalismus geprägten Leben. Somit ist Beratung nicht losgelöst von Haltungen zu verstehen. Sie völlig wertneutral und ergebnisoffen, wie es üblicherweise proklamiert wird, betreiben zu wollen, dürfte in gewissem Maße illusionär sein.

Die Erfahrungen in der Beratung zeigen, dass Glaube Lebensrelevanz hat, dass er die Lebens-, Beziehungs- und Arbeitswelten sowohl des Ratsuchenden als auch des Beraters tangiert, zumindest tangieren kann. Auch führen Beratungsanliegen in Fragen des Glaubens hinein. In den intersubjektiven Erfahrungen zwischen Berater und Klient oder

---

21 Die Begriffe sind zB. bei Waldenfels, Jaspers, Yalom entlehnt.

22 Gaudium et spes, Art. 1

23 Vgl. Busch 2014, 214; Saßmann u. Klann 2002

24 Vgl. Malfèr 1985

zwischen Klienten entwickeln, verifizieren und korrigieren sich auch aus Glauben abgeleitete Selbstverständnisse. Wenn im Leben Leidvolles passiert, werden *Lebensfragen auch zu religiösen Fragen*.[25] Lebensfragen führen dann nicht selten zur Gottesfrage bei Klient *und* Berater.

Aus der Beratungspraxis ist bekannt, dass zu viel Theorie die emotionale Beziehung gefährden kann und dass zu wenig Theorie die Gefahr birgt, dass sich die therapeutische Beziehung nicht mehr von Alltagsbeziehungen unterscheidet.[26] In den Beratungsstellen für Ehe-, Familien-, Lebens- und Erziehungsfragen gibt es vermutlich meist den Primat der Praxis. Reflektierte christgläubige Haltungen werden meist als implizite und nur selten explizierte Bestandteile einer Beratungsphilosophie verstanden. Sie werden eher als im Beratungsalltag gegebene Orthopraxie stillschweigend vorausgesetzt. In Ausbildungen und Praxis[27] bleibt es nach unserer Beobachtung meist bei der Einladung die aus Theologie und Glaube abgeleiteten Haltungen zu reflektieren. Dezidiert den eigenen Glauben, das eigene Gottesbild, die eigenen Antworten auf die Sinnfrage und die eigene religiöse Sozialisation reflektierende Selbsterfahrung ist in Ausbildungen eher nachrangig oder gar nicht gegeben. Das zur conditio humana gehörende Grundvermögen der Reflexion und die ebenso zugehörige subjektive Gabe der Introspektion und Empathie werden auch in der kirchlich getragenen Beratung vorrangig psychologisch utilisiert. Das scheint uns, will man den ganzen Menschen auch in seiner Religiosität erfassen, zu kurz zu greifen.

Der phänomenologische Reichtum heilsamer Haltungen ist komplex und verdient eine reflektierte Veranschaulichung nicht nur in der Seelsorge im engeren Sinne, sondern auch in Beratung und Therapie. In ihm sind menschliche Erfahrungen und menschliches Leben beheimatet und verdichtet. Die Haltungen, um die es geht, sind nicht als *Riva-*

---

[25] Will 2014, 133; Sattler 2011, 23

[26] Vgl. Mertens 2009, 215

[27] S. o. FN 5, Zitat Buechler, 2009, 15

linnen der Lebensklugheit[28] psychologischer Art, sondern als *Am-Menschen-interessierte und heilsam wirkende* Vervollständigungen zu sehen. Sie sind die kulturhistorisch gewachsenen und bewährten Verdichtungen menschlichen Suchens nach Sinn, Gesundheit, Gemeinschaft, Heilung und Heil. Sie erneut zu reflektieren unterstützt den Diskurs zwischen Psychotherapie und Seelsorge. Wenn Beratungspraktiker eine teilnehmende Erkenntnishaltung einnehmen – und das tun die aus der Praxis kommenden Autoren der Beiträge dieses Buches –, dann können sie Beratung nicht nur in psychologischen Begrifflichkeiten, sondern auch theologisch-anthropologisch konzeptualisieren. Sie kommen dabei zu einem Verstehen des Menschen, das umfassender gelingt als in einer nur psychologisch oder nur theologisch verkürzten Sicht. Beratung fokussiert nicht nur die Kunst der Alltagsbewältigung, auch nicht nur die Behandlung krankheitswertiger Symptome, sondern ist darüber hinaus auch an den existentiellen Beziehungen des Menschen zu sich selbst, zu Mitmenschen und zu Gott orientiert. Damit haben Beratungen gute Chancen, persönlich stärkere Signifikanzen zu erlangen als reine Symptombehandlungen oder Alltagslebenshilfen. Die die Beratung tragenden Haltungen bedingen und prägen Beziehungen. Sie unterstützen Verstehen und Einfühlen.[29] Sie verweisen auf den therapeutischen Gehalt christlicher Religion: „Der

---

28 Vgl. Utsch 2006, 305; 2014, 13ff

29 Vgl. Fuchs 2010: „Geistiges beruht auf *Bedeutungen*, und Bedeutungen auf *Beziehungen*" (220, kursiv im Orig.). Diesen intersubjektiven Hintergrund von Verstehen transferiert Ferenc Hankovzky 2007, zur religiösen Dimension hin. Demnach ist „Offenheit [die] zentrale Kategorie von Verstehen, Leben und Glauben" (252). Verstehen sei unverfügbar, seine Unverfügbarkeit halte das Geheimnis vom Leben aufrecht, Verstehen sei nicht „mach- und planbar". Die Unverfügbarkeit des Verstehens verschaffe „Respekt vor den Grenzen der Offenheit des Anderen" (396f). Sie ermöglicht also, das Geheimnishafte des Menschen als unverfügbar anzuerkennen. Damit geht diese religiös-anthropologische Sicht über rein psychologische oder psychotherapeutische Theorien hinaus. Letztere beanspruchen für sich, hinreichend Erklärungs- und Veränderungswissen zur Verfügung zu haben. Wenn Konzeptualisierungen kirchlicher Beratungsangebote psychotherapeutische Forschung einbeziehen, dann können sie sich zwar durch den dort entlehnten Theorienpluralismus inspirieren, aber keinesfalls hinreichend begründen lassen.

lebenspraktische Prüfstein des Christlichen ist dessen therapeutische Qualität."[30]

In Anlehnung an das Wort Papst Franziskus' „Die Kunde vom Reich Gottes kann nur stark und anziehend leuchten, wenn die Liebe nicht ihre Frische verliert"[31] könnte man über Beratung als Beziehungsgeschehen sagen: Geht dem Berater/der Beraterin die „Frische" der eigenen Haltungen verloren, dann erscheint ein guter Ausgang eines Beratungsprozesses nur eingeschränkt möglich. Einer rein professionell „geschäftsmäßig" gestalteten Beratung fehlt jener Mehrwert, den die reflektiert verinnerlichten Haltungen des Beraters liefern.[32] Das ist die in diesem Buch vertretene Hypothese.

---

[30] Möde 2013, 156

[31] Vgl. Evangelii gaudium, Art. 39

[32] Vgl. Maio 2011

Literatur

Neben Titeln, die in obigem Einführungstext zitiert wurden, sind hier weitere aufgeführt, die uns inspiriert und zu diesem Buchprojekt angeregt haben.

- Armbruster, J., Petersen, P., Ratzke, K. (Hg.) (2013): Spiritualität und seelische Gesundheit, Köln
- Baumann, K. (2015): Zeit - Zeiterleben - Zeitbewusstsein. Einige Überlegungen aus anthropologisch-humanwissenschaftlicher Perspektive. In: Lebendiges Zeugnis, Heft 2, 107-115
- Baumann, K. (2013): Wie kann „caritas" systemisch werden? Zu einer zentralen Herausforderung an kirchliche Einrichtungen im Gesundheitssystem und im Dienst der Kirchen. In: Büssing, A., Surzykiewicz, J., Zimowski, Z. (Hg.): Dem Gutes tun, der leidet: Hilfe kranker Menschen – interdisziplinär betrachtet, Berlin, 181-189
- Buechler, S. (2009): Psychotherapeutische Tugenden. Elementare Gefühle und gelebte Werte in der relationalen Psychoanalyse, Gießen
- Busch, H. (2014): Der Seele Sorge tragen. In: Pastoralblatt für die Diözesen Aachen, Berlin, Essen, Hildesheim, Köln und Osnabrück Heft 7, 214-221
- Dirscherl, E. (2013): Das menschliche Wort Gottes und seine Präsenz in der Zeit, Paderborn
- Dirscherl, E. (2008): Über spannende Beziehungen nachdenken: Der Mensch als Geschöpf, als Ebenbild und seine Ambivalenz als Sünder. In: Dirscherl, E., Dohmen, C., Englert, R., Laux, B. (Hg.): In Beziehung leben. Theologische Anthropologie, Freiburg, 46-89
- Dirscherl, E. (2006): Grundriss theologischer Anthropologie. Die Entschiedenheit des Menschen angesichts des Anderen, Regensburg
- Dohmen, C. (2008): Zwischen Gott und Welt. Biblische Grundlagen der Anthropologie. In: Dirscherl, E., Dohmen, C., Englert, R., Laux, B. (Hg.): In Beziehung leben. Theologische Anthropologie, Freiburg, 7-45
- Eckolt, M., Pemsel-Maier, S. (Hg.) (2006): Räume der Gnade. Interkulturelle Perspektiven auf die christliche Erlösungsbotschaft, Ostfildern

- Evangelii gaudium. Apostolisches Schreiben von Papst Franziskus vom 24. November 2013 (Hg.): Deutsche Bischofkonferenz, Bonn

- Evangelische Zentralstelle für Weltanschauungsfragen (2008): EZW - Texte, Berlin

- Finke, A., Roesch, E. (2006): Wie heilt Beratung? In: Hutter, C., Kunze, N., Oetker-Funk, R., Plois, B. (Hg.): Quo vadis Beratung. Dokumentation einer Fachtagung zur Zukunftsfähigkeit kirchlicher Beratungsarbeit, Berlin, 179-183

- Fuchs, T. (^{3}2010): Das Gehirn – ein Beziehungsorgan. Eine phänomenologisch-ökologische Konzeption, Stuttgart

- Gaudium et Spes. In: Rahner, K., Vorgrimler, H. (Hg.) (1981): Kleines Konzilskompendium, Freiburg, 423-552

- Gemeinsame Synode der Bistümer in der Bundesrepublik Deutschland (1976): Unsere Hoffnung. Ein Bekenntnis zum Glauben in dieser Zeit. In: Offizielle Gesamtausgabe, Freiburg, 84-111

- Hankovzky, F. (2007): Das Verstehen in der Seelsorge. Psychologische und philosophische Aspekte zum Seelsorge-gespräch als menschliches Kommunikationsgeschehen, Szeklerburg (Univ.-Diss.)

- Hell, D. (2007): Die Sprache der Seele verstehen. Die Wüstenväter als Therapeuten, Freiburg

- Hell, D. (2005): Leben als Geschenk und Antwort. Weisheiten der Wüstenväter, Freiburg

- Hilpert, K., Laux, B. (Hg.) (2014): Leitbild am Ende? Der Streit um Ehe und Familie, Freiburg

- Hutter, C. (2006): Eine praktisch theologische Verortung der Ehe-, Familien-, Lebens- und Erziehungsberatung. In: Hutter, C., Kunze, N., Oetker-Funk, R., Plois, B. (Hg.): Quo vadis Beratung. Dokumentation einer Fachtagung zur Zukunftsfähigkeit kirchlicher Beratungsarbeit, Berlin, 43-73

- Hutter, C. (^{2}2005): Bausteine einer Beratungstheorie. In: Hutter, C., Hevicke, M., Plois, B., Westermann, B.(Hg.): Herausforderung Lebenslage, Münster, 13-37

- Jaenicke, C. (2014): Die Suche nach Bezogenheit. Eine intersubjektiv-systemische Sicht, Frankfurt

- Jungbauer. J., Krockauer, R. (2013): Wegbegleitung, Trost und Hoffnung, Aachen

- Keupp, H. (2010): Erschöpfende Arbeit: Gesundheit und Prävention in der flexiblen Arbeitswelt (Reflexive Sozialpsychologie), Bielefeld

- Kießling, K. (Hg.) (2012): In der Schwebe des Lebendigen. Zum theologischen Ort der Pastoralpsychologie, Ostfildern

- Krockauer, R. (2009): Beratung auf dem Weg der Akademisierung. In: Beratung aktuell. Zeitschrift für Theorie und Praxis in der Beratung, 10. Jg., Paderborn, 61-74 (www.active-books.de)

- Küchenhoff, J. (2016): Loslassen und Bewahren: Erfahrungen in Zwischenräumen. In: Psyche – Z Psychoanal, 154-179

- Küng, H. (1987): Freud und die Zukunft der Religion, München

- Maio, G. (2014): Geschäftsmodell Gesundheit. Wie der Markt die Heilkunst abschafft, Berlin

- Maio, G. (2011): Verstehen nach Schemata und Vorgaben? Zu den ethischen Grenzen einer Industrialisierung der Psychotherapie. In: Psychotherapeutenjournal, 132-138

- Malfèr, B. (1985): Eheberatung als Dienst an der Kirche. In: Stimmen der Zeit, Bd. 203, Heft 8, 521-533

- Mertens, W. (2009): Psychoanalytische Erkenntnishaltungen und Interventionen. Schlüsselbegriffe für Studium, Weiterbildung und Praxis, Stuttgart

- Miggelbrink, R. (2014): Sakramentalität der Ehe – Was heißt das? In: Hilpert, K., Laux, B. (Hg.): Leitbild am Ende? Der Streit um Ehe und Familie, Freiburg, 73-85

- Miggelbrink, R. (2009): Lebensfülle. Für die Wiederentdeckung einer theologischen Kategorie, Freiburg

- Miggelbrink, R. (2002): Der zornige Gott. Die Bedeutung einer anstößigen biblischen Tradition, Darmstadt

- Möde, E. (2013): Wege zum Heil. Antworten aus der Psychotherapie. In: Möde, E. (Hg.): Christliche Spiritualität und Psychotherapie. Bleibende und neue Wege der Konvergenz, Regensburg, 147-158

- Möde, E. (Hg.) (2013): Christliche Spiritualität und Psychotherapie. Bleibende und neue Wege der Konvergenz, Regensburg

- Noth, I. (2010): Freuds bleibende Aktualität. Psychoanalyserezeption in der Pastoral- und Religionspsychologie im deutschen Sprachraum und in den USA, Stuttgart

- Peseschkian, H. (2015): Positive Psychosomatik. In: Erfahrungsheilkunde, 312-322
- Plois, B. (2010): Beratung in Positano theologisch gedacht. In: Plois, B. (Hg.): Selbstwerdung. Positano erfahren und leben, Berlin, 55-73
- Plois, B. (^{2}2005): Was ist das Proprium kirchlicher Beratung? Anthropologische Aspekte einer Beratungstheologie. In: Hutter, C., Hevicke, M., Plois, B., Westermann, B.(Hg.): Herausforderung Lebenslage, Münster, 63-76
- Reuter, W. (2012): Relationale Seelsorge. Psychoanalytische, kulturtheoretische und theologische Grundlegung, Stuttgart
- Saßmann, H., Klann, N. (2002): Es ist besser das Schwimmen zu lehren als Rettungsringe zu verteilen: Beratungsstellen als Seismografen für Veränderungen in der Gesellschaft, Freiburg
- Sattler, D. (2011): Erlösung? Lehrbuch der Soteriologie, Freiburg
- Sattler, D. (2006): In der Annahme des gewandelten Menschsein. Weibliche Zugänge zum Geschehen der Erlösung. In: Eckolt, M., Pemsel-Meier, S. (Hg.): Räume der Gnade. Interkulturelle Perspektiven auf die christliche Erlösungsbotschaft, Ostfildern, 43-55
- Sattler, D. (1997): Beziehungsdenken in der Erlösungslehre. Bedeutung und Grenzen, Freiburg
- Sattler, D., Schneider, T. (^{2}2002): Schöpfungstheologie. In: Schneider, T. (Hg.): Handbuch der Dogmatik, Bd. 1, Düsseldorf, 120-238
- Sautermeister, J. (2014): Ehe-, Familien- und Lebensberatung als kirchliches Handlungsfeld. In: Hilpert, K., Laux, B. (Hg.): Leitbild am Ende? Der Streit um Ehe und Familie, Freiburg, 267-280
- Schneider, T. (Hg.) (2002): Handbuch der Dogmatik, Bd. 1, Düsseldorf
- Schoberth, W. (2006): Einführung in die theologische Anthropologie, Darmstadt
- Spaemann, C. (2013): Psychotherapie und menschliches Selbstverständnis. In: Möde, E. (Hg.): Christliche Spiritualität und Psychotherapie. Bleibende und neue Wege der Konvergenz, Regensburg, 13-27

- Spaemann, C. (2008): Chancen christlicher Gesundheitsangebote. In: Evangelische Zentralstelle für Weltanschauungsfragen (2008): EZW - Texte, Berlin, 7-16

- Spital, J. (1987): Kirchliche Beratung im Spannungsfeld von Seelsorge und Kirche in der heutigen Welt. In: Sekretariat der Deutschen Bischofskonferenz (Hg.): Arbeitshilfen Nr. 51, 32-43

- Utsch, M., Bonelli, R. M., Pfeifer, S. (2014): Psychotherapie und Spiritualität. Mit existenziellen Konflikten und Transzendenzerfahrungen umgehen, Berlin

- Utsch, M. (2006): Religion und Psychologie In: Weyel, B., Gräb, W. (Hg.): Religion in der modernen Lebenswelt. Erscheinungsformen und Reflexionsperspektiven, Göttingen, 296-314

- Vogel, R. (2013): Existenzielle Themen in der Psychotherapie, Stuttgart

- Voßhenrich, T. (2007): AnthropoTheologie. Überlegungen zu einer Theologie, die aus der Zeit ist, Paderborn (Univ.-Diss.)

- Waldenfels, B. (2015): Sozialität und Alterität. Modi sozialer Erfahrung, Berlin

- Weimer, M. (2001): Psychoanalytische Tugenden. Pastoralpsychologie in Seelsorge und Beratung, Göttingen

- Weyel, B., Gräb, W. (Hg.) (2006): Religion in der modernen Lebenswelt. Erscheinungsformen und Reflexionsperspektiven, Göttingen

- Will, H. (2014): Freuds Atheismus im Widerspruch. Freud, Weber und Wittgenstein im Konflikt zwischen säkularem Denken und Religion, Stuttgart

- Willi, J. ([3]2007): Wendepunkte im Lebenslauf. Persönliche Entwicklung unter veränderten Umständen – die ökologische Sicht der Psychotherapie, Stuttgart

- Yalom, I. D. ([5]2010): Existentielle Psychotherapie, Köln

Aspekte theologischer Anthropologie für Beratung

Werner Strodmeyer, Bernhard Plois

Selbstwerdung in Beziehung

Menschenbilder einer relationalen Theologie und intersubjektiven Psychologie

1. Einleitung

„Über die bewusste, rationale Selbstbestimmung kann man sich nur dem nähern, wer oder was man ist. Zur unmittelbaren Verankerung in der eigenen Identität muss man jedoch spüren können, dass man ist, und das ist nur möglich in der plötzlichen affektiven Betroffenheit, mit der man nicht gerechnet, die man nicht in Gedanken schon vorweggenommen hat." (Gabriele Marx)[1]

Als Theologen und psychologische Berater[2] eines sich pastoral verstehenden kirchlichen Dienstes[3] gehen wir hier folgenden Fragen nach: 1. Welche Impulse liefert die theologische Anthropologie für die Beratungsarbeit im Feld von Leben, Erziehung, Ehe und Familie, in dem existenzielle Krisen, Herausforderungen oder Ausweglosigkeiten alltägliche Beratungsanlässe sind? 2. Welche Haltungen helfen weiter, wenn Grenzverletzungen überfordern, Schicksal zuschlägt, seelische Not unabwendbar und psychisch nicht oder nur schwer ertragbar ist?

Typische Anlässe zur Beratung sind: Jemand schlägt jemand, jemand verlässt jemand, jemand mobbt jemand, jemand missbraucht Vertrauen von jemandem, jemand verletzt ein Kind durch Vernachlässigung, durch zu wenig Beachtung, Fürsorge und Liebe, durch Überforderung oder durch gravierende Grenzverletzungen wie sexualisierte Gewalt.

---

[1] Marx 2013, 146

[2] Wir verwenden in diesem Beitrag der besseren Lesbarkeit wegen in der Regel nur eine Geschlechtsform. Selbstverständlich sind jedoch immer Frauen und Männer gleichermaßen gemeint.

[3] Vgl. Plois 2005, 2010, 2012, Strodmeyer 2013, Hutter 2006

Jemand verletzt einen Anderen durch Sprechen oder Schweigen. Jemand holt keine Hilfe, leistet keinen Beistand. Jemand begeht „Vaterflucht", jemand verliert jemanden, jemand leidet seelisch, jemand weiß nicht weiter, jemand kann nicht mehr, jemand wird mutlos, ratlos etc. Diese Anlässe beinhalten oft ein Zuviel an erlebtem, bewirktem oder auch bewusst vollzogenem Unheil, welches psychisch nicht oder nur schwer zu bewältigen ist. Das Zuviel an Unheil sucht sich dann eigene Wege im Ausdruck: in psychosomatischen Symptomen, in Schmerz, in sozialen Auffälligkeiten, in Leistungseinbrüchen, im Erleben von Sinn und Unsinn usw. Unser Interesse gilt heilsamen Haltungen in den Begegnungen mit Betroffenen, die oft auch wie Behandlungen wirken.

Bereits biblische Anthropologie fragt, wer und was der Mensch sei, dass Gott sich um ihn kümmere (Ps 8, 5). Hat die theologische Anthropologie Antworten auf Fragen, die die Beratungsarbeit stellt? Dass der Mensch sein eigener Risikofaktor sei, kommt in der theologischen Auffassung seiner Erlösungsbedürftigkeit konstitutiv zum Ausdruck. Der Mensch sei und bleibe ein Wesen, das Andere und sich selbst täusche.[4] Zur Unberechenbarkeit und Verletzbarkeit kommt eine fundamentale Vieldeutigkeit als sein Wesensmerkmal. Die philosophisch, theologisch, psychologisch und anthropologisch vertrauten Fragen *Woher komme ich? Wohin gehe ich? Und mit wem?* werden erörtert. Theologisch prägte Karl Rahner dafür die Versprachlichung: *Wovonher* und *Woraufhin*.

Nicht die Fragen, ob der Mensch gut oder schlecht sei, ob Beziehung Fluch oder Segen sei, werden verhandelt, sondern die anthropologische Auffassung, dass der Mensch nie „fertig" sein wird, er sich chronisch in der Selbstwerdung befindet, ist die These. Psychologische Formulierungen wie *Werde Mensch* oder *Selbstwerdung* inkludieren den Gedanken bleibender Entwicklungsbedürftigkeit. Als Bezie-

---

[4] Mertens 2014, 75f. An anderer Stelle ergänzt Mertens individuelle Selbsttäuschungen um vielleicht noch bedeutsamere kollektive Selbsttäuschungen, „wie sie in Ideologien, Aberglauben, Glauben, aber auch in wissenschaftlichen Überzeugungen zum Ausdruck kommen können" (38). Damit stützt er das anthropologische Diktum Sigmund Freuds, dass der Mensch nicht Herr im eigenen Hause sei.

hungswesen ist der Mensch immer im Werden begriffen oder wie Verena Kast in jungianischer Diktion und großer Offenheit auch für den seelsorglichen, nicht nur den therapeutischen Zugang schreibt: „Das Beziehungsselbst ist immer im Werden."[5] Diese Auffassung ist die entscheidende anthropologische Auffassung, die es hier zu berücksichtigen und zu entfalten gilt. Es geht um die Verortung psychologischer Beratungsarbeit auch in ihrer theologisch-anthropologischen Dimension. Beziehungswirklichkeiten haben darin eine fundamental existenzielle Bedeutung. Verwundbarkeit, Fragilität und Fragmentsein des Menschen ebenso wie seine Potentiale, seine Sehnsüchte und Hoffnungen sind das Untersuchungsfeld. Psychotherapie und Seelsorge – im Format der Ehe-, Familien-, Lebens- und Erziehungsberatung integriert – stellen diese anthropologischen Phänomene in den Vordergrund. Wissenschaftliche Tradition und die Ergebnisse gegenwärtiger Forschung bestätigen Haltungen, die für diese Disziplinen prägend sind. Die Beziehungsmatrix ist dabei das Fundament, denn Menschen sind angewiesen auf Beziehungen. Die *Relationale Seelsorge* vertritt diese Sicht im pastoraltheologischen Diskurs, die *intersubjektive Wende* steht für sie im psychoanalytischen Diskurs.[6] Die Sorge um die Seele ist ein Menschheitsthema. Sie ist der kirchlichen Ehe- Familien-, Lebens- und Erziehungsberatung genuin aufgegeben.

2. Anthropologische Perspektiven

2.1. Theologisch

Für Eugen Biser als moderner Verfechter einer expliziten *therapeutischen Theologie* ist der Mensch *das uneingelöste Versprechen*. Weil er sich selber unbekannt ist, fragt und sucht er nach sich, er wird sich zur Frage: Für Biser steht „diese Frage [...] im Hintergrund des ge-

---

5   Kast 2013, 30

6   Reuter 2012, 241, optiert der vor dem Hintergrund klinischer Seelsorge im Krankenhaus als Theologe und Psychoanalytiker für eine „multidimensionale Sorge um die Seele".

samten menschlichen Geistes- und Kulturbetriebes."[7] Mit Romano
Guardini ergänzt er die klassischen Tugenden Klugheit, Mäßigkeit,
Tapferkeit und Gerechtigkeit um eine fünfte, nämlich die *Annahme
seiner selbst*.[8] In Analogie zu den drei theologischen Grundhaltungen
Glaube, Liebe und Hoffnung, die traditionell als das Optimum dessen
angesehen werden, was Menschen möglich ist, sind die bekannten
drei Grundfragen Kants zu lesen: Was kann ich wissen? Was soll ich
tun? Was darf ich hoffen? Augustinus hat den Haltungs- und Hand-
lungszusammenhang bereits pointiert vorgetragen: *Liebe und dann
tue was du willst.*

Biser spricht vom Menschen als *das entwerfende Wesen*, das Wesen
ständiger Selbstentwürfe. Er leitet einen Zentralaspekt ab, der im Anschluss an Nikolaus von Kues mit *Gotteskindschaft* beschrieben werden kann.[9] Die Fraglichkeit menschlichen Seins und Lebens ist nicht
aufzuheben, denn auch dem Glaubenden ist das Aushalten von Unbegreiflichkeit, von Geheimnishaftigkeit zugemutet. *Imago Dei* nennt
die Tradition die Schlussfolgerung, dass – wie bereits für Gott geltend
– auch der Mensch unbegreiflich und undefinierbar bleibt. Die Apos-
telgeschichte sagt dazu konzis (17,28): „Wir sind von seiner [Gottes]
Art." Der Abbildcharakter bleibt bestehen. Die Begriffe *Gottebenbildlichkeit und Geschöpflichkeit bzw. Kreatürlichkeit* verweisen ebenso
auf Relationalität, wie es bereits die Begriffe *Leib und Seele* tun. Erwin
Dirscherl betont die Gottebenbildlichkeit als eine werdende.[10] Die theologisch-anthropologische Basisannahme der Relationalität des Menschen ist auch Ausgangs- und Zielpunkt von Freimut Schirrmacher,
wenn er Seelsorge als Beziehungsgeschehen versteht und sie entsprechend weiter ausdifferenziert.[11]

---

[7]   Biser 1999, 143, 146

[8]   Biser 1999, 163

[9]   Ebd.

[10] Dirscherl 2008, 64.

[11] Schirrmacher 2012,137ff. Der Autor schlägt drei Ausdifferenzierungen vor:
      positionale, therapeutische und beraterische Seelsorge. Der ersten Form
      ordnet er die Gottesbeziehung, der zweiten die Selbstbeziehung, der dritten
      die Schöpfungsbeziehung zu.

Die Verweise zeigen, dass die theologische Lehre vom Menschen immer schon relational ausgerichtet war, indem sie die Beziehungen der Menschen untereinander und zu Gott in all ihren glückenden Formen und schädlichen Deviationen zum Inhalt hatte. Beratungsarbeit ist ständig mit relationalen Gegebenheiten der Menschen konfrontiert. Sie hat es mit Beziehungen zu tun, die sich als Wagnisse entpuppen und die oft existenzielle Bedeutungen krisenhaften Ausmaßes erreichen. Die Frage nach der Identität des Menschen, nach seiner Existenz und Lebensgestaltung ist in Beratung ständige Begleiterin - gelegentlich explizit so benannt, meist „nur" implizit gegeben. Die existentielle Bedeutung von Beziehung wird auch daran neu deutlich, dass Partnerschaft, Ehe und Familie „[...] als der herausgehobene Sehnsuchtsort für Liebe, Annahme, Vertrauen, Geborgenheit und Intimität gelten."[12] Je nötiger Beziehungen zur Sicherung des Lebenssinns eines Menschen sind, umso fragiler, weil überfordernder, werden sie aus Beraterperspektive. Der Soziologe Ulrich Beck sieht solche Paarbeziehungen als quasi religiös überhöht und den Partner/die Partnerin in der Gefahr, zum Gottesersatz zu werden.[13] Von gleichartiger Überforderung dürften Kinder betroffen sein, wenn sie den Eltern oder einem Elternteil zum *„mein Ein und Alles"* werden, das dem Leben Sinn geben muss, ohne das es sich nicht zu leben lohnt. In der neueren theologischen Forschung werden Ehe und Familie besonders als Ausdruck der Wertschätzung der menschlichen Liebesgemeinschaft verstanden und als „wesenhafte Ausrichtung auf Kommunikation und Intersubjektivität"[14], was den zuvor genannten Verzweckungen klar wiederspricht.

Neuzeitliche philosophische Anthropologien verstehen den Menschen *aus sich selbst heraus*. Er habe das Kant'sche *sapere aude* – habe Mut, dich deines eigenen Verstandes zu bedienen – zu beachten, um

---

[12] Sautermeister 2014. Zur Komplikation verschiedener Beziehungsideale vgl. Koppetsch 2014. Die Autorin verweist nachvollziehbar auf Widersprüchlichkeiten, die sie mit der Spannung zwischen *Marktlogik und Gabe* entfaltet (bes. 29f) und auf deren gegenwärtige Zunahme hinweist (39f).

[13] Beck und Beck-Gernsheim 1990

[14] Miggelbrink 2014, 77

sich aus der selbstverschuldeten Unmündigkeit zu befreien. Diese Auffassung erfährt bei Freud eine Erweiterung: Ihm geht es nicht nur um Mangel an Mut und Rationalität, sondern auch um Aufklärung und Beseitigung unbewusster Ängste. Diese Erweiterung stellt aus Beratersicht eine sehr nützliche, lebensnahe Ergänzung des Menschenbildes der Aufklärung dar. In aktuellen konstruktivistisch-philosophischen Ansätzen wird die Maschinen-Metaphorik in der Sicht auf den Menschen bemüht, um ihn zu verstehen.[15] Diese genannten Ansätze stellen im Lichte einer theologischen Anthropologie Verkürzungen dar, denn Theologie selbst ist wesentlich, auf keinen Fall nur nebenbei, Rede vom Menschen, und zwar als Mensch vor Gott.[16] Menschen können sich verändern, Maschinen „nur" Informationen verarbeiten, sie lernen bestenfalls seelenlos an der Verarbeitung äußerer Reize, geben dem Erleben weder Bedeutung noch Sinn. Anders der Mensch im theologischen Blick: Ihm ist die Sehnsucht zu lernen, sich und seine Welt zu verändern, sie und sich zu entwickeln gegeben. Diese

---

[15] „(nicht-)triviale Maschine" ist ein Terminus in kybernetischen Systemtheorien, den ein Input-Output-Denken charakterisiert und das Vorhersagbarkeit zu „errechnen" anstrebt. Im *radikalen Konstruktivismus* v.a. von von Förster, von Glaserfeld (bes. kybernetisch), Maturana (bes. neurobiologisch, naturalistisch) und Simon (bes. logisch) vertreten; insgesamt reduziert sich das Menschenbild zu sehr auf Organismus und die Betonung der Gemeinsamkeit mit anderen Organismen. Vgl. dazu ausführlich die theologische Habilitationsschrift von Eckart 2004, 186ff. Vgl. a. speziell zu Simon und seiner Verwendung des Maschinenparadigmas Moldizio 2004, die ausführlich die Maschinen-Metaphorik aufgreift und als zu reduktionistisch kritisiert; auch Fuchs 2010, 271 konstatiert überzeugend, dass die Problematik dieser Ansätze letztlich im apersonalen Menschenbild liege und: "Nur Maschinen lassen sich vollständig als System beschreiben" (237). Die Philosophin Orange u.a. 2001, 13, kritisieren zurecht die populäre Annahme systemischer Theorien, man könne zugleich innerhalb und außerhalb eines intersubjektiven Feldes sein, was zB. durch das Postulat der Allparteilichkeit suggeriert wird. Zur Bedeutungsgrenze der Maschinen-Metaphorik sei der Chirurg Hontschik zitiert: „Triviale Maschine hat Bauchschmerzen. Chirurg klappt den Deckel auf, entfernt den vermuteten ursächlichen Schaden, klappt Deckel wieder zu. Triviale Maschine hat immer noch Bauchschmerzen. Für psychische Überlagerung ist die Chirurgie nicht zuständig: Patient wird weitergeschickt." Zit. nach: Frick 2009, 160. Vgl. Sattler, Erlösung? 2011, 89: „Metaphorische Sprachbilder thematisieren nicht nur eine Beziehungswirklichkeit, sie selbst sind eine solche [...]."

[16] Vgl. Rahner, der 1967 bereits fordert, dass „[...] die dogmatische Theologie heute theologische Anthropologie sein muß" in: Ders. 1967, 43

Veränderungssehnsucht und -fähigkeit gilt auch für seine Gottesbeziehung, so er sie hat. „Die christliche Anthropologie geht in ihrer Le-
bensanschauung durch die auf Gott verweisende Transzendenz wesentlich über die immanente Lebenstheorie und die sie ordnende Ba-
sis-Harmonie hinaus."[17]

Bei aller Angewiesenheit auf metaphorische Sprache in Theologie,
Philosophie und Psychologie (vgl. *animal rationale, zoon politikon* in
altgriechischer Anthropologie, im Gegenwartsdiskurs Rahners *findiges
Tier*, bei Freud *sich erinnerndes Tier* oder bei Cassirer *animal symbo-
licum*) ist das Wesensmerkmal der Relationalität des Menschen eigens zu betonen. Der Mensch existiert nie nur *an sich,* er existiert in
Beziehung. Das zu vernachlässigen birgt die große Gefahr, Menschsein als Idee oder Ding zu verhandeln oder zu ontologisieren.

Theologische Anthropologie konfrontiert mit dem Göttlichen als dem
entscheidend Anderen. Gottes- und Menschenrede sind nicht voneinander zu trennen. Im menschlichen Wort kommt Gott zur Sprache.
Theologische Anthropologie kann nicht eine isolierte Lehre vom Menschen sein: „Ihr Thema ist die Selbstwahrnehmung des Menschen vor
Gott und in Gottes Geschichte. Damit ist ihre Aufgabe letztlich keine
theoretische, sondern eine eminent praktische."[18] *Coram Deo* nennt
es die Tradition und verweist damit auf die Wechselwirkung zwischen
Theologie und Anthropologie, darauf, dass der Mensch mit und vor
Gott *dasteht und gesehen wird,* dass er nur *vor Gott* zu begreifen ist
und zwar in allen Lebenskontexten. Diese Auffassung beugt Komple-
xitätsreduzierungen und Eindimensionalitäten vor. Sie harmonisiert
Widersprüchlichkeiten, Ambivalenzen und Ambiguitäten nicht einfach
weg. Der Mensch ist gottgebunden, Gott ist menschengebunden. Diese Verschränkung ist erfahrungsgebunden und pragmatisch vermittelt.
Dem Christgläubigen ist der Mensch mehr als die Addition seiner
Vermögen und Unvermögen. Er ist auf die Gnade Gottes angewiesen
und ihrer fähig.

---

[17] Frielingsdorf 2008, 35
[18] Schoberth 2006, 35

Als einer der katholischen pastoralpsychologischen Pioniere im deutschsprachigen Raum verwies Karl Frielingsdorf wiederholt auf die scholastische Position, die die Verbundenheit von Natur und Gnade im menschlichen Leben postuliert: „Die Gnade ist als Zuwendung Gottes von Beginn des Lebens an mit der menschlichen Natur wirksam verbunden."[19]

2.2. Philosophisch

In der philosophischen Anthropologie kann exemplarisch mit Max Scheler und Helmuth Plessner eine Entwicklungslinie nachgezeichnet werden, die den Menschen als Wesen erkennt, das über sich hinausgreifen kann und sich selbst zur Aufgabe wird, auch zur politischen Aufgabe. Plessner sagt: „Als exzentrisches Wesen nicht im Gleichgewicht, ortlos, zeitlos im Nichts stehend, konstitutiv heimatlos, muss er ‚erst werden' und sich das Gleichgewicht – schaffen."[20] Plessners zentrale Denkfigur ist die „exzentrische Positionalität", und er ergänzt die geisteswissenschaftliche Argumentation um die Betonung der biologischen Natur des Menschen. Scheler betont vor allem das weltoffene Wesen des Menschen, das er gerade in den vielfältigen Beziehungen von Mensch und Welt sieht und arbeitet v.a. mit dem Vergleich von Mensch und Tier, um so die Weltoffenheit als Unterschied zu betonen: Der Mensch kann die Welt/Umwelt immer wieder überschreiten.

Im Unterschied zu diesen beiden Autoren kann mit Emmanuel Lévinas und Jean Paul Sartre auf eine andere Linie hingewiesen werden. Sie betont nicht nur den Mangel und sieht den Menschen als Mängelwesen (v.a. Gehlen), sondern greift auch die Ausweglosigkeit menschlichen Seins bis hin zum Begriff der *Geisel* auf, um jede Sehnsuchtsausrichtung zu verurteilen: Sartre mit dem Begriff der Hölle, die der Andere ist; Lévinas mit dem phänomenologischen Befund, dass es keine Zuflucht gibt (bei Plessner: keine Heimat). Ganz im Sinne dieser philosophischen Anschauungen des Menschen bringen Ratsu-

---

[19] Frielingsdorf 2008, 32; vgl. für den Diskurs im kirchlichen Beratungskontext auch Plois 2005, 63-76

[20] Zit. n. Schoberth 2006, 67

chende täglich ihre Erlebensqualitäten, Verunsicherungs- und Leidenssituationen zur Sprache. In Beratungszimmern klingt erlebensnah ihr Widerhall.

Einen neuen philosophischen Ansatz liefert die sogenannte *Neue Phänomenologie* im Anschluss an Hermann Schmitz, der mit *leibphilosophischem* Schwerpunkt eine angewandte Philosophie propagiert. Für den psychotherapeutischen Diskurs greift Gabriele Marx diesen Ansatz auf und stellt die Frage, was denn von Psychotherapie bleibe. Diese Frage steht für sie in der dialektischen Spannung von *Nachhaltigem* und *Flüchtigem*. Ihre Antwort lautet: „Die günstigsten Voraussetzungen für eine Heilung bringen solche Patienten mit, die aufrichtig erschüttert sind von ihrer aktuellen Problematik." Der in dieser Erschütterung gegebenen *personalen Regression* (Schmitz) auf Seiten des Klienten stehe auf Seiten des Therapeuten eine distanzierende Besinnung als *personale Emanzipation* gegenüber. Die Spannung zwischen Anstoß-geben und Sicherheit-bieten bleibe bedeutsam. Werde in einer Therapie etwas nur bewütet oder beweint, so die Autorin, bleibe nur eine flüchtige Wirkung. Eine *einheilende* Wirkung mit Nachhaltigkeit sei fraglich. Nachhaltigkeit setze nach ihrer Erfahrung das eigene Erleben voraus, dass die bisherigen Lebenstechniken nicht mehr reichen. Aufgrund der erlebten Unerträglichkeit der Situation entstehe eine „aufgeweichte Verfassung [...] in den therapeutischen Sitzungen", die deshalb von vornherein eine bessere Chance habe, „nachhaltig Spuren für die Zukunft zu hinterlassen."[21] Neben dem Unterstützen des Erlebens (im Bewüten und Beweinen) muss es ermutigende Reflexion geben, die hilft, die indirekte Sprache der Symptome zu bedenken, zu benennen und zu verstehen. Fehlt eine hinreichend stabile Eigenwelt (Schmitz), bedarf es auch nach diesem philosophisch inspirierten Ansatz einer Hinwendung, die aufmerksam für das Fühlen in der Begegnung bleibt. Marx´ Plädoyer für das Nachhaltige beinhaltet die Ergänzung des Emotionalen um das "Übungswissen des Leibes" (Schmidt). Sie plädiert für ein *Stutzen-können* als Haltung auf Therapeutenseite und für ein *Neugier-Niveau* auf Patien-

---

[21] Marx 2013, 139

tenseite, was die alte aristotelische Kategorie von *zuviel-zuwenig* aufgreift. Die „Revision von Selbstverständlichkeiten"[22], wie sie in unhinterfragten Annahmen gegeben sind, scheint der Autorin folgend heilsame Wirkungen zu haben. Die Revision von Selbstverständlichkeiten würde die kognitive Verhaltenstherapie Umstrukturierung von irrationalen Glaubenssätzen nennen, die maßlose Ansprüche beinhalten. Als Beispiels können gelten: der Student, der glaubt, immer mit Lust eine Arbeit schreiben zu müssen oder der Kirchenmann, der glaubt, niemals an Gott zweifeln zu dürfen oder das Kind, das davon beseelt ist, immer seinen Eltern gefallen zu müssen oder der Ehemann, der davon überzeugt ist, seiner Frau ständig wohlgesonnen sein zu müssen usw.

So vertraut die genannten philosophischen Positionen in phänomenologischer Hinsicht einem Berater auch sein mögen, sie fordern ihn zur eigenen Positionierung heraus, ob er sich mit ihnen als handlungsleitendem Bild vom Menschen zufriedengeben will. Ergänzende Aspekte eines hebräisch-christlichen Menschenbildes könnten im Beratungsprozess drohenden Einseitigkeiten vorbeugen. So ist auch die eingangs zitierte Feststellung von Gabriele Marx neu plausibel, dass bei der nachhaltigen Erkenntnis der eigenen Identität die Rationalität um die unmittelbare affektive Betroffenheit ergänzt werden muss. (s. u. zum hebräischen Menschenbild)

2.3. Medizinisch

Der anthropologische Diskurs in der Medizin führte zur Erkenntnis, dass die lange dominierende, verengende Sicht auf den Körper als Resultat vergegenständlichender Reflexion wie auch als Ergebnis einer als objektiv verstandenen, naturwissenschaftlichen Forschung heute nicht mehr haltbar ist. Ähnlich unhaltbar ist die Unterscheidung von *beobachtbar* (körperliches Leiden) und *erlebbar* (seelisches Leiden) zu bewerten. Hier wirkt die lange Geschichte der Dualisierung von Seele und Körper bis heute unheilvoll nach. In den Auseinandersetzungen zwischen „Organikern" und „Psychikern" hielt man sich ge-

---

22 Ebd. 143

genseitig vor, „seelenlose Körpermaschinen" bzw. „körperlose Seelen"
zu behandeln – ganz dem dichotomen cartesianischen Menschenbild
folgend.

Für den Bereich der medizinischen Psychotherapie fordert der Medi-
zinethiker Giovanni Maio eine grundlegende Umkehr weg von der dichotomen Sichtweise: In der Konsequenz sollte es in Therapie statt
Anwendung von Schemata wieder eine verstehende Begleitung, statt
Vertragsbeziehung wieder eine Vertrauensbeziehung, statt technokra-
tischem Expertentum wieder Einfühlsamkeit und Offenheit geben.
Maio plädiert weiter für das Verlassen des Credos der Planbarkeit und
Machbarkeit, für eine Wertschätzung des nicht messbaren Eigentlichen und schließlich für eine Psychotherapie als Zuwendung zum
ganzen Menschen.[23] Auch prangert er die Ökonomisierung des Medi-
zinbetriebes an, in dem der Mensch zu sehr auf einen Faktor der Wirt-
schaftlichkeit reduziert werde.

Tatsächlich ist die Trennung von Körper und Seele mit biblischer
Anthropologie unvereinbar (vgl. hebräisches Menschenbild, s.u.).
Ebenso unvereinbar mit biblischem Menschenbild erscheint die bis
heute wirksame unterschiedliche Bewertung von seelischem Schmerz
und körperlichem Schmerz.[24] Seelisch verwundete Menschen berichten oft von einem potenzierten Leid, zB. weil Ihnen niemand glaubt
oder weil sie sich für ihr Leid schämen oder weil sie Angst vor Ablehnung haben. Die umgangssprachlichen Bildworte *Häufchen Elend*,
gebrochenes Herz oder *gebrochener Mensch* vermögen das notvolle,
brisante, prekäre Erleben zu verdeutlichen. Eckhard Frick fragt kritisch: „Wie konnte es denn passieren, dass wir die Frage nach dem

---

[23] Maio 2011, 132-138. Vgl. a. Ders. 2014: Grundsätzlich lautet die Erkenntnis
     seiner Analyse, dass es sich um eine Krise der Grundhaltungen handelt (129).

[24] Das Bedeutungsgefälle zwischen Gesundheit und Krankheit spiegelt eine ähn-
     liche, anthropologisch brisante Unterscheidung: Gesundheit bekommt Hoch-
     achtung, Krankheit wird gemieden, stört, ist lästig. Vgl. Baltes 2013. Überzeu-
     gend wendet sich der Autor gegen die These vom Christentum als Gesund-
     heitsreligion, Gesundheit ersetze heute Religion bzw. den Begriff von Heil. Der
     Autor spürt dabei anthropologischen Konzeptionen nach, die Krankheit und
     Kranksein für konstitutiv erachten. Zur anthropologisch bedeutsamen Wech-
     selwirkung zwischen *Gesundheit und Leistungsfähigkeit des Menschen* in der
     Gegenwartsgesellschaft vgl. 135ff.

Menschen vergessen, wo wir als Ärzte und Psychoanalytiker doch mit dem Menschen zu tun haben und schon dadurch Humanwissenschaftler sind?"[25]

2.4. *Psychologisch*

Eva Jaeggi erforschte Menschenbilder in verschiedenen Psychotherapieschulen mit folgendem Ergebnis: „Mehr denn je aber – darüber sind sich alle Therapeuten klar – ist die Beziehung innerhalb der Therapie wichtig: als eine Kraft, die vorangegangene Wunden, die über die kindlichen Beziehungen entstanden sind, durch die Beziehung wieder schließen kann. Und diese Vorstellung hängt eng zusammen mit dem modernen Konzept der Identitätsvorstellung: wer ich bin, das sage ich mir nicht nur selbst, sondern in besonderer Weise dem jeweils wichtigen anderen Menschen, speziell demjenigen, mit dem mich eine intime Beziehung verbindet. In den Phasen einer gut gelingenden Psychotherapie ist das der Psychotherapeut."[26] Damit greift Jaeggi inhaltlich das Konzept des Kulturanthropologen und Sozialpsychologen George Herbert Mead vom „signifikanten Anderen" auf, der in der Sozialisation eines Menschen ein entscheidender Protagonist ist. Persönlichkeitsentwicklung geschieht durch den kommunikativen Beziehungsalltag mit dem signifikanten Andern.

Während die Psychologin Verena Kast betont, dass Menschsein als schöpferischer Prozess zu verstehen sei, präsentiert der Gestalttherapeut Frank-M. Staemmler eine psychologische Anthropologie, die mit Rekurs auf philosophische Diskurse den dialogischen Charakter des postmodernen Menschenbildes betont, sodass er ein dialogisches *Selbst*-Verständnis als anthropologische Konstante entwerfen kann. Schnittstellen zur biblischen Rede vom Menschen sind dabei

---

[25] Frick 2009, 10

[26] Jaeggi 2003, 15. Eva Jaeggi ist nicht nur eine wissenschaftliche Psychotherapieforscherin, sondern auch eine zunächst verhaltenstherapeutische, dann psychoanalytische Praktikerin. Schon früh untersuchte Jaeggi die Menschenbilder verschiedener therapeutischer Schulen und deren Einfluss auf die Konzeptualisierung von therapeutischer Beziehung. Mit *Zu heilen die zerstoßnen Herzen. Die Hauptrichtungen der Psychotherapie und ihre Menschenbilder* wählte sie ein Motiv aus den Psalmen als Buchtitel. 1995, 203-215

sinnenfällig.[27] Überhaupt gilt eine hohe Konvergenz zwischen biblischer Anthropologie und psychologisch erforschten Grundbedürfnis-
sen wie zB. nach Bindung, Orientierung, Lustgewinn bzw. Unlustvermeidung und stabilem Selbstwertgefühl.[28]

Die psychoanalytische Auffassung von der relativen Unverfügbarkeit
des Unbewussten macht deutlich, dass der Mensch sich immer auch
fremd bleibt, ein Anderer ist als er glaubt zu sein. Die Wirkmächtigkeit
des Unbewussten als einem sozialen Resonanzorgan zeigt sich in
seiner Unberechenbarkeit, die Erschreckendes verbergen oder ent-
bergen kann. Gödde und Buchholz erläutern anhand der Film-
Metapher („im falschen Film sein"; „in mir lief ein Film ab") dieses Erleben des Fremden eines Menschen in sich selbst. Die Kraft des Unbewussten kann sich nicht nur emotional-zwischenleiblich zeigen,
sondern sie kann im therapeutischen Milieu auch zerstörerische Wirkung entfalten.[29] Die in Therapie deshalb erforderliche Haltung dauer-
hafter selbstkritischer Überprüfung schafft notwendige Distanz, um
Verstehens-, Verhaltens- und Erlebensspielräume zu ermöglichen.
Die Analogie zur klassischen Gewissenserforschung ist augenschein-
lich. Bei dieserart Einsichtslernen sind Begegnung, Beziehung, Erleben und Erfahren integrative Faktoren, die gemeinsam heilsame Veränderungen bewirken und nachhaltig sichern können. Dieses umfassende und komplexe psychoanalytische Bild vom Menschen als Beziehungswesen hat Parallelen zum ‚ganzheitlichen', hebräischen
Menschenbild der integrierten Leib-Seele-Einheit.[30]

---

[27] Staemmler 2015.

[28] Vgl. Reuter 2002; 2012, bes. 218-222. Gerade dieser Autor demonstriert über-
      zeugend die Verschränkung zwischen psychologischem und hebräischem
      Menschenbild.

[29] Gödde und Buchholz 2011, 122f

[30] Warsitz und Küchenhoff 2015, 114. Die Autoren verweisen auf das Interesse
      des Philosophen Richard Rorty an der Psychoanalyse, weil es ihm mit seinem
      differenzierten Pragmatismus um „die Fähigkeit, neue Geschichten zu erzäh-
      len" geht (116). Zentral sind beiden Ansätzen „die erweiterten (Selbst) Erfah-
      rungsmöglichkeiten, die Erweiterung der (Selbst)Deutungsspielräume des Sub-
      jekts" (ebd.). Die Parallelen der narrativen Theologie drängen sich geradezu
      auf.

Der Philosoph und Psychiater Thomas Fuchs bedenkt den Doppelaspekt vom körperlichen Organismus und vom leiblichen Selbst und wendet sich gegen neurobiologischen Reduktionismus im Verstehen von Geist und Seele, womit er den hebräisch ganzheitlichen Auffassungen vom Menschen sehr viel näher steht als manche moderne Empiriker.[31]

2.5. Hebräisch

Für das hebräische Menschenbild ist es selbstverständlich, was heutige neuropsychologische Forschung als erstaunliche Befunde erachtet und verbildlicht: die interaktive Verflechtung zwischen Denken, Fühlen und körperlichem Erleben. Die Neurowissenschaft heute füllt mit dem Aufweis des bio-psycho-sozialen Gesamtgeschehens des menschlichen Denkens, Fühlens und Handelns den abgegriffenen Begriff der Ganzheitlichkeit in der humanistischen Psychologie neu mit Inhalt.

Alttestamentlich zeichnen Begriffe wie *Nefesch (Seele, Lebensodem, Kehle), Basar (Fleisch), Ruach (Geist), Leb (Herz)* – bei aller begrifflichen Unschärfe – den anspruchsvollen Bildreichtum hebräischer Anthropologie nach und geben Orientierung: „Immer ist mit einem dieser Worte der ganze Mensch, nicht ein ‚anatomischer' Teil seiner Lebenswirklichkeit bezeichnet."[32] Auch impliziert die erlebte Leiblichkeit immer schon das Verhältnis des Menschen zur Welt. Die Trennung von *Körper-haben und Leib-sein* (Plessner) macht einen erheblichen Unterschied zur hebräischen Anthropologie deutlich: nicht als Objekt, sondern als Subjekt, nicht in der Objektivierung, sondern in der Subjektivierung ist der Mensch im jüdisch-christlich theologischen Erbe im

---

[31] Vgl. Fuchs 2010, 126

[32] Sattler und Schneider 2002, 163. Zur biblischen Anthropologie Freuds vgl. Heine 2010. Weingardt 2015: Die Theologin und Psychologin veranschaulicht diesen biblischen Befund mit hochaktuellem Forschungsbefund. Klar positioniert sich die Autorin gegen die moderne Reduzierung auf das Sicht- und Messbare (33). Nauer 2014 zeichnet den Seelenbegriff in seiner bewegten, v.a. philosophisch beeinflussten Begriffsgeschichte nach und verortet heutiges Verständnis von Seele durch eine Rückbesinnung auf das Neue und Alte Testament (bes. 65-73)

Blick der Anthropologie. Sich selbst und einander Erkennen ist dem biblischen Menschenbild inhärent und bereits in den Schöpfungsmythen verankert (vgl. Gen 3,7; Gen 4,1). Dieses Erkennen ist nicht im Sinne objektivierender Wissenschaftlichkeit zu verstehen. Es ist Ausdruck einer teilnehmenden Beziehung in der Gott-Mensch-Interaktion wie auch einer solchen zwischen Menschen.

Die Wirkmächtigkeit von Beziehung ist dem hebräischen Menschenbild vertraut. Mangel und Leiden werden in aller Deutlichkeit thematisiert. Sie erhalten ausdrücklich Gesicht und Namen. Das zeigt zB. der Psalter, der das Gebeugt sein, das Verstörende, das Überfordernde, die Not des Beters in aller Emotionalität als Klage wie auch als Dank und Lobpreis versprachlicht.

Sprache und Emotionalität zur Verfügung zu stellen sind biblisch vertraute Haltungen und Kompetenzen, um heilsam in Beziehung zu treten. Aushalten von Not und das Suchen „anthropologischer Proportionen"[33] wie es zB. im Balance finden zwischen Wissen und Nicht-Wissen, Verstehen und Nicht-Verstehen, Führen und Gewährenlassen, Geben und Nehmen zum Ausdruck kommt, sind unumgänglich. Der suchende hebräische Mensch, der sich an Gott wendet, um Ruhe, Trost und Hoffnung zu finden, missachtet die subjektiv-leibliche Natur nicht. Leiblichkeit und Sinnenhaftigkeit sind konstitutive Bestandteile hebräischer Anthropologie.

Dem hebräischen Menschenbild der Bibel ist inhärent, dass es erlebte Krisenerfahrungen erzählend reflektiert. Zentral sind die Erfahrungen von Exodus, Exil und Krieg. Vertreibung und Bundesschluss, Verlust und Befreiung, Lebensbedrohung und Rettung liegen sehr eng beieinander. Die Alttestamentler Christoph Dohmen und Thomas Hieke sprechen von „Krisenliteratur"[34], wenn die Breite und Weite menschlicher Nöte in Lebensläufen im Alten Testament beschrieben werden. Paul Deselaers erzählt von krisenhaften und unheilvollen Herausforderungen, die Frauen und Männer im biblischen Kontext meistern. Als zentrale und resiliente Erfahrung gilt dabei die biblische Pointe: „In

---

[33] Fuchs 2008, 299

[34] Dohmen und Hieke 2010, 13

den katastrophalen Ereignissen jeder Zeit [...ist] die alles prägende
Kraft, dass Gott nach einer unverbrüchlichen Beziehung zum menschlichen Gegenüber sucht [...] Gott in seiner bleibenden Beziehungswilligkeit zum Menschen zu sehen, das ist zum Angelpunkt des Lebens
in Zeiten des erfahrenen Unheils" geworden.[35] Dieser Gottesbezug
lässt erahnen, warum alttestamentliche Autoren ohne das, was moderne Begriffe wie zB. Selbst, Selbstgefühl, Selbstheilungskräfte,
Selbst(er)findung, Selbstwirksamkeit etc. beschreiben, auskamen.
Das hebräische Menschenbild geht von der leiblich-seelischen Verwundbarkeit des Menschen aus. Ein heilsamer Umgang mit Wunden
und Narben ist gott- und menschengewollt.[36] Das leib-seelische Verständnis lässt kein segmentiertes Denken und Handeln zu, was auch
für das Verständnis von Heilung gilt. In der theologisch-anthropologischen Konzeption der Konzilsväter des Zweiten Vatikanums findet
das umfassende hebräische Denken einen Widerhall: „Der Mensch
also, der eine und ganze Mensch mit Leib und Seele, Herz und Gewissen, Vernunft und Willen steht im Mittelpunkt unserer Ausführungen."[37]

Im narrativen und biographischen Zugang eröffnet das biblische See-
len- bzw. Menschenverständnis Zugang zum Menschen, der in der
Spannung von erlöst und unerlöst, heilvoll und heillos, gesund und
krank etc. sein Leben lebt. Nicht nur saluto-, auch pathogenetisch ist
das hebräische Menschenbild ausgerichtet, nach dem auch Angst-,
Schuld- und Schamerleben zum Menschsein gehört. Es kann damit
verstanden werden als Option für eine Primärerfahrung und gegen
den Trend naturwissenschaftlicher Objektivierung und Reduktion seelischen Erlebens auf biochemische Vorgänge. Das Primärerleben ist

---

[35] Deselaers 2002, 26

[36] Vgl. Miggelbrink 2009, der in seiner Untersuchung mit dem programmatischen
Titel *Lebensfülle. Für die Wiederentdeckung einer theologischen Kategorie*,
sich von einem Theologisieren jenseits von Erfahrung und Welt löst und stattdessen die „begleitende, orientierende und helfende Gegenwart Gottes thematisiert" (79) und für eine „gelebte Intersubjektivität" (178) optiert.

[37] Gaudium et spes 3. Vgl. auch GS 1: „Menschen von heute, insbesondere der
Armen und Bedrängten aller Art ..." Sie sind die Subjekte auch kirchlicher Beratung.

immer „Erleben aus erster Hand"[38], unverwechselbar, unmittelbar, ei-
genartig und einzigartig. In der hebräischen Vorstellung wird der
Mensch gesehen als Ganzer: bedürftig, empfänglich, relational und
responsiv. Das ist das biblische Seelenverständnis, der Mensch ist die
lebendige Seele. Fragmentierung in Ätiologie und Therapie ist dem
hebräischen Denken fremd wie diejenige in Körper und Seele.

Die Anerkennung des Menschen um seiner selbst willen ist Kern jü-
disch-christlicher Anthropologie. Existenzielles Ziel ist die *Menschwerdung des Menschen*, die im Urbild der Menschwerdung Gottes
verankert ist.[39] Mangel und Leiden werden dabei nicht ignoriert. Das
vermeintlich Negative und Destruktive (zwischen-)menschlicher Lebensläufe wird in Sprache und Einfühlung gebracht, um es ins Positive wenden zu können.

2.6. Ertrag

Die hier dargelegten Auffassungen der hebräischen Anthropologie
finden vielfach Aufnahme in modernen Menschenbildern der Theologie und der Psychotherapien tiefenpsychologischer Provenienz. Sinnenhaftigkeit und Leibgebundenheit des Menschen in der hebräischen
Anthropologie spiegeln sich zB. in der bekannten Unterscheidung Karl
Rahners zwischen *begreifen und ergriffen-sein*. Auch C. G. Jung kann
man in dieser Tradition stehend sehen, denn nach ihm kann „der
Mensch [sprachliche] Zeichen erfinden und verstehen". Der menschlichen Symbolbildung schreibt er eine „transzendente Funktion" zu.[40]
Analog zur hebräisch vertrauten Offenheit für Mangel und Leiden, Ne-
gatives und Destruktives im Menschen erscheinen Gegenwartspsy-
choanalytikern „die unverfügbaren Leidenszustände, die Traumatisie-
rungen, das Lebensschicksal als Negativität."[41] Die integrierte Einheit-
lichkeit von Seele und Leib, die „Ganzheitlichkeit" wird insbesondere
von humanistischen Strömungen in der Psychotherapie und in der

---

38 Hell 2007, 64. Hell macht den Begriff der Seele stark und grenzt ihn überzeu-
    gend von dem Ersatz-Konstrukt „Selbst" ab (68).

39 Vgl. Gruber 2003; Dohmen 2008, 7-45

40 Zit. nach Frick 2009, 38

41 Warsitz und Küchenhoff 2015, 166

Psychosomatik betont. Und über den aktuellen *spiritual turn* in der Psychotherapie werden traditionell meist stark ausgeprägte Berührungsängste mit der Transzendenz abgebaut.

Die nur in wenigen Beispielen und kurz vorgetragenen Aufrisse zu anthropologischen Perspektiven zeigen für die Konzeptualisierung und für die konkrete Gestaltung von Beratung Folgendes: Ein der Beratung zugrunde liegendes Menschenbild greift immer dann zu kurz, wenn es den Menschen fragmentarisch, d.h. nur in seinen Pathologien oder nur in seinen Ressourcen, nur als geistiges Seelenwesen oder nur als physiologische Körpermaschine versteht. Es greift zu kurz, wenn es den Bezug des Menschen zur Transzendenz ignoriert, aber auch dann, wenn es menschliches Erleben, Fühlen, Denken und Verhalten glaubt abschließend erklären und wissenschaftlich fundiert ziel- und passgenau lenken und beeinflussen zu können. Hingegen ist es u.E. zweckdienlicher, von einem Menschenbild auszugehen, das dem *eschatologischen Vorbehalt* standhält, wonach das „Reich Gottes" und mit ihm der Mensch in seiner Vollendung noch aussteht, aber dennoch – biblisch verbürgt – in der Spannung von *schon* und *noch nicht* aufscheint. Der Mensch ist ein Möglichkeitswesen und als solches offen für eine heilsame Begegnung, die von Gegenseitigkeit geprägt ist. Eine Haltung homologer Identifikation bei gleichzeitiger kritischer Distanz zum Ratsuchenden, eine Haltung der Bereitschaft zur Resonanz und das Bewusstsein, in allem Bemühen ein „Handlanger" Gottes, des „Cheftherapeuten", zu sein, entlastet und ist notwendig, um den Menschen umfassend zu sehen.

In einer solchen Intersubjektivität zwischen Berater und Klient gibt es einen Überschuss an Hoffnung, Zuversicht und Gelassenheit, der sich der tradierten und geglaubten Beziehungswilligkeit Gottes verdankt. Gerade kirchliche Beratung sollte schon um der intellektuellen Redlichkeit wegen ihre anthropologischen Wurzeln umfassend und nicht nur psychologisch oder therapeutisch verkürzt benennen. Der Geheimnishaftigkeit allen Menschseins dauerhaft standzuhalten und Offenheit für weitere anthropologische und wissenschaftliche Erkenntnisse zu bewahren sind ihr dabei unerlässlich. Der *work-in-progress-*

Status ist unvermeidbar. Mit Julia Kristeva gelesen: Das unglaubliche Bedürfnis zu glauben ist gebunden an die Fähigkeit zu beginnen.[42]

3. Der Mensch in Beziehung

Wie beschrieben ist es im anthropologischen Diskurs unumstritten, den Menschen als auf Beziehung angelegt und angewiesen zu verstehen.[43] Das gilt für Gläubige nicht nur in therapeutischer, sondern auch in theologisch-religiöser Hinsicht. „Zeitübergreifend verwirklicht Gott sein Sein als Bezogenheit auf Menschen, als bezügliches, relationales Sein. Gott, der Befreier, der Befreiung will und sorgendes Leben für einander, ist selber in seinem göttlichen Leben bezüglich und fürsorglich. Gott ist in seinem innersten eigenen Leben *proexistent*, beziehungswillig und deshalb Beziehung stiftend."[44] Die gegenwärtige Theologie betont das Beziehungsdenken in der erlösungstheologisch ausgerichteten Forschung. Zu nennen ist zB. Dorothea Sattler, die eine Theologie beklagt, „die von der Not der Armen wenig berührt erscheint".[45] Sie fordert eine Kontextorientierung mit der Schlussfolgerung, Erlösung im Diesseits nicht mehr gering zu achten, was den Blick in die Praxis auch für die Theoriebildung bedeutsam werden lässt.

---

[42] Vgl. Kristeva 2014, 58

[43] Vgl. Dornes 2010; Brisch 2010; Potthoff und Wollnik 2014; Ermann 2014. Den entscheidenden Anstoß für den lebendig diskutierten *Wendeprozess* lieferten im deutschsprachigen Raum: Altmeyer und Thomä 2006 und Orange u.a. 2001. Auf die wegweisenden Vorarbeiten von D. Winnicott kann nur verwiesen werden. Theologisch hat es der frühe Ratzinger bereits klar gesehen: „Zum Menschen gehört, dass er ein relationales Wesen ist [...] seinem Wesen nach Beziehung [...]. Und gerade in dieser Grundstruktur ist Gott abgebildet. Denn es ist ein Gott, der in seinem Wesen ebenfalls Beziehung ist, wie uns der Dreifaltigkeitsglaube lehrt." Zit. n. Dirscherl 2008, 46-89, hier: 73

[44] Miggelbrink 2006, 51 (kursiv im Orig.). Vgl. Rudolf 2015, 139-142, wo der Autor in einer psychotherapeutischen Anthropologie Glaubensinhalte und ihre Auswirkungen als Gegenstand und nicht als Standpunkt thematisiert, worauf wir an dieser Stelle nicht mehr dezidierter eingehen können.

[45] Sattler 2011, 272, 270f

In der Psychotherapie betont die Psychoanalyse die Bezogenheit,
Wechselseitigkeit und Intersubjektivität in großer Klarheit neu. Das hat
Konsequenzen auch für die helfenden Professionen in Seelsorge,
Therapie und Beratung. Im Folgenden diskutieren wir wesentliche Ein-
flüsse der intersubjektiven, relationalen Ansätze in Theologie und
Psychotherapie auf die Generierung heilsamer Haltungen in der Bera-
tung.

3.1. Präsenz und Resonanz

Neurobiologisch stärkt die Entdeckung der *Spiegelneurone* das Bild
vom Menschen als Beziehungswesen. Menschen sind auf Kooperati-
on angelegt und kommunizieren weit mehr intuitiv als bislang angenommen.[46] *Spiegelnde und emotionale Resonanz, soziale Isolation
bzw. soziale Resonanz* sind anthropologisch bedeutsame Phänomene
und zB. bereits im Säuglingsalter *im still-face-procedure*-Experiment
eindrucksvoll nachweisbar. In Blicken und Mimiken des Kindes und
der Bezugsperson, in ihren Angesichtern spiegelt sich der jeweils Andere. Der Philosoph Emmanuel Lévinas beschrieb dieses Phänomen
lange vor Entdeckung der Spiegelneurone als die unhintergehbare
Notwendigkeit des Anderen, und Martin Buber sprach von der Ichwer-
dung am Du. Im Anderen begegnet das eigene Menschsein. Lévinas
arbeitet einer psychoanalytischen Konzeption des Anderen philosophisch zu, indem er einer allzu starren Annahme vom intrapsychisch
ausgeformten Menschen widerspricht und betont, dass der Andere
nicht in erster Linie Anerkennung spendet, sondern mich in Frage
stellt und aufbricht. Der Schock präge die Begegnung.[47] Werner
Bohleber betont mit Daniel Stern den Gegenwartsmoment (*present*

---

[46] Vgl. Bauer 2006, 106: „Spiegelneurone sind das neuronale Format für einen
überindividuellen, intuitiv verfügbaren, gemeinsamen Verständnisraum […] eine
Art Pool, in dem die Programme für alle Handlungs- und Erlebensmöglichkeiten
gespeichert sind […]" Die Entdeckung dieser Spiegelnervenzellen verdanken
wir der Forschergruppe um Giacomo Rizzolatti. Auf die Präsentation des gegenwärtig viel beachteten *Mentalisierung*skonzeptes wird hier unsererseits bewusst verzichtet. Es ist den Konzeptionen von Symbolisierung und Repräsenta-
tion recht nahe.

[47] Vgl. Bohleber 2012, 32f.

moment)[48], um darauf hinzuweisen, dass die Gegenwart nicht nur Lieferantin ist für Erfahrungen oder Muster der Vergangenheit, für ein rekonstruierendes Verstehen also, sondern dass sie im Hier und Jetzt auch Möglichkeiten bietet, in Begegnung *das Neue, das Andere, das Gemeinsame* zu erfahren. Die präsentischen Momente als Orte umfassender intersubjektiver Beziehung sind dabei nicht körperlos oder leibfrei. Menschen schaffen präsentische Erfahrungen interaktiv im Zwischenraum, im *potencial space* (Winnicott), im Übergangs- und Möglichkeitsraum. Diese Metaphorik erlaubt eine über Martin Buber hinausgehende Aufmerksamkeit für das „Zwischen" als theologisch-anthropologische Größe, da es nicht nur mythologisierend bzw. religionsphilosophisch entworfen wird, sondern auch auf human- und psychotherapiewissenschaftlichen Forschungsergebnissen fußt.

Präsenz und Resonanz als Merkmale der Intersubjektivität spielen auch in der neueren Konzeption der „Spielräume des Erlebens" eine Rolle. Die Spielräume des Erlebens weiten sich in der seelsorglichen wie auch therapeutischen Begegnung, wenn Präsenz und Resonanz sich in Verwandlung und Performanz hinein auswirken. Um diese bislang vernachlässigten Wirkfaktoren hat sich Diana Pflichthofer im helfenden Feld mit einer Untersuchung verdient gemacht.[49] Sie plädiert für eine Performanz als *Vollzug des Geschehens* in präsentischen Erfahrungen. Von Belang ist dabei leibliche Präsenz, die unmittelbare sinnliche Gegenwart des Anderen. Die „Aufführung" und das Verstehen des Geschehens – daraus besteht auch eine Beratungsbegegnung, im Psychodrama „Szene", im systemischen Diskurs „Kontext", in der Psychoanalyse „szenisches Verstehen" genannt – bekommt eine anerkennende Aufmerksamkeit, was einen Verwandlungsprozess provoziert und unterstützt. Die Bedeutung für den seelsorglichen Kontext ist evident, wird doch die Lebenswahrhaftigkeit ergänzend durch Leibhaftigkeit zum Ausdruck gebracht. Seelsorge wird zugleich auch

---

48 Vgl. zu den philosophischen Einflüssen von Husserl, Bergson, James, Merlau-Ponty den Überblicksartikel von Trautmann-Voigt und Voigt 2009, zu Daniel Sterns Gegenwartsmoment bes. 22-25

49 Pflichthofer 2008. Auf die Spannung zwischen Verwandlungsresistenz (89) und Verwandlungspotential (202ff) in ihrer Bedeutung für *Präsenz* und *Resonanz* kann hier nicht weiter eingegangen werden.

Leibsorge. Präsenz *und* Vollzug werden zu resonanten Phänomenen.[50] Selbsterlösungslehren, wie sie zB. in der Esoterik gegeben sind, oder das Konzept der *Selbsttranszendenz* Viktor Frankls werden relativiert, denn in seiner Erwiderungsbedürftigkeit kann sich der Mensch nicht selbst erlösen. Resonanz gibt der Andere, Vollzug braucht den Anderen. Der *Austausch von Worten* (Freud) lässt das Heilsame nur begrenzt aufscheinen. Im Anschluss an Pflichthofer müsste man von einer Weiterentwicklung der *Redekur* (Freud) hin zu einer *Erfahrungs- oder Erlebenskur* mit einem personal-dialogischen Schwerpunkt sprechen. Im Seelsorge- wie auch Beratungskontakt hilft diese im Therapie-Diskurs entstandene Einsicht weiter, dass Erleben und Erkennen leib-seelisch verschränkte Prozesse sind. Leibliches Erleben und kognitives Erkennen wirken heilsam in und durch ihre Gleichzeitigkeit.

Der Andere *geht mich unbedingt an*, so kann man frei nach Tillich und Lévinas Intersubjektivität einfach ausdrücken. *Einander-Lasten-zu-tragen* wäre eine Form resonanter Performanz im Anschluss an die Erkenntnis, dass der Andere und das Subjekt sich unbedingt gegenseitig etwas angehen. Der Mensch in Beziehung weiß darum, dass Hilfsbedürftigkeit und Hilfemöglichkeit auf Vollzug angewiesen sind. Die Gabe der Resonanz ist dabei die notwendige Voraussetzung. Die Fähigkeit zur Resonanz erfährt bereits in frühkindlichen Interaktionen, lange bevor ein reflexives Menschen- oder auch Gottesbild erworben wird, wegweisende Prägungen und kann in späteren Lebensphasen durch religiöse Überzeugungen verstärkt werden, zB. durch die auch theologische Verankerung der Haltung der Nächstenliebe.

Resonantes und präsentisches Geschehen sind also wichtige Ingredienzen sowohl eines Menschenbildes als auch eines Gottesbildes. Beide entwickeln sich nur empathisch und in Wechselwirkung miteinander. Sie drücken sich relational aus. Dennoch entlässt eine resonante und performative Teilhabe die Beteiligten nicht in eine entzauberte Welt, in der alles erklärt und aufgeklärt ist. Das vermeintliche

---

[50] Diese Konzeptionen der Verwandlung und Performanz mit dem christlich verstandenen Erlösungsbegriff zu konfrontieren, kann an dieser Stelle nicht weiterverfolgt werden.

„*Ich weiß, was du fühlst*" oder das Gefühl des „*Zueinander-passens*" bleiben geheimnisvoll. Theologisch gesprochen bleiben der Andere und Gott Mysterium. Die Gottesfrage kann man nicht voreilig neurophysiologisch mit einem *gedachten Gott* beantworten.[51] Die anthropologischen Implikationen theologischer Topoi wie zB. *Gnade* oder *Erlösung* behalten ihre mysteriöse Bedeutung. *Resonanz* und *Präsenz* erweisen sich als Schlüsselbegriffe im Verstehen des *Mysteriums Mensch*. Sie beugen einem relationslosen Abdriften in eine Jenseits-Orientierung oder einer neurobiologistischen Reduktion des Menschlichen vor.

Präsentische Erfahrung und *präsentisches* Geschehen sind aktuell auch in der Theologie die Termini zur Beschreibung von Gottesbeziehungserfahrungen, die einem Abschied vom einseitigen Jenseits-Denken zuarbeiten. Therapeutisch arbeitende Theologie erkannte die verhängnisvolle „Falle", Gott menschenfern zu denken. Der Begriff *präsentische Eschatologie* veranschaulicht die Entwicklung eines menschen- und lebensnahen Gottesbegriffs, der bis in die theologischen Traktate hinein favorisiert wird.

3.2. Risiko und Chance

Fundamental existentielle Beziehungen – dazu zählen auch die Beratungsbeziehungen – beinhalten die Spannung von Risiko und Chance. Riskantes und Ersehntes prägen die relationale Grundstruktur menschlicher Existenz. Aus dieser relationalen Grundstruktur sind heilsame Haltungen zu eruieren.

Die Potentiale der Sehnsucht, der Angst, der Hoffnung etc. ermöglichen es dem Menschen, zu lieben und zu arbeiten, zu zerstören und zu töten. Sie können Heil und Unheil bewirken. Der Mensch kann sich selbst oder Andere sinnstiftend und beglückend oder destruktiv erleben; er kann Verletzendes und Zerstörendes auslösen, es selber tun und auch selbst erfahren. Es gibt kein Leben ohne Verstrickungen. Für dieses anthropologische Existenzial hat bereits Martin Luther die

---

[51] Vgl. zB. Roth und Strüber 2015; weiteren naturalistisch-reduktionistischen Sichtweisen können wir hier nicht nachgehen.

wohl zeitlos gültige Formel *simul iustus et peccator* geprägt. Zwick-mühlen oder Dilemmata prägen Denken, Fühlen und Verhalten. Lu-thers sündentheologisch gemeinte Beschreibung zeigt die Ambivalenz vieler Beziehungen.

Im Gegensatz zum Sündenbegriff, der etwas über Beziehungen aus-sagt, ist Destruktivität ein ergebnisbezogener Begriff,[52] der die negati-ven Folgen als solche im Blick hat. Das menschliche Vermögen zu sündigen ist ein relationales Konzept. Eine auf das destruktive Ergeb-nis fixierte Betrachtungsweise führt, wie in Beratungen oft zu hören, zu passivischen Formulierungen: *Es ist passiert, es ist geschehen, ich konnte nicht anders.* Der Sündenbock-Mechanismus gewinnt dadurch an Bedeutung. Die Spannung von Risiko und Chance hingegen beugt dem Schuld-beim-Anderen-Suchen in Beziehungen vor. In der Diktion Goethes lautet das so: „Übrigens ist der Mensch ein dunkles Wesen, er weiß nicht, woher er kommt, noch wohin er geht, er weiß wenig von der Welt und am wenigsten von sich selber. Ich kenne mich auch nicht und Gott soll mich auch davor behüten."[53]

Risiken und Chancen wirken sich beziehungsstiftend wie auch bezie-hungszerstörend aus. Dennoch sind beide nicht zu meiden, denn elementar ist dem Menschen die Angewiesenheit auf Andere. So trägt Verbundenheit Risiko und Chance in sich. Verbundenheit kann zu er-füllender, wertschätzender Begegnung oder auch in Abhängigkeit füh-ren. Nähe gibt es nicht ohne Risiko. Die Chance zur Nähe beinhaltet auch das Risiko missverstanden oder abgelehnt zu werden. In der Be-ratungspraxis vermittelt die sogenannte *negative therapeutische Re-aktion* die Spannung zwischen Risiko und Chance eindringlich, inso-fern es tatsächlich eine Verletzungsgefahr gibt, wenn sich die Symp-tome unter der Behandlung zunächst verschlimmern. Dem angestreb-ten Freiheits- und Vertrauensgewinn mit Nähe, Erfüllung und Wand-lung steht Freiheits- und Vertrauensverlust entgegen mit Ungewiss-heit, Angst und Distanzierung. Diese dialektische Spannung aufheben zu wollen wäre vermessen, sie zu leugnen Realitätsverkennung. Im

---

[52] Vgl. Küchenhoff 2005

[53] Goethe an Eckermann, zit. nach: Meyer-Drawe 2008, 25

Zusammenleben von Menschen entfalten die Beziehungszutaten Risiko und Chance zugleich heilsame und zerstörerische Qualitäten. Menschen stiften und vergiften Beziehungen.

Das Vermeiden von Risikoanteilen in Beziehungen und das Leugnen, dass jemand Einfluss auf den anderen ausübe, sind insofern „sündhaft", als dass sie dem Ausweichen der Beziehung dienen. Sich emotional berühren zu lassen und sich für jemanden zu öffnen, ist der Preis des Verstehens. Das ist zumindest mit minimal ängstlicher Verunsicherung wie auch mit einer gewissen lustvollen Neugier verbunden. Minimal ängstliche Verunsicherung und angemessen lustvolle Neugier sind handlungsleitend für persönliche Weiterentwicklungen im intermediären Raum. Eine unterentwickelte Fehlertoleranz führt zu überängstlicher Risikovermeidung, eine im intersubjektiven Verständnis beheimatete Fehlerfreundlichkeit fokussiert die Chancen. Theologisch kann man auf das Evangelium vom Reich Gottes verweisen. Es erlaubt keine Neutralität, keinen ängstlich motivierten Rückzug in die reine Passivität und Beziehungsverweigerung. „Die Zeit ist erfüllt, das Reich Gottes ist nahe. Kehrt um [...]" (Mk. 1,15). Die moderne intersubjektiv orientierte Psychoanalyse kommt zu einem vergleichbaren Ergebnis, wenn auch mit einer phänomenologischen statt wie in der Theologie einer ethischen Begründung. Die Wechselwirkung zwischen Beobachtetem und Beobachter kann nicht länger ignoriert werden. Intersubjektiv betrachtet kommt jede Rede von Objektivität in Beziehungsthemen an ihre Grenze. In Beziehung gibt es keine Neutralität, kein Ausweichen.

Relational verstandene Beratung kommt nicht umhin, auch *Kontext und Kultur* einzubeziehen. Und auch bei deren Einbezug, auf den wir hier nicht weiter eingehen, bleibt die Angewiesenheit auf den Anderen mit ihren Chancen und Risiken bestehen. Sie ist eine anthropologische Konstante.

3.3. Angewiesenheit und Ausgerichtetheit

Die Haltungsfrage ist in psychologischer Beratung deshalb von besonderer Bedeutung, weil Beratung von intersubjektiven Prozessen geprägt ist, die nur teilweise bewusst gewählt werden oder die nur begrenzt der bewussten Erkenntnis zugänglich sind. Diese Prozesse unterliegen nur sehr eingeschränkt bewusst getroffen Wahlen oder Entscheidungen. In der traditionellen psychoanalytischen Theorie werden sie mit *Übertragung* und *Gegenübertragung* beschrieben. Neuere Theorien zu Übertragungsphänomenen konzeptualisieren sie zB. als *Enactment, Handlungsdialog oder Inszenierung*.[54] Der Eine löst unbewusst im Anderen etwas aus, er ist ihm sympathisch oder unsympathisch, macht ihm Angst oder lädt ihn zum Vertrauen ein, erinnert ihn zunächst völlig bewusstseinsfern an einen Dritten etc. Im Begriff des *dynamischen* oder *vitalen Unbewussten* werden diese Phänomene nicht statisch, sondern als dynamische Resonanz verstanden, die auf Wechselseitigkeit beruht. Der Eine ist auf den Anderen angewiesen. Unbewusstes beeinflusst bewusstes Verhalten.[55]

An einem Beispiel veranschaulichen Gödde und Buchholz die Angewiesenheit auf Andere: „Es gibt Menschen, die bemerken, dass eine Person im Weggehen vom Rednerpult einen Mantel vergessen hat, ihn aber nicht darauf aufmerksam machen und zwar nicht, weil sie es nicht könnten, sondern weil sie eine Vorstellung entwickelt haben, dass eine so aufmerksame Freundlichkeit ihnen ja auch nie entgegengebracht wurde. So soll es auch kein anderer haben. Sie tauschen gleichsam einfach die Rollen nach dem Talionsprinzip: Wie du mir, so ich dir! Hierbei spielen nicht geringe Affekte der Wut, der Verachtung und Geringschätzung eine Rolle."[56] In solch einem Fall hat die soziale Resonanz erheblich gelitten, denn der, der den Mantel vergisst, wird „Opfer". Seiner Angewiesenheit wird von den Anderen nicht entsprochen. Emmanuel Lévinas geht in seiner Beschreibung, Verantwortung für den Anderen, den Fremden zu übernehmen, soweit, dass das

---

[54] Wir gehen hier nicht weiter darauf ein. Vgl. zB. Mertens 2009, 79-83

[55] Vgl. Gödde und Buchholz 2011, 76-81 betonen die Dringlichkeit einer erweiterten Perspektive auf den Menschen, der zB. nicht nur eine Krebs-Diagnose, sondern mit ihr umfangreich auch Empfindungen wie Angst und Ratlosigkeit bekomme und Beachtung und Aufmerksamkeit erfahre. Diese Autoren fordern, sich von der Vorstellung eindeutiger Lösungen oder Anweisungen zu verabschieden und offen zu bleiben für „multiperspektivische Widersprüchlichkeiten" (15).

[56] Ebd. 104

Subjekt gar als *Geisel* des Anderen verstanden werden könne. Das ist eine extreme Ausprägung einer Resonanz auf die erlebte Angewiesenheit des Anderen in menschlichen Beziehungsgefügen.

Mit Gewalt einhergehende Widerfahrnisse sind meist komplexer als obiges Beispiel. Das zeigen Fälle aus der Viktimologie.[57] Die Angewiesenheit erfordert hier eine besondere Resonanz des Anderen. Das Opfer wird in der Viktimologie bewusst in den Blick genommen und thematisiert, wobei die traditionell übliche Fokussierung auf den Täter[58], die zwar nötig bleibt, vernachlässigt wird. Welche Haltung erweist sich in Gewalt einschließenden Kontexten als heilsam? Zunächst das Unterbrechen des Leugnens: Männer schlagen Frauen tatsächlich, Eltern überfordern wirklich eklatant ihre Kinder, und Flucht ist im persönlichen (Frauenhaus) wie politischen Bereich (anderes Land) tatsächlich primär nur eine Überlebensstrategie. Das Leugnen hätte meist nicht nur psychisch verheerende Folgen für die Opfer. Wenn das Leugnen durchbrochen ist, kann das *Obdach für die Seele* real werden und ist dann weit mehr als ein ästhetisch-poetischer Terminus. Das Wort dient einer Versprachlichung elementarer Bedürfnisse und Rechte. Nach dem Aufgeben der Leugnung und nach der Versprachlichung gilt es dann, eine Haltung zur psychischen Stabilisierung einzunehmen und ihr nicht – aus resonanter Angst vor dem berichteten Schlimmen – eine Vermeidungshaltung folgen zu lassen. Das ist eine sehr anspruchsvolle Herausforderung in der Begleitung traumatisierter Menschen.[59]

Das Angewiesen sein auf Andere bezeugt auch die Entwicklungspsychologie. Ein Mensch entwickelt sich durch Beziehung. Selbstwertbildung und Individuation beginnen mit dem sprichwörtlichen Glanz, den das Kleinkind in den Augen der Mutter wahrnimmt. Zwei Menschen werden ein Paar durch Beziehung. Altern erfordert pflegende Assis-

---

[57] Vgl. Hirigoyen 2008

[58] In Forensik, Kriminologie und Psychiatrie galt und gilt die primäre Aufmerksamkeit den Tätern. Erst die neuere Viktimologie richtete das Augenmerk auf die Opfer.

[59] Religiös inspirierte Anregungen zur Bewältigung finden sich bei Funke 2002 und bei Renz 2010

tenten. Die Beispiele ließen sich fortführen. Antagonist zur Angewiesenheit ist die Ausgerichtetheit des Menschen. Der Beziehungsmensch ist nicht nur angewiesenen auf einen Anderen, er ist auch ausgerichtet auf ihn *und* auf Dritte oder ein Drittes als stetiges trianguläres Korrektiv zur Relativierung der sonst einseitigen Angewiesenheit, die zur Abhängigkeit werden könnte.

Soziologisch kann die Angewiesenheit des Menschen mit dem Begriffspaar *eingebettet – entbettet* veranschaulicht werden. Dem von Anthony Giddens vorgestellten Konzept der „Embeddedness" mit vielfältigen persönlichen Vernetzungen steht im postmodernen Spätkapitalismus das Phänomen zunehmender Entbettung entgegen, wonach der Einzelne ständig auf sich allein angewiesen und damit leicht auch überfordert ist.[60] Deshalb ist es nicht verwunderlich, dass gegenwärtig Psychologie und Psychotherapie vermehrt auch Spiritualität als einen wichtigen Faktor in Theorie und Praxis zur erneuten korrektiven „Einbettung" einbeziehen.[61] Sinn, Geborgenheit und Kontinuität werden als heilsame Größen reflektiert, wohingegen der verblendende esoterische Markt hinterfragt wird.[62]

Die Erfahrung, dass Menschen im Leben partiell scheitern aber dennoch gut überleben, ermutigt dazu, das Risiko der Angewiesenheit auf Andere einzugehen. Die Erfahrungen von Vertrauenswürdigkeit und Vertrauen – ein relationales Zusammenspiel – wirken sich psychisch stabilisierend aus. Angewiesenheit bedeutet in der Spannung zwi

---

[60] Walter 2006: „Der entbettete Einzelne der individualisierten Gesellschaft muss sich ständig selbst entscheiden - ohne noch über die Orientierungssicherheit eines stabilen Wertfundaments zu verfügen. Psychologen berichten von einem dramatischen Anstieg neuer ‚Grübelkrankheiten': Von ihnen wird man befallen, wenn man sich unaufhörlich eigenverantwortlich festlegen muss, normierende Kriterien und richtungsweisende Maßstäbe allerdings fehlen. Der individualisierte Mensch empfindet es allmählich nicht mehr bloß als Chance, kreativ, authentisch und originär sein zu dürfen - sondern oft genug als Zwang, all dies jederzeit sein zu müssen."

[61] ZB. Staemmler 2015

[62] Staemmler 2015, 157: „Beweist nicht gerade der in unserer materialistischen Welt weit verbreitete ‚esoterische' Humbug und seine erfolgreiche Vermarktung, dass Menschen fast händeringend nach Formen für ihre Spiritualität suchen, die ihnen eine entbettete Kultur nicht mehr selbstverständlich bietet?"

schen Risiko und Chance zu leben. Nur in dieser dynamischen Ver-
wobenheit kann Angewiesenheit das grundständige Lebensgefühl, die
„emotionale Kernposition"[63] eines Menschen, bereichern. Der Ort, der
diese Erfahrung schützt und ermöglicht, ist die Beziehung. Darauf
weisen alle bisher diskutierten Phänomene von Resonanz und Präsenz, Risiko und Chance, Angewiesenheit und Ausgerichtetheit hin.
Sie sind die Charakteristika des Kontextes, in dem heilsame Haltungen neue Balancen und Selbstwerdung ermöglichen.

3.4. Beziehung als Ort des Wandels

Religionsphilosophisch und mit großem Interesse an der jüdischen
Mystik erforschte Martin Buber in seinem Hauptwerk *Ich und Du*
schon zu Beginn des vorigen Jahrhunderts das Phänomen *Beziehung*. Seine Unterscheidung von *Ich-Es-Beziehung* und *Ich-Du-
Beziehung* fand vielfach bis in die Gegenwart hinein Aufnahme in die
Reflektionen der Beziehung zwischen Schöpfung und Schöpfer. Heu-
tiges Forschungswissen über die Bedeutung von Beziehung für die
Anthropologie wurde durch Buber entscheidend inspiriert. Darüber
hinaus speist es sich aus verschiedenen Disziplinen wie zB. der
Säuglingsforschung, der Entwicklungspsychologie oder auch der Psychotherapieforschung, die die tragfähige, positiv getönte Therapeut-
Klient-Beziehung als den grundlegenden generellen Wirkfaktor in allen therapeutischen Schulen ausweist.[64] Beziehung ist der Ort, in dem
Wandel möglich ist. Angewandte theologische Anthropologie in einer
Beratungsbeziehung intendiert *Wandel und Wandelbarkeit*. Dabei
bleiben Fragen: Was macht den Menschen wandlungsfähig? Was
sind seine Wandlungsbedarfe, seien sie aus der Not geborene Wünsche nach Symptomlinderung oder durch Hoffnung auf Selbstwerdung
motiviert? Wie erweist Beziehung ihren Sinn, ihre Bedeutung und ihre
Kraft?

---

[63] Frielingsdorf 2008, 80, 82 Der Autor spricht auch vom Schlüsselkonzept, von
     Schlüsselwörtern, von Schlüsselpositionen und Schlüsselbotschaften, um die-
     ses Phänomen zu beschreiben.

[64] Vgl. Jaeggi 1995

Der Wandlungsbegriff steht für Veränderung, Transformation, Weiterentwicklung. Es ist eine den psychologischen Beratern vertraute Haltung, in ihrer Arbeit Erlösendes anzustreben und anzubahnen. *Priming* nennt das die gegenwärtige Psychotherapie und beschreibt damit eine der theologischen Anthropologie sehr verwandte Sicht auf den Menschen: Kleine Schritte, vorbereitende Schritte, Probehandeln sind der menschlichen Psyche meist eher bekömmlich als „Brachialmethoden". Ungeduld und zu hoch gesteckte Erwartungen würden meist nur schädliche Muster des Alltags wiederholen und im Beratungsgeschehen Wandlungsschritte kontaminieren. Geduld, Weisheit, Demut, Freiheitsliebe, Achtsamkeit, Trost, Öffnung für Andere/s unterstützen die kleinen Schritte. Diese Haltungen sind auf Gegenseitigkeit angewiesen, wenn sie sich nachhaltig in Erleben, Überzeugung und Verhalten verankern sollen.

Der intersubjektive Gehalt, das ständige Hin-und-Her zwischen den betroffenen Personen in Beratungs-Settings (Familien, Gruppen, Teams, Paare, Einzelne und ihre jeweiligen Berater) sollte heilsame Performanz provozieren und produzieren, sollte destruktive Muster in konstruktive wandeln. In Beratung ereignet sich die heilsame Veränderung in der Beziehung. Auch in ihr ist der Mensch keine Monade, kein singulärer Insulaner. Der Mensch wird am Anderen. Ich wird am Du (Martin Buber). Für Gläubige dürfte auch die Gottesbeziehung die Potenz zur Selbstwerdung beinhalten. Auch in ihr lässt sich heilsame Bezogenheit suchen und finden.

Emotionale Sicherheit in Beziehungen ist Voraussetzung für die Freiheit zur Wandlung. Nur in einer stabilen und stabilisierenden Beziehung kann Wandlung gelingen. Ein großes Wandlungshindernis auf Seiten des Ratsuchenden kann die Angst sein, dass der Berater ihn mit seinem Schmerz nicht erträgt, ihn nicht „überlebt". Die Überlebens-Erfahrung ist nach Winnicott eine fundamental wichtige Gegenerfahrung zur bedrohlichen Existenzangst. Sie, die Überlebenserfahrung, legt im infantilen Menschen mit seinen regressiven Anteilen die psychische Basis für spätere Resilienz. Deshalb ist auch schon das alleinige *Überleben* – statt obendrein auch noch *glücklich und sinnerfüllt zu leben* – nicht als pathologisch oder defizitär zu deuten. Der

Mensch ist und bleibt auch mit all seinem Defizitären sich und dem Anderen zumutbar. Die größte Wandlungsinspiration kann in *Leid und Freud* zugleich angenommen werden. Beide sind nur in Beziehung zu ertragen oder zu genießen. In Beziehung entfalten das Leid und die Freude ihre Wirkung. Im *Beziehungshandeln* werden das Gemeinsame und Fremde, das Vermisste und das Ersehnte etc. gleichzeitig, konkordant und ausgewogen aufgegriffen. Beziehung als Ort des Wandels ist an ein dynamisches Interagieren und Probehandeln der Beteiligten geknüpft. Dieses hilft, sich selbst, die Um- und Mitwelt, die Mitmenschen und die Alltagserfahrungen in neuem Licht zu sehen. Der Spielraum des Denkens wird erweitert und mit ihm der Handlungsspielraum. So sind *das Aneignen von ...*, *das Einfühlen in ...*, *das Denken über ...*, *das Annähern an ...* und *die Umkehr zu ...* als grundlegende Formen des Beziehungshandelns zu beschrieben. Sie alle setzen in Beratung eine *gewährende und ermutigende Haltung* auf Seiten des Beraters voraus, um Wandlung zu fördern.[65]

4. Der Mensch in Beratung

Mensch in Beratung dient als gemeinsame Chiffre für diejenigen, die sich mit Ängsten, Sorgen, Nöten und Hoffnungen auf eine professionelle Beziehung mit Beratern, Therapeuten und Seelsorgern einlassen. Das Bemühen des Ratsuchenden, seine Seelenwunden zu verstehen und zu heilen und die Assistenz des Beraters dabei haben die Annahme gemeinsam, dass seelische Verwundbarkeit ein anthropologisches Konstitutiv ist, welches nach Veränderung in Denken, Erleben und Handeln verlangt. Der Mensch in Beratung setzt seine seeli-

---

[65] Es kann hier nur auf einen sich anbahnenden Diskurs aufmerksam gemacht werden, der den Begriff der Wandlung religiös und zugleich im Beziehungskontext diskutiert. So schlägt Funke 2011, außer Transformation und Veränderung den Begriff der *Transsubjektivität* neben Subjektivität und Intersubjektivität vor. Der Autor formuliert das *Jetzt als Tor zur Veränderung* (310). Konsequent theologisch untersucht Dirscherl 2015 Wandlung „als vor-über-gehende Gegenwart, die bleibt". Das Miggelbrink'sche Plädoyer für die Wiederentdeckung der theologischen Kategorie *Lebensfülle* (2009) kann als theologischer Impuls für eine unumgängliche Orientierung an Intersubjektivität gelesen werden.

sche Verwundbarkeit und Verwundung (4.1) einem heilsamen Verstehen (4.2) aus. Er ist zur Selbstwerdung in Beziehung aufgebrochen.

4.1. Seelische Verwundbarkeit

„Es tut weh" lautet die umgangssprachliche Formel dafür, dass der Mensch empfindungsfähig sowohl für körperliche wie für seelische Schmerzen ist, dass er von Rat- und Hilflosigkeit, von Handlungsstarre und von Haltlosigkeit beeinträchtigt wird. Seine Seele ist verwundbar. Seelen- und Körperwunden schmerzen. Als komplexer Sinneseindruck sind diese mit Affekten, Erwartungen und Bewertungen verbunden, die in der einfühlsamen, resonanten Beratungsbeziehung bearbeitet werden können. Seelische Verwundbarkeit ist ubiquitär konstitutiv für den Menschen, auch wenn sie sich individuell unterschiedlich in Art und Ausdruck manifestiert. Den Horizont beraterischen Umgangs mit der seelischen Verwundbarkeit verdeutlichen beispielhaft folgende Geschichten und beratungstypische Anliegen.

1. Schweigend *saß der alte Indianer mit seinem Enkel am Lagerfeuer. Die Bäume standen wie dunkle Schatten, das Feuer knackte und die Flammen züngelten in den Himmel. Nach einer Weile sagte der Alte: „Manchmal fühle ich mich, als ob zwei Wölfe in meinem Herzen miteinander kämpfen. Einer der beiden ist rachsüchtig und aggressiv und grausam. Der andere aber ist liebevoll, sanft und mitfühlend." „Welcher der beiden wird den Kampf um dein Herz gewinnen?" fragte der Junge. „Der, den ich füttere", sagte der Alte.*[66]

2. Eine Chassidim-Erzählung (nach Martin Buber) beschreibt eine lösungsdienliche Achtsamkeit: *Ein Rabbi begegnet einem Mann, [...] der das Grundstück seines Herrn bewacht. Er fragt ihn. „Für wen gehst du?" Der Mann sagt es ihm, und er fragt seinerseits: „Für wen gehst du?" Nach einer Weile bittet der Rabbi den Mann, ob er nicht in seinen Dienst treten möchte. Was er denn tun soll, fragt der Mann zurück. „Mich erinnern", antwortet der Rabbi.*[67]

---

[66] Zit. nach Te Deum. Das Stundengebet im Alltag, Benediktinerabtei Maria Laach, Verlag Katholisches Bibelwerk, November 2014, 268

[67] Zit. nach Te Deum. Das Stundengebet im Alltag. Benediktiner-Abtei Maria

3. Typische Beratungsanlässe sind Folgende:

- *Eine Frau schildert weinend ihre Angst, mit dem Schmerz nicht fertig zu werden, den der frühe Tod ihres Kindes bei ihr ausgelöst hat.*

- *Sich in Rage redend berichtet ein Mann vom Mobbingerleben in seiner Firma, der er sehr lange schon angehört.*

- *Fast gleichgültig berichtet eine Frau, dass die Streitigkeiten zwischen ihr und ihrem Mann sie immer wieder krank machen.*

- *„Glauben Sie an Gott?" fragt ganz überraschend eine an Krebs erkrankte Frau, die sich dezidiert auch religiöse oder spirituelle Unterstützung wünscht, den Berater.*

- *Eine Frau berichtet vom Verbot, ihre Enkeltochter nicht mehr sehen zu dürfen, weil der Vater (Schwiegersohn) das aus religiösen Gründen nicht mehr erlaube.*

- *Ein Mann schildert seine Überforderung, seine Aggressionen rechtzeitig kontrollieren zu können und wird deshalb wiederholt von der „Liebsten" verlassen.*

- *Eine Frau hat Angst vor Stigmatisierungen und geht weder in eine ambulante Therapie noch in eine Tagesklinik, weil sie Angst vor der Aufdeckung seelischer Nöte hat und Restriktionen durch den Arbeitgeber befürchtet.*

- *Eine Frau beschreibt Demütigungen, die ihr der Ehemann wiederholt zufügte.*

In den genannten Episoden und Beratungsanlässen sind Tränen, Schweigen und Affekte wie zB. sehr deutlich spürbare Angst und Scham oft die einzige „Sprache", die noch nicht verloren gegangen ist. Wie in einem „Kommunikationstod" verstummen einige Menschen dann verbal, andere kommen aus der (An-)Klage nicht mehr heraus und bleiben dadurch erst recht beziehungslos. Verletzende Worte müssen in der Klage nicht per se Beschimpfung, Verunglimpfung oder Missachtung zum Ausdruck bringen. Para- und nonverbale Äußerungen aber sprechen die Sprache der inneren Beteiligungen, sind von (verborgenen) Affekten gerührt und kommunizieren symbolisch.

Laach, Verlag Katholisches Bibelwerk (Hg.), Januar 2015, 33

Psychische Gewalt, Missachtung, Unerwünschtheit sind Phänomene, die den destruktiven Anteil an Menschenmöglichem aufzeigen und die Berater herausfordern, insbesondere dann, wenn ob der Unfassbarkeit und Schmerzhaftigkeit des Absurden ätiologisch gesehen Rätsel bleiben. Auch bereits Lüge, Verführung und Irrtum initiieren Verletzungen. Menschen verletzen einander im Großen wie im Kleinen. Seelenwunden sind in jedem Falle ein hoher Preis und zugleich ein hohes Gut, da sie die Bedürfnisse nach Schutz, Verstehen und Gesehen-werden spiegeln und damit die hohe Fragilität des Menschen bekunden. In der theologischen Anthropologie wird deshalb vom *Leben als Fragment* (Henning Luther)[68] gesprochen. Fragment-sein wird nachvollziehbar in der jeweils aktuellen, seelischen Verwundung lange bevor Tod und Endlichkeit in Radikalität aufscheinen. Der Philosoph Wilhelm Schmid fasst das sehr prägnant: „Es gibt Wunden, die nicht zu heilen sind, und deren Heilung für das Selbst auch nicht von Interesse ist; die fällige Neukonstituierung seiner Kohärenz besteht dann nicht mehr in der Wiederherstellung eines früheren, heilen Zustandes, sondern in der Eingliederung der Wunde in das Selbst: Die Wunde selbst gehört nun zur Kohärenz."[69]

Das existenziell-fundamentale Verständnis von Seelenwunden stellt in der Beratung eine Herausforderung dar, denn die Erwartung lautet gewöhnlich: *Die Wunde, die Verwundung soll wieder weg, ein schmerzfreier Zustand soll her.* Hingegen wäre es mitunter schon ein Erfolg, wenn es dem Ratsuchenden gelänge, anzuerkennen, dass er eine bestimmte Geschichte der Verwundung habe, diese aber nicht ihn habe. Er käme aus der Selbstdefinition, hilflos ausgesetzt oder gar ausschließlich ein Opfer zu sein, heraus und könnte sein Leben neu konstruktiv selbst gestalten.[70]

---

[68] Vgl. FN 25

[69] Schmid, 2004 54.

[70] Vgl. Vogel 2013 und auch das Konzept der *Verbitterungsstörung* von Michael Linden u.a. 2004

„Unsere Welt voller Abstürze, Untergänge und Katastrophen ist zugleich eine Welt voller Rettungen, Retter und Rettungsgeschichten."[71] Das gilt auch für die Mikro-Ebene der Beziehungsgeflechte in Beratung. Absturzgeschichten können zu Rettungsgeschichten werden. Als ersten, wichtigen Schritt dabei gilt es, die eigenen Verletzungen wahrzunehmen, um heilsamen Interventionen (Professionalität, s.o.) und Haltungen (Liebe, Benevolenz s.o. und s.u.) ihr Wechselspiel zu ermöglichen. *Anderen eine Last sein zu dürfen* befreit und entlastet, und es legt Möglichkeiten zur Selbstfürsorge frei.

Keine bildgebenden Verfahren oder neurowissenschaftlich erhobenen Daten allein können die Suche nach heilsamen Erfahrungen ersetzen, denn das Verwundungsrisiko bleibt unumgänglich. Um heilsame Haltungen zu entwickeln, die dem Komplexitätsniveau der seelischen Vulnerabilität standhalten, erscheint es notwendig, großzügig integrativ und kontextuell zu denken. Der Mensch ist mehr als die Summe seiner synaptischen Verbindungen, mehr als höchstkomplex organisierte Materie, mehr als das, was jede partikulare anthropologische Sicht im Einzelnen hervorhebt. Er bleibt nach christlich-religiösem Verständnis neben all dem immer auch ein göttlich beseeltes und allen Respektes würdiges *Tremendum et Faszinosum*. Fremdes Leid muss einen christlich geprägten Geist berühren, andernfalls gäbe es keinen wirklichen Zugang zu der Haltung der Zuwendung und des Zugehens, die Bedingungen für heilende und erlösende Kräfte sind.

Psychotherapeutische Termini wie Bewältigung oder Überwindung können in diesem Verständnis als Zielformulierungen angesehen werden. Sie werden möglicherweise vom Leben selber entlarvt, wenn sich *Nichtverstehbarkeit, Verwundbarkeit, Tragik oder Sinnleere* zeigen, die „nur" ausgehalten werden wollen und auch nur ausgehalten werden können. Diesen Charakteristiken gegebener Vulnerabilität, die auch nach erfolgter Heilung bleibt, gilt es in Beratung standzuhalten. Nur durch Standhalten kann eine stabilisierende Neukonfiguration der Selbstgrenzen entwickelt werden. Ebenso kann aus der bereits von Sigmund Freud erforschten Umkehr von Passivität in Aktivität eine

---

[71] Lehmann und Thüring 2015, 7

neue Form von Selbstgewissheit oder auch Selbstkontrolle werden. Das sind gut zu heißende Beratungserfolge. Mit ihnen ist aber nicht das anthropologische Konstitutivum der Vulnerabilität beseitigt.

In einer Seelsorge, die sich als „Muttersprache der Kirche"[72] versteht, eröffnet sich ein elementarer Zugang zu seelischer Verwundbarkeit und heilsamem Verstehen – und zu beider Bezogenheit aufeinander. *Seelische Nöte* werden Auftraggeber für Vertreter diverser helfender Disziplinen: Psychotherapeuten, Wüstenväter, Berater, Diakone, Seelenführer, Schamane, Seelsorger etc.

Analog zur Unmöglichkeit, alles zu verstehen, gilt auch, dass nicht alles veränderbar ist. Manche Erfahrungen sind so eindringlich und prägend, dass sie ein Leben lang nachwirken, wie zB. bei einem Menschen, der in den Augen seiner Eltern nicht hätte sein sollen. Oder wenn jemand zu früh zu viele Erwartungen erfüllen oder zu viel Abwesenheit ertragen musste, dann kann Angst vor der Liebe und vor Bindung eine nachhaltige Folge sein, die es zwar so weit wie möglich zu überwinden, mit der es gegebenenfalls aber auch zu leben gilt, die ins Leben zu integrieren ist. Als „unbehandelbar" oder „therapieresistent" weggeschickt zu werden, würde die traumatische Grundmelodie des Lebens neu aufleben lassen. Als ein von-Gott-gewollt-Geglaubter ist und bleibt er begleitbar, ein Sinnsucher wie auch Sinngeber auf seine Art.

Im beraterischen Umgang mit seelischer Verletzlichkeit und menschlichen Grenzen stellt es keinen Würde- oder Autonomieverlust dar, wenn Scheitern oder Verwundungen passieren. Gott bleibt im christlichen Glauben der Würdegarant, der Scheitern „versteht" und achtet, der Scheitern nicht verhindert, sondern begleitet, der niemals die Schwäche Anderer ausnutzt, sondern Wunden heilen will. „Du darfst sein" oder: „Du darfst neu beginnen" oder: „Es soll dich geben", wären die entsprechenden zusagenden Botschaften, die Menschen aufrichten, nicht nichten. Dieses erlösungsförderliche Potenzial freizulegen, es in die Lebens-, Glaubens-, Arbeits- und Beziehungswelten hinein zu übersetzen, ist im Beratungsprozess zentrale Aufgabe, wenn Ein-

---

[72] Christoph Morgenthaler, zit. n. Reuter 2012, 246

brüche psychisch erschüttern, wenn Herausforderungen als nicht be-
wältigbar erscheinen, wenn alle Hoffnung und Kraft zunächst versiegt.
Die rückschauende Aussage *„Diese Erfahrungen möchte ich nicht
missen"* versprachlicht eine Haltung, die im damaligen Gegenwarts-
Erleben zwar unmöglich war, aber doch bereits angelegt und ersehnt
wurde. Es liegt nahe, in Analogie zur Konzeption vom *verwundeten
Heiler* hier von einer *Versöhnung mit der Verwundbarkeit* zu sprechen
wie auch *verwundete Versöhnung* ein hoffnungsvolles Bildwort in diesem Kontext sein mag.

4.2. Heilsames Verstehen

*„Wir müssen uns darüber klar sein, dass es der größte Wunsch eines
jeden Patienten ist, verstanden zu werden."* (Michael Balint)[73]
Diese markante Formulierung Balints benennt ein ideales Ziel und impliziert gleichzeitig, dass es auch ein Nichtverstehen in der Beratung
geben kann. Manchmal ist es nicht möglich, verstanden zu werden
oder verstanden werden zu wollen. Entweder gelingt die Mitteilung –
in welcher „Sprache" auch immer – nicht, oder ein Sich-öffnen kann
aus Selbstschutzgründen oder neurotischer Abwehr nicht gewagt
werden. Rolf-Peter Warsitz spricht von verfehlten Begegnungen, pro-
biert den „Versuch einer Verständigung über Unverständliches" und
warnt vor therapeutischen Beziehungsmustern, die wieder zu einer
Nicht-Begegnung werden könnten.[74] Paradoxe Aufforderungen, Un-
sagbares zu sagen oder Unglaubliches zu glauben, können ebenso
zu verfehlten Begegnungen führen. *Effata* (öffne dich!) ist die jesuanische Vokabel, die auffordert, einen Versuch des Verstehens trotz des
impliziten Wagnisses zu starten. Die jesuanische Aufforderung wird
dabei aktiv unterstützt durch beziehungsstiftendes Zuwenden und Zu-
gehen.

Diese heilsame Haltung – bestehend aus Aufforderung und Zuwendung, Provokation und Ermutigung – ist Urgestus von Seelsorge und
Therapie. Sie ist Einladung zur heilsamen Begegnung. Ähnliches gilt

---

73 Zit. nach Staemmler 2015, 5
74 Warsitz 2010, 209-215

ebenso für andere biblisch überlieferte Haltungen, die dezidiert zum Handeln auffordern wie zB. Mk 7,34: *öffne dich*; Mk 10,49b: *hab Mut*; Gen 12,1: *zieh weg*; Mk 5,41: *steh auf*. Sie lassen an das Diktum des Philosophen Christoph Türcke denken, der, um die not-, scham-, angst- und schuldvolle Lage von Petrus zu beschreiben, von „Bewältigungsversuche[n] eines Überwältigten"[75] spricht, als Petrus Jesus drei Mal verleugnet (Mk 14,30). Auch dem Petrus ist ein Sich-selbst-verstehen erst mühsam möglich: Petrus „verhüllte sich und weinte", nachdem er verstand.

In Anlehnung an Hans-Georg Gadamer ist Verstehen eine der Grundlagen menschlichen Lebens. Seine Sprach- und Zeitgebundenheit kann der Mensch nicht umgehen. Verstehen-wollen ist entscheidend für die Beantwortung der Frage nach Sinn.[76] Das setzt ein Vertrauen in den Prozess des Verstehens voraus und rechnet nicht per se mit dessen Scheitern. Einem dezidierten Sinnverstehen ist auch die Psychoanalyse verpflichtet. Sie überschreitet dabei Gadamers Grundidee, insofern sie nicht nur ein Bild verstehen will, das sich jemand von sich und der Welt macht, sondern auch „das Bild ändern, das Symptom durch Deutung überflüssig machen und dadurch auflösen"[77] will.

Berater sind in leidvollen Lebenslagen herausgefordert, ein Verstehen zu entwickeln und zu behalten, standzuhalten, auf das Schweigen zu hören, auf Tränen zu reagieren, Affekte zu spüren, um dann dem Schmerz eine Stimme zu leihen und dem Ratsuchenden beim Wiederfinden seiner Sprache zu unterstützen, ihm Hoffnung und Vertrauen wieder zu ermöglichen. Da Sprachverlust oft wie Identitäts- oder Selbstverlust erlebt wird, gehört verstehende Versprachlichung zusammen mit Neugier zu den ersten unter den beraterischen Tugenden. Sie bahnen das heilsame Selbst-Sprechen wieder an. Gegenseitigkeit ist dabei der entscheidende, der identitätsstiftende Faktor in ei-

---

[75] Türcke 2010, 32. Pflichthofer 2012, 136 ergänzt die Bedeutung dieses Sich-selbst-Verstehens, indem sie von Verstehen als „halb Denken, halb Seherlebnis" spricht.

[76] Vgl. Angehrn 2010, 157ff zur Religions- und Glaubensreserve bzgl. der Beantwortung der Sinnfrage

[77] Warsitz und Küchenhoff 2015, 67

ner Subjekt-Subjekt-Beziehung. Sprache hat heilsame Potenz. Sie vermag deutlich mehr als nur Symptombeseitigung.

Eine dialogisch kooperierende Haltung achtet auf das Gefälle in der zunächst asymmetrischen Berater-Klient-Beziehung, die aber nicht so bleiben muss. Deshalb handeln Berater und Ratsuchender zunehmend aus, wie sie gemeinsam Bedeutung generieren, Interaktionen kreieren und wie sie diese miteinander teilen können.[78] Eine dialogisch kooperierende Haltung ist ein heilsamer Zugang, der aber auch seine Grenzen hat. Die Gefahr, in einer Auslieferung an den Anderen sich selbst zu verlieren, ist gegeben. Die Alterität des Anderen gilt es deshalb zu respektieren und zu schützen. Regressive Abhängigkeitswünsche und Verletzbarkeiten erfordern souveräne Distanz bei gleichzeitigem Zugewandt-sein. Die intersubjektive Orientierung provoziert den konstruktiven und heilsamen Prozess. Über den Weg der Anerkennung und Wertschätzung kann ein erstes beziehungsstiftendes Band geknüpft werden, das auch für leidvolle Themen, Gefühle und Erfahrungen belastbar ist.[79] *Angesprochen-werden* und *Sprechendürfen* sind die Antagonisten zum befürchteten „sozialen Tod". *Ansprechen* ist die Chiffre für Zuwendung, die bereits alttestamentlich Jahwe ausübt, um so das Person-Sein des Angerufenen grundzulegen (vgl. Jes 43,1b).[80] Nicht der Berater heilt den Klienten, auch nicht er sich selbst, sondern das Beziehungswerk in ihrem intersubjektiven Feld.

---

78 Vgl. ausführlich Bohleber 2012, 33ff. Bezeichnend für die Weiterentwicklung im Beziehungs- und Heilungsverständnis psychoanalytischer Termini und Konzepte ist die Abhandlung in demselben Buch: „Vom Chirurgen zum Mitspieler. Über die Veränderung leitender Metaphern in der klinischen Theorie" (42ff). Wichtige Diskurs-Zutaten für das relationale Therapieverständnis liefert die Säuglings- und Entwicklungspsychologie. Die Erkenntnis, dass das Sprechen über die eigene schwere Kindheit der beste Schutz vor Wiederholung (*transgenerationale Weitergabe; Wiederkehr des Verdrängten*) beim eigenen Mutter- und Vater-werden ist, stützt die relationale Position. Vgl. Dornes 2010, dessen Untersuchungen zum *kompetenten Säugling* vielbeachtete sozialpsychologische und auch therapeutische Impulsgeber sind.

79 Vgl. den Beitrag von During in diesem Band

80 Vgl. den Beitrag von Möde in diesem Band

Vor diesem Hintergrund muten Berater den Klienten nicht nur ihre Interventionen zu, Klienten muten Beratern auch ihre „Wahrheiten", ihre
mitunter sehr schweren Erlebensweisen und Lebensläufe zu. Beide,
Ratsuchender und Berater, sind im Beratungsgeschehen verwundbar.
Gefragt ist also eine Haltung, die Ambivalenzen, Mehrdeutigkeiten
und Widersprüchlichkeiten im Leben nicht verdrängen muss, sondern
sie aushalten hilft, auch wenn sie in ihrer vorgetragenen Wucht („du
mickriger Mann/Versager", „du Hure/Schlampe" u. ä.) an seelische
Schmerzgrenzen gehen. Es ist erforderlich, dass der Berater als sein
Hoffnungsträger an den Klienten glaubt, was vermutlich ebenso wirksam ist wie das therapeutische Rationale, auf das er in seiner Professionalität setzt und das er für wirksam hält.[81]

Wir erinnern daran, dass *Gesehen werden, Anerkannt werden und
Dazugehören* menschliche Grundbedürfnisse sind, die neben das Bedürfnis *Verstanden werden* treten. Sieht man in materialistischer Ma-
nier nur den Selbsterhaltungstrieb als oberstes Bedürfnis, aus der sich
alles weitere Denken, Fühlen und Handeln ableiten lässt, dann drohen
existenzielle Nöte in ihrer Bedeutung diminuiert, rein auf ihre materia-
listische Relevanz reduziert zu werden. Dass der Mensch *Tremendum
et Faszinosum* zugleich ist, gerät aus dem Blick und droht als Konstitutiv des Menschlichen verloren zu gehen. Die theologisch-anthropo-

---

[81] Vgl. Frank 1985. Dieser Autor hat lange bevor die Diskussion um die von Schulen unabhängigen, generellen Wirkfaktoren in der Psychotherapie begann
wegweisend die Faktoren beschrieben, die in den vielfältigen Beeinflussungs-
und Heilungsverfahren allgemeine Gültigkeit haben. Im Original erschien das
Buch *On Persuasion and Healing: A Comparative Study of Psychotherapy
1961,* als eine Studie, die kulturell so unterschiedliche Verfahren wie Schama-
nismus, Geistheilung, Medizinmännertum, westliche Psychotherapie und Pla-
cebomedikation auf ihre Gemeinsamkeiten bezüglich ihrer Wirkmächtigkeit hin
untersuchte. Frank identifizierte vier Faktoren: 1. Eine emotional tragfähige und
aufgeladene Beziehung. 2. ein heilendes Setting (Bedeutung der Person und
des Ortes, Erwartungen, Zuschreibungen). 3. ein Rationale (Theorie, Handlungsanweisung) oder ein Mythos, der sowohl dem Heiler als auch dem Ratsuchenden eine plausible Erklärung für die Symptome geben und 4. ein Verfahren zur Linderung oder Heilung, an das Heiler und Heilung suchender Mensch
glauben. – Dabei an die christlichen Kardinaltugenden Glaube, Hoffnung und
Liebe zu denken drängt sich geradezu auf und es verwundert nicht, dass ein
Sammelband zur Würdigung der Verdienste Franks den Titel trägt *The Psychotherapy of Hope,* Alarcón und Frank 2011 – Internetzugriff am 5. Jan 2015 auf:
http://bjp.rcpsych.org/content/201/6/496.2

logische Pointierung erlaubt dem religiös aufgeklärten und orientierten Berater, eine Zuwendung zum Menschen zu praktizieren, die die Dichotomie zwischen Geist und Körper, Seele und Leib aus theologisch-anthropologischer Sicht überwunden hat. Erlittenes Unrecht, Ohnmacht, Angst und Depression oder menschengemachte seelische Verletzungen lassen sich durch Anteilnahme, Mitaushalten (containing)[82], Versprachlichung und durch ein Beziehungsangebot, das dem Schmerz standhält, erweichen und oft auch beheben.

Neben diesen erwähnten Haltungen und neben Aufmerksamkeit (die Geschichte des Rabbi, s.o.) und Verantwortlichkeit (die Geschichte vom Indianer, s.o.) haben Interventionen zur unmittelbaren Leidminderung und Neuausrichtung therapeutische Qualität im engeren Sinne. Sie widmen sich, um Beispiele aus den Bereichen der Lebens- Paar- und Erziehungsberatung zu nennen, den Anliegen, dass Verbitterung eines Alleinstehenden nicht chronisch wird, dass ein Paar seine Sexualität in Freiheit glücklich leben kann, dass elterliche Ansprüche an Kinder auf ein erträgliches Maß reduziert werden usw. Die therapeutische Professionalität ist neben der gläubigen Grundhaltung des Beraters schon deshalb notwendig, weil die Nächstenliebe bekanntlich nicht alles erträgt, wenn nicht gar sprichwörtlich blind macht. Es reicht nicht, wenn psychologische Berater sich nur nächstenlieb verstehen. Schon der Hl. Bernhard von Clairvaux schrieb im Mittelalter, dass Nächstenliebe ohne Bildung sich verirre, andererseits aber auch Bildung ohne Nächstenliebe sich nur aufblähe.[83] Professionalität (Bildung) und Nächstenliebe (Haltung) entfalten ihre heilsame Potenz nur im Miteinander, für sich allein wird jede der beiden schal.

Jeder Beratungsprozess stellt wie der Glaube an Gott ein Wagnis dar. Beide haben kreatürliches, wertschöpfendes, wandelndes Potential zur Selbstwerdung der Beteiligten. Kern des Glaubens- wie des Beratungsprozesses ist eine Beziehung, die in der Begegnung ein Verstehen sucht, obwohl sie damit niemals ganz fertig wird. Mit dieser Aner-

---

[82] Zur Begriffs- und Übersetzungsgeschichte des Bion´schen Konzeptes *Container-Contained* und später *Containment* vgl. Mertens und Westphal 2008, 118-122

[83] Vgl. Schellenberger 1986

kennung der eigenen Begrenztheit lösen sich Berater von postmodernen Verheißungen, die suggerieren, dass das Leben nur zum Gelingen mit all seinen materiellen und ideellen Möglichkeiten und Illusionen da sei, die spontan befriedigt werden könnten. Eine solche Haltung hat Horst-Eberhard Richter als Gotteskomplex gebrandmarkt.[84] Theologisch ausgedrückt könnte man sagen, dass um ihre Grenzen wissende und zu ihnen stehende Berater ihr Tun einem *eschatologischen Vorbehalt* unterordnen. Sie ertragen bleibende Vulnerabilitäten und versprechen bestenfalls Heilungen, suggerieren aber nicht, für das Heil zuständig zu sein.

Eine Erfahrung von Beratern ist, dass es emotional und rational zwei Grenzen gibt: im Erfassen des Leiderlebens des Ratsuchenden und im wirkungsvollen Vermitteln heilender Erfahrungen. Diese Grenzen beziehen sich auf die Verstehbarkeit der subjektiv erlebten Phänomene und auf die Mitteilbarkeit der anthropologisch-theologischen Implikationen der Beraterhaltung über das, was den Menschen – auch vor Gott – zum Menschen macht, nämlich das allen Menschen durch Gott zugesagte bedingungslose Angenommen sein, ihre Würde, Freiheit, Hoffnung, Zukunft – trotz allen Leides und allem Fragmentseins Unzureichendes Verstehen und Sich-mitteilen auf beiden Seiten können im helfenden Kontext seelische Verwundungen reaktualisieren.[85] Mit ihren Verstehensbemühungen – glückend oder misslingend – fragen Berater und Klient gleichsam: Findet „unsere vollkommene Unvollkommenheit eine Heimat"?[86]

Die Wirkmächtigkeit von Verstehen ereignet sich in der Beziehung. Der Eine signalisiert dem Anderen eine Erlaubnis oder gar eine Aufforderung zum gemeinsamen komplementären Nachdenken, was zunächst ein „Hin- oder Nachspüren" ist. Als sogenanntes „klinisches Verstehen"[87] bezieht es sich auf den vermeintlich irrationalen Anteil allen Handelns und Wollens, der längst vor *Ich denke* oder *Ich wün-*

---

84   Vgl. Richter 1986; 2006, 131ff

85   Vgl. Maio 2014, 13-27

86   Jaenicke 2014, 22

87   Vgl. Schöpf 2014, 147f

sche oder *Ich beabsichtige* zur Wirkung kommt. Verstehen ist dann nicht nur logisch und kausal, sondern auch intentional und unbewusst geleitet. Ausgeschlossenes wird wieder eingebunden und zugelassen. Insofern ist Verstehen in der Beratungsbeziehung auch als Freiheits- moment zu deuten. Beratung ermutigt zur Freiheit, sich und die per- sönliche Welt neu und anders zu verstehen. Sie verstört bisher ge- hegte Selbst- und Fremdbilder sowie Annahmen destruktiver Art. Ver- stehendes Beraten erschüttert heilsam.

Aus der Identifikation des Ratsuchenden mit den Verstehensbemü- hungen des Beraters entsteht der Wunsch nach gegenseitigem Ver- stehen. Insofern ist Verstehen ein intersubjektives Geschehen, das Küchenhoff als „Einander-miteinander-verstehen-wollen" beschreibt.[88] Die heute vertrauten Metaphern für die Dynamik in Beratungsbezie- hungen wie *Choreographie, Tanz, Spielräume u.a.* sind dann als Ein- ladungen zu sehen, Begegnung auf kreative Art ernst zu nehmen und zu riskieren. Dabei kann auch Scheitern ein gemeinsamer Prozess sein, der das Potenzial in sich trägt, den Anderen neu zu verstehen, wenn das Scheitern denn metakommunikativ reflektiert wird. Berater und Klient produzieren gemeinsam Verstehen wie auch Nichtverste- hen. Existenzielle Bedeutungsgebung und völlige Ratlosigkeit können nahe beieinander liegen.

Weil man Verstehen nicht auf Dauer programmieren kann, es nie endgültig an ein Ende kommt, bleibt es ein Prozess mit offenem Aus- gang. Dennoch locken Verstehen und Verstanden-werden mit einer Hoffnung auf Unterbrechung, mit der Chance einer Kehrtwende, die als heilsam erhofft und – wenn es gut geht – auch erlebt wird.[89] Um Verstehen bemühte Resonanz wirkt in den allermeisten Fällen heil-

---

[88] Küchenhoff 2013, 169

[89] Ebd. 170 vertritt er die These, dass es Ziel „der psychoanalytischen Psychothe- rapie und jeder Psychotherapie [...ist,] das Vermögen, verstehen zu wollen, wiederherzustellen oder überhaupt erst herzustellen" und treibt den Gedanken weiter, dass die intersubjektive Basis nicht nur im Verstehen gilt, sondern auch im Verstehen-wollen. Die begriffsgeschichtliche und phänomenologische Nähe zum theologischen Konzept *Umkehr* kann hier nur erwähnt werden. Die hohe Bedeutung von Verstehbarkeit in Aaron Antonovskys inzwischen gut beforsch- tem Konzept der *Salutogenese* mit explizitem *Sinn für Kohärenz* sei erwähnt.

sam, weil sie Gesehen-werden und Anerkennung gleichermaßen impliziert. Der Andere erfährt sich als liebenswert.

Verstehen, das den Lebensereignissen eine existenzielle Bedeutung gibt, mehrt den Lebenssinn. Der Philosoph Wilhelm Schmid stellt fest: „Die größte Sinnlosigkeit wird erfahrbar, wenn die Liebe geht und wenn sie fehlt [...] Viele Lieben sind nötig, um dem Leben Sinn zu geben." Und weiter: „Ein sinnerfülltes Leben ist ein Leben in Beziehung."[90] In der Beratung geht es oft darum, Liebes-, Hoffnungs- und Vertrauensfähigkeit wieder zu erlangen.[91] Wenn existenzielle Sorgen, Ängste und Fragen in leidvolles Erleben führen, ist Sinnerleben ein Faktor, der Gesundung, Beruhigung und Stabilisierung bewirken kann. Misslingt die Sinngenerierung, bleibt seelisches Leid oder es mehrt sich. Heilsames Verstehen der seelischen Verwundbarkeit und Verwundung bleibt der Auftrag, denn auf Verstehen basiert Beziehung, die die anthropologische *conditio sine qua non* für Liebe und Sinn ist.

5. Anthropologie des Intermediären

Wir haben in einer tour d´horizon durch Anthropologien gesehen, dass die Kategorie Beziehung herausragt, dass dem *„inter"* der Menschen mehr Aufmerksamkeit gewidmet wird als dem „intra" des Einzelnen. Zwischenmenschlich wirken Haltungen heilsam, die von Autorität und Kompetenz geprägt sind. Beide, Berater und Klient, Seelsorger und Gläubiger sind füreinander Autorität in der Anerkennung der seelischen Not und in der Anerkennung der Helferkompetenz. *Ohne Sympathie keine Heilung* heißt das berühmte klinische Tagebuch von Sándor Ferenczi (1932),[92] welches schon früh im psychoanalytischen Diskurs direkt zur Kategorie des „Zwischen", führte. Frenczi betont die

---

[90] Schmid 2014, 10. Auf die Nähe zur Enzyklika P. Benedikt XVI *Deus caritas est* kann hier nicht eingegangen werden.

[91] Erinnert sei in diesem Zusammenhang daran, dass schon Freud die Wiedererlangung der Liebes- und Arbeitsfähigkeit als das Ziel psychoanalytischer Behandlungen benannte.

[92] Ferenczi 1988

Gegenseitigkeit im helfenden Geschehen und entwirft konsequent eine mutuelle Therapie, in der er Abstinenz oder Neutralität als Haltung
ablehnt,[93] was den Therapeuten allzu leicht in *Dilemmata* mit hohem
destruktiven Verstrickungsniveau und den Klienten in Veränderungs-
blockaden führen kann. Dagegen war die Familientherapie in ihren
Anfängen vom Postulat der Allparteilichkeit geleitet.[94] Familientherapie
ist das Paradigma, das das „Zwischen" explizit reflektiert. Zwischen
den Familienmitgliedern ereignet sich Heilvolles wie Unheilvolles sowohl in der Genese wie auch in der Therapie von Symptomen. So
verstand Horst Eberhard Richter Krankheit als Interaktionsform, zB.
Magersucht, bei der Veränderungen in den innerfamiliären Beziehungen zugleich ersehnt und befürchtet werden.[95] In unserem Kontext soll
es um die Bedeutung des „Zwischen" nur in der Therapie, nicht in der
Symptomgenese gehen.

Die gegenwärtige Diskussion über das „Zwischen", über heilsame
Wirkungen in Beziehungen prägen wie oben dargelegt in unterschiedlicher Weise die von der Religion her kommenden Philosophen Martin
Buber und Emmanuel Lévinas. In seiner Untersuchung *Ich und Du*
bestimmt Buber Beziehung als ursprünglich. „Im Anfang ist die Beziehung" (25), der Mensch werde am Du zum Ich (37), alles wahre Leben
sei Begegnung (18) und Beziehung sei Gegenseitigkeit (23). Seinerzeit (1923) brachte sein Denken einen Wendepunkt zum vorangegan-
genen jüdisch religiösen Denken. Buber hat eine Sicht auf den Menschen grundgelegt, die sich parallel auch im psychoanalytischen Diskurs abzeichnet. So unterscheidet Donald W. Winnicott das *wahre
und falsche Selbst*, Buber das *entwirklichte* und *wirkliche* Ich (74). Erst
die Besinnung auf den Wurzelgrund *Verzweiflung*, „[...] aus dem die
Selbstvernichtung und die Wiedergeburt wachsen, wäre der Anfang
der Umkehr."[96] Buber denkt sehr präsentisch. Er versteht die Gegenwart als wirkliche und erfüllte, die angewiesen ist auf Gegenwärtigkeit,

---

93 Ferenczi gehört zu den frühen Mahnern, Fehler gegenüber Patient/Klient ein-
    zugestehen; vgl. dazu kritisch Pflichthofer 2008, 144f.148f.160f. u. ö.

94 Stierlin u. a. 1996

95 Vgl. Wirth 2014, 99; Richter 1971, 1975

96 Buber 1983, 74

Begegnung und Beziehung. Die Psychologie des „Zwischen" baut auf Bubers philosophische Gedanken auf. Eine zweite dialog- und existenzphilosophische Stimme, Emmanuel Lévinas, wird im psychoanalytischen Diskurs vergleichsweise spät rezipiert.[97] Erst in den beiden letzten Dekaden findet er zunächst in der humanistischen Psychologie und dann auch in der Psychoanalyse größere Beachtung. So wie Theologen von Gott her denken, denkt Lévinas wertschätzend vom Anderen her. Dabei pointiert er auch die durch den Anderen gegebene Gefahr: Er kann mich töten. Nach Lévinas ist die Ethik die *prima philosophia*. Von ihr ausgehend appelliert er an die Verantwortung für den Anderen. „Die Nähe des Nächsten ist die Verantwortung des Ich für einen Anderen [...]. Verantwortung ist keine juristische Forderung. Sie ist die ganze Schwere der Nächstenliebe – der Liebe ohne Begehrlichkeit [...]."[98] Lévinas` Menschenbild ist dezidiert an der Verwundbarkeit menschlichen Seins gebunden.

Bedeutsam für die Begegnungs- und Existenzphilosophie ist auch Hans-Georg Gadamers Hauptwerk *Wahrheit und Methode* (1959), in dem er schreibt: „In diesem Zwischen ist der wahre Ort der Hermeneutik."[99] Teilhabe am Leben als Austausch von Anforderungen, Wünschen, Entscheidungen, Wahrnehmungen etc. sei Ort des Erkennens und Lernens. In alltagspsychologischer Diktion wurde aus diesen genannten Philosophien: *Leben ist Beziehung - Beziehung ist Leben*. Menschen erleben einander ständig mit Anforderungen, Wünschen, Entscheidungen, Wahrnehmungen etc. In diesem intersubjektiven Austausch kreieren sie das Zwischen.[100], das sich in den Kategorien *Blick, Leib und Zeit* beschreiben lässt. Sie verdeutlichen eine

---

[97] Vertrauter ist die Rezeption Kierkegaards, wenn es um die Diskussion existenzieller Dimensionen im psychologischen Kontext geht; vgl. exemplarisch Gebler 2009, 57ff bes. Freiheit, Existenz, Schuld, Angst, Sinnlosigkeit betreffend.

[98] Lévinas 1995, 227

[99] Gadamer 1990, 63

[100] Im psychoanalytischen Diskurs stellt Martin Altmeyer früh die Frage nach dem Zwischen; er entwirft es im Narzissmus-Kontext als das *Dritte*; insofern weist es eine hohe Konvergenz zum Verstehen und Sehen in Begegnung aus. Altmeyer 2004, 214-219

Gerichtetheit, eine Gestimmtheit und eine Rahmung und zielen auf die Haltung der *Benevolenz*, die als Gabe verstanden werden kann.

5.1. Blicken und Hören: Zwischensinnlich

Freud verwendet den Begriff der Intersubjektivität zwar nicht, liefert aber mit den Konzepten *Übertragung* und *Gegenübertragung* die zentralen Schlüsselbegriffe, um das Zwischenmenschliche im analytischen Raum in seiner Bedeutung für heilsames Verstehen zu untersuchen. Das in Übertragung und Gegenübertragung gegebene diagnostische und therapeutische Repertoire ist relational ausgerichtet. Die heilsame psychoanalytische Haltung realisiert sich zwischenmenschlich vornehmlich im Hinsehen und Hinhören. Im Zwischensinnlichen wird gelernt, gelehrt, erworben, erprobt, erlebt, internalisiert, verworfen, entworfen, wahrgenommen, interpretiert, gedeutet etc. Das Sich-öffnen, Hinhören und Hinsehen, der Blick und das Ohr füreinander sind Leitmotive heilsamen Zuwendens und Zugehens. Fehlende Aufgeschlossenheit verunmöglicht Annäherung und Verständigung. *Verweilen* und *Innehalten* hingegen sind heilsame Haltungen mit dem Potential, Sinn zu generieren. Giovanni Maio spricht von „heilsamer Selbstachtung" als zentralem Wirkfaktor einer Medizin der Zuwendung.[101] Zwischen Menschen geschieht Heilsames, wenn das Risiko der Verbundenheit nicht gescheut, sondern wertgeschätzt wird, wenn genau hingeschaut und hingehört, auch *zwischen den Zeilen* gehört wird und Verwundungen ertragen und gesundgepflegt werden. Eine gelingende Beziehung wird dann eine erfüllende Beziehung. Ralf Miggelbrink beschreibt sie als *Lebensfülle*. Menschliche Erfahrungen werden von beiden Beteiligten einer Interaktion respektvoll wahrgenommen. „In einer Haltung der bescheidenen Aufmerksamkeit nimmt sich die begriffliche Selbstbehauptung gegenüber dem Fremden zurück."[102] In der Zweierkonstellation wird der Andere dem Einen zum

---

[101] Maio 2015, 207. Der Autor plädiert ebenso für eine „Haltung des Beistandes" (ebd.). Auf diese interdisziplinär zwischen Medizin und Theologie diskutierte, außerordentlich heilsame Haltung kann hier nur verwiesen werden.

[102] Miggelbrink 2009, 69

signifikanten Anderen,[103] mit dessen Hilfe er einen guten Platz im Beziehungsgefüge menschlichen Lebens erwirbt und gestaltet – oder auch wieder verliert. Das zwischenmenschlich Neue entsteht durch den Anderen, der den Blick wie ein Spiegel frei gibt oder der einer verlorenen Lebensmelodie vergangener glücklicher Tage neu Gehör verschafft. Insbesondere Telefonseelsorge ist ein Dienst des Hörens.

5.2. Resonanz und Affekt: Zwischenleiblich

Den Zugang der Zwischenleiblichkeit verdanken wir Maurice Merleau-Ponty, einem französischen Philosophen des letzten Jahrhunderts, der insbesondere phänomenologisch ausgerichtet war. Aktuell ist Zwischenleiblichkeit als Thema im psychotherapeutischen Diskurs angekommen, was besonders in der Aufwertung der Affekte wie auch in Ergebnissen neurowissenschaftlicher Forschungen zum Ausdruck kommt.

Die Rezeption Merleau-Pontys in der Psychoanalyse findet bei Forschern statt, die *leibphilosophisch* ausgerichtet sind, wie zB. Thomas Fuchs oder Joachim Küchenhoff. Ihr Fokus auf Zwischenleiblichkeit baut einem allzu lange überbetonten kognitiven Verständnis des Menschen vor. Psychosoziale und leibliche Grundlagen werden gewürdigt als konstitutive Gegebenheiten, auch im präreflexiven Status. Als verwoben und verflochten ist *Zwischenleiblichkeit* zu denken, denn der Andere wird leiblich wahrgenommen. Umgangssprachlich vertraut ist die Formel *etwas am eigenen Leibe erfahren,* womit eine besondere Einprägsamkeit betont werden soll. *Körpergedächtnis* und *Einverleibung* sind im traumatherapeutischen Diskurs Konzeptionen, die auf das Phänomen zurückgreifen, dass Erinnerungsspuren sich präreflexiv körperlich manifestieren. Thomas Fuchs entfaltet dieses Gedankengut unter dem Titel *Phänomenologie der leiblichen Existenz.*[104]

---

[103] Im Sinne des Symbolischen Interaktionismus von G.H. Mead oder H.S. Sullivan. Vgl. dazu: Der Mensch „strebt nach einer Anerkennung seines Wertes, die ihm nur durch den Blick anderer zukommen kann." Todorov 2015, 34

[104] Vgl. Fuchs 2008, 13-120. Der Autor bezieht sich auf Gedächtnis des Leibes, Gedächtnis der Schmerzen, Leibgedächtnis und Unbewusstes sowie auf die Würde des menschlichen Leibes. „Die Zwischenleiblichkeit bildet ein übergreifendes System, in dem die biologische und die soziale Entwicklung von frühes-

Merleau-Ponty spricht von *intercorporéité* und meint damit nicht den Raum zwischen A und B, sondern eher eine Sphäre, die differenzieren hilft. Empfindsamkeit für Lust und Schmerz sind lebenslange Begleiter, die zunächst gespürt, nicht gewusst oder erkannt werden. *Haltungen* kommen zum Tragen in leiblicher, emotionaler und kognitiver Weise, allerdings niemals losgelöst von *Körperhaltungen*. Das zwischenleibliche Menschenverständnis beugt einer Überbetonung des verbalen Austausches vor und achtet auf körpersprachliche Botschaften.

Die Folgen eines menschlichen Blickes können das veranschaulichen: Ich sehe ein Gesicht, reagiere auf meine Wahrnehmung, leite ein Handeln ab, verändere meine Perspektive etc. Tatsächlich sehe ich aber nicht, was der Andere sieht, nämlich mein Gesicht – und doch habe ich eine klare Vorstellung von der Reaktion des anderen, weil er mich anschaut, den Blick erwidert usw. Und ich reagiere erneut. In einem intersubjektiv leiblichen Prozess geschieht *Blicköffnung* und *Blickweitung*.

Fuchs spricht vom „leiblichen Wissen": „Es *vergegenwärtigt* die Vergangenheit nicht, sondern enthält sie als *gegenwärtig wirksame* in sich."[105] *Nachahmen* kann zur zwischenleiblichen Sprache werden, längst bevor Geist und Bewusstsein „erkennen". Es geschieht dann wie von selbst, sobald sich zwei Personen einander leiblich begegnen, präverbal und präreflexiv, was man in sehr anschaulicher Weise in jeder Erwachsenen-Säugling-Interaktion beobachten kann. Fuchs spricht von „zwischenleiblicher Resonanz", man spüre den Anderen buchstäblich am eigenen Leib.[106] Der Körper kann wie ein Behälter sein (Container), und ist doch zugleich auch ein „Objekt" (vgl. 2.5).[107]

---

ter Kindheit an miteinander verknüpft sind. Sie ist die Sphäre, in der sich die spezifischen Potenziale des Menschen entfalten können, und die den Dualismus von Natur und Kultur, Körper und Geist übergreift (30)." Das Phänomen der Interaffektivität greifen wir hier nur am Rande auf. Es ist allerdings ein bedeutsamer zwischenleiblich wirkender Aspekt.

[105] Vgl. Fuchs 2008, 38 (kursiv im Orig.)

[106] Fuchs 2010, 188

[107] Auf die viel beachteten Ergebnisse mimetischer Theologie (Girard/Schwager)

Wenn in biblisch inspirierter Sprache von *Behütet-sein* die Rede ist, haben wir es mit einem zwischenleiblichen Phänomen zu tun, ebenso wenn im Beratungsraum von *Lasten-tragen* oder *unerträglichen Lasten* die Rede ist. Menschen suchen dann emotional eine zwischenleibliche Resonanz, auch wenn es sich um seelische Verwundungen handelt, die über die Einengung oder Einschränkung des Leibes hinausgehen, wie beispielsweise bei Depressionen, die Auswirkungen am Arbeitsplatz oder Stigmatisierungen nach sich ziehen.

Berührungen – und seien sie „nur" im Sinne affektiven Angerührtseins gegeben – sind wie Worte, die berühren, leibhaftig heilsam. Kommunikation geschieht auch leibgebunden. Bei Joachim Küchenhoff heißt es dazu konzis: „Die intersubjektive Konstitution von Leiblichkeit" habe es heute nicht leicht. Denn v.a. Sport und Sexualität seien die wesentlichen Areale leiblicher Kommunikation: „Wie soll ohne Weiteres die ´Kunst des Sich-Lassens´, in der das Bewusstsein in den Leib hinabsteigt – so die Formel Gernot Böhmes [...] für leibliche Kommunikation –, gelingen, wenn sie in alltäglicher Kommunikation ausgeklammert werden muss?"[108] Leiberfahrung geschieht auch intersubjektiv, sie verwebt Leib und Sprache.[109]

---

gehen wir hier nicht ein, geben allerdings einen interessanten Hinweis, den wir Ralf Miggelbrink verdanken. „Vom Verfahren ähnelt René Girards Vorgehen demjenigen Sigmund Freuds, der ebenfalls davon ausging, dass in den antiken religiösen Mythen der Schlüssel zum Verständnis der Menschen zu suchen sei [...] Als Ursache der Aggression zwischen Menschen macht Girard die Bedeutung der Nachahmung (Mimesis) für das Kulturwesen Mensch aus." Miggelbrink 2009, 53.55

[108] Küchenhoff 2012, 173. Die leibgebundene Wechselwirkung zwischen Tränen und Blick verweist auf die elementare Bedeutung dieser zwischenleiblichen Dimension. Es wäre interessant zu untersuchen, inwieweit das Tätowieren bei gleichzeitiger Angst vor dem unschönen Körper als zwischenleibliche Störung gedeutet werden kann (Dysmorphophobie)?

[109] Eine weiterführende Diskussion könnte Freuds Annahme aufgreifen, dass das Ich anfänglich ein körperliches sei. Uns genügt hier der Verweis auf eine Haltung, die die intersubjektive Relevanz körpersprachlicher und leibgebundener Sensibilität ausdrückt.

5.3. Moment und Dauer: Zwischenzeitlich

Zeit als Kontinuum oder als Augenblick, *chronos* oder *kairos*, Zeit als Vergangenheit, Gegenwart, Zukunft, Zeit als *schon* und *noch nicht* (vgl. 2.6) formulieren Modi des Lebens, des Leidens und der Freuden. Der Mensch kann sich ablehnend, ausweichend, annehmend oder hoffnungsvoll erwartend zu seiner Lebenszeit verhalten.[110] *Hier und Jetzt* ist eine in den humanistischen Psychologien etablierte Formel für die Bedeutsamkeit des Augenblicks. Um sich vom Tod, der zeitlichen Endlichkeit, zu befreien, wird er negiert oder verherrlicht. Endlichkeit kränkt narzisstische Grandiosität, Flucht vor dem Älterwerden liegt nahe. *Now moments* ist ein Terminus von Daniel Stern, der Zeitlichkeit mit Bedeutsamkeit verbindet (vgl. 4.1). Die säkularisierte Gesellschaft, die das Leben als *letzte Gelegenheit* nutzen will, weil der Glaube an ein jenseitiges Leben verloren gegangen ist, sieht sich herausgefordert, Alles zu bieten. Das führt nach Paul Zulehner zu drei extremen, krankmachenden Verhaltensweisen: dem Sich-zu-Tode-amüsieren, dem Sich-zu-Tode-arbeiten und dem Sich-zu-Tode-lieben.[111] Zweckgebundenes Ausbeuten der begrenzten Zeit im Sinne individualistischer Befriedigung von Sekundärbedürfnissen überwindet die Sinnleere nicht. Zwischenmenschlich geteilte Qualitätszeiten jedoch mit existentiellen Begegnungen mit signifikanten Anderen zwischen den Zeiten des Arbeitens, Amüsierens und Liebens könnten da sinngebend sein. Seelische Verwundungen und Schmerzen sind zeitgebunden. Ihr Dauern erhöht das Leiden, die erlebte Machtlosigkeit. Für Levinas gilt: „Es gibt im Leiden eine Abwesenheit jeder Zuflucht. […] Die ganze Schärfe des Leidens liegt in dieser Unmöglichkeit des

---

[110] Eine umfassende Studie zu Zeitbewusstsein und Zeitpraktiken im seelsorglichen Kontext leistet Gärtner 2009, 61ff. Auch für unseren Kontext relevant diskutiert Gärtner Aspekte zur „Ökonomie der Aufmerksamkeit" (102ff) oder den „Gewinn an Eigenzeit – Verlust an sozialer Zeit" (93ff) mit dem ernüchternden Fazit: „Was bleibt, ist die Uhr: Zum doppelten Verlust von referenzstiftender Vergangenheit und sinnstiftender Zukunft" (99). Es bleibt einer wünschenswerten, noch ausstehenden Diskussion vorbehalten, den Gedanken von Gärtner weiterzudenken: „Gott hat Zeit, der Seelsorger auch?" (126ff)

[111] Vgl. Zulehner 2006, 22ff

Ausweichens."[112] Auch die Zeit versagt Hilfe. Zeit heilt bekanntlich nicht alle Wunden, gleichwohl sie eine wesentlich leidmindernde Wirkung zeitigen kann.

Beratung ist in ihren heutigen Rahmenbedingungen wesentlich an Zeit geknüpft. Termine werden gemacht, verschoben, eingehalten, versäumt, konkrete Sitzungen vergehen wie im Fluge, andere ziehen sich in die Länge, einige schmerzen, andere erfreuen. Viele gewünschte Termine kommen erst gar nicht zustande, weil Berater zu wenig Zeitkontingente haben. Ratsuchende stellen zeitbezogene Fragen: Wann geht es endlich los? Wie lange noch werde ich in Beratung sein können oder wollen? Es dauert schon solange, nehme ich jemandem den Platz weg? etc. Zeitökonomisches Denken kann therapeutische Prozesse stören, die unumgängliche Güte von Beratungsbeziehungen geradezu kontaminieren. Kurzzeittherapeutische Konzepte sind heute auch deshalb beliebt, weil sie weniger Zeit brauchen und billiger sind – mutmaßlich aber auch von geringerer Nachhaltigkeit, weil eher den Wunsch nach Spontanbefriedigung bedienend.

Beratungszeiten werden als „Schonzeit", Auszeit, Zeit der Entscheidungsfindung, der Lebensstilveränderung etc. gesehen. Für diese Zwecke ist Toleranz gegenüber zeitlichen Bedarfen von Nöten. Die Beraterhaltung erfordert Geduld und Weisheit als zentrale heilsame Ingredienzien. Ungeduld und Unbedachtes zeigen eher in die hinlänglich als krankmachend bekannte Richtung: Man rennt der Zeit davon statt in der Zeit Heilsames zu erleben. Die Bedeutung der Zeit für den therapeutischen Prozess lässt die israelische Schriftstellerin Batya Gur in ihrem Roman eindrucksvoll ihren psychoanalytischen Protagonisten wie folgt beschreiben: „Auf unserem Weg gibt es keine Abkürzung. Jede Abkürzung verlängert nur die Strecke. Der Prozess ist langwierig und aufreibend und mit Opfern verbunden. Mal bedarf es der Feinfühligkeit eines Graveurs, mal der Hartnäckigkeit eines Steinmetzes; aber immer bedarf es der Geduld."[113]

---

[112] Lévinas 1995, 42

[113] Gur 2005, 113f

Zwischenzeitlich als eine Dimension des Intermediären hat mehrfache Bedeutung: Als intersubjektive Dimension im Beratungsgeschehen drückt sie zum einen eine gewährende Haltung aus, deren Dauer am Leid orientiert ist („Wir haben jetzt Zeit genug. Jetzt schauen wir ganz in Ruhe und im angemessenen Tempo auf ihre Sorgen/Wunden/ Schmerzen.") Zum anderen beinhaltet sie auch eine konfrontative an Grenzen orientierte Haltung („Brauchen Sie mich noch?" „Ich habe den Eindruck, wir haben ein gutes Ziel erreicht." „Wir haben unsere Zeit gut genutzt.") Das ist einer der kairotischen Aspekte, einen Schlusspunkt zu setzen. Andere kairotische Momente sind zB. das Timing für Deutungen oder das Erkennen, dass es gerade jetzt genug an Konfrontation ist.

Im Lebenslauf beschreibt die Dimension *zwischenzeitlich* Stationen und Phasen. Zwischen den Zeiten des Alltäglichen, des Arbeitens, der Routinen ist Beratung selbst eine Zwischenzeit im Dienste reflektierter Selbstwerdung und Sorge um die Seele. Das ist der chronologische Aspekt. Die der zwischenzeitlichen Dimension zuträglichen Haltungen sind Geduld und Zuversicht, die sich zwischenmenschlich ereignen. Sie können leicht oder schwer zu haben sein, in jedem Fall zeichnet sie ein gemeinsamer „Zeitverbrauch" aus.

Ratsuchende fragen oft: Wieviel Zeit bleibt noch? Was kommt nach diesem Prozess? Wer war ich bisher? Wer werde ich anschließend sein? Eine Ahnung von Unverfügbarkeit kann sich anbahnen, eine tiefe Freude und Dankbarkeit können aufscheinen, weil „die Zeit ihre Selbstverständlichkeit verloren"[114] hat und damit ihr Geschenkcharakter ins Gespür kommt. Die Identitätsfrage ist neu oder erstmalig gestellt, und Narrationen über Lebensgeschichten und den Lebenssinn halten Einzug. Joachim Küchenhoff verknüpft im Anschluss an Ricoeur die Begriffe der Zeitlichkeit und Narrativität in der Psychotherapie. Die Aneignung einer narrativen Identität ist erstrebenswert und verlangt eine Beachtung des komplexen Ineinanders der verschiedenen Zeitmodi. Identität ist narrative Identität, verlangt ständiges Integrieren neuer Erfahrungen, um sie – immer wieder – zu stabilisieren.

---

[114] Maio 2015a, 49

Küchenhoff verweist auf die Tatsache, dass diese Konzepte von Zeitlichkeit und Narrativität im therapeutischen Raum nicht selbstverständlich vorhanden seien. Das *Auflösen von Knoten* schlägt der Autor als anzustrebende Maxime vor, die nicht bei narrativer Kohärenz stehen bleibt, sondern auch „eine Analyse der intersubjektiven Erfahrungen" erfordert.[115] Die Verdichtung vergangener, gegenwärtiger und zukünftiger Erfahrungen kommt auch in *Bezeugen* zum Ausdruck, was für zwischenzeitliche Ereignisse konstitutiv ist. Zeitlichkeit und Narrativität gehören im psychotherapeutischen wie im seelsorglichen Selbstverständnis zusammen.

5.4. Heilsame Haltung Benevolenz

Benevolenz ist im psychotherapeutischen Sprachgebrauch eine unübliche Vokabel. In der Theologie bezeichnet Benevolentia eine Haltung, die den guten Willen hoch schätzt. *Mensch guten Willens* ist heute eine sich obsolet anhörende Beschreibung, „Gutmensch" gar zum Unwort mutiert. Niemand fordert noch in dieser Begrifflichkeit zum guten Handeln auf. Gleichwohl kommen täglich Menschen in die Beratung, die sich nach einer benevolenten Haltung sehnen, eine solche brauchen. Berater sind ständig eingeladen, sich so um Menschen zu kümmern, dass eine seelische Not ausgehalten, ertragen oder angenommen werden kann. Seelenwunden verweigern sich einer nur technischen Handhabe. Im alttestamentlichen Buch Tobit fordert der Vater seinen Sohn Tobias auf, „nur bei Verständigen Rat zu suchen" und „einen brauchbaren Ratschlag nicht zu verachten".[116] Darin ist beides gefordert, die verständige, benevolente Haltung des Ratgebers und die resonante Offenheit des Beratenen zur Annahme – wenn der Rat denn „brauchbar" ist.

Etymologisch hält Benevolenz bedeutungsvolle Implikationen bereit. Wohlwollen und Gewogenheit sind die zentralen Bedeutungsinhalte, die in weitere Haltungen übersetzt werden müssen, sollen sie heute diskursfähig sein. Eine gewährende und ermutigende Haltung wurde

---

[115] Küchenhoff 2012, 100-110

[116] Tob 4,18

oben im anthropologischen Diskurs ermittelt. Sie ist unabdingbare Grundlage einer benevolenten Haltung, weil sie das vermeintlich Unaussprechliche aussagbar macht und damit die Handlungsebene öffnet, um heilsame Wirkung anzubahnen. Nicht der moralische Impuls, den man auch mit Benevolenz verbinden könnte, ist hier das Primärinteresse, sondern das Erweichen erstarrter, dem Leben abträglicher Denk- und Handlungsmuster. Benevolenz meint die auch aus biblisch anthropologischer Perspektive ableitbaren Haltungen, die sich in das Leben hinein ganz praktisch lebensförderlich auswirken, ein *Leben in Fülle* begünstigen.

Zur im Glauben, in einem positiven Gottesbild und in der christlichen Anthropologie grundgelegten Benevolenz gehört die Überzeugung, dass der Mensch einzigartig, gottgewollt, kostbar und als Geschöpf geliebt ist. Daraus lassen sich Haltungen ableiten, die schon in biblischen Kontexten belegt sind. Sie inspirieren Interventionen im beraterischen Umgang mit Krisenphänomenen, unheilvollen Musterwiederholungen oder auch existenziellen Fragen Ratsuchender. Im „Zwischen" des genauen Hinsehens und Hinhörens, des leiblichen Spürens und der zeitlichen Gestaltung des Beratungsprozesses inkarnieren sich – religiös ausgedrückt – Weisheit und Barmherzigkeit, wie sie in einem Gottesbild zum Ausdruck kommen, das an einem wohlwollenden Vater und einer wohlwollenden Mutter orientiert ist. Ein von dieser Haltung geprägter Berater kann eine Sprache der Benevolenz sprechen. Er kann Sprechen, was im anderen lebt, kann glaubend hoffen, dass wirklich jeder Mensch, wenn auch nicht immer therapierbar, so doch begleitbar ist.[117] Im seelsorglichen wie therapeutischen Zuwenden darf sich ein Wohlgefallen Gottes spiegeln. Zur Benevolenz gehört des Weiteren die Haltung, dem Anderen die Erfahrung zu vermitteln, dass er anerkannt, dass er verbindlich gemeint ist. Die Krankenhausseelsorgerin Monika Renz bringt es im Begriff des „Gesucht- und Gefunden-werden" zur Sprache.[118]

---

[117] Ausführlich in Plois 2005
[118] Renz 2010, 54

Für die Orthopraxie sind die Einzigartigkeit und das bedingungslose Gewollt-sein des Menschen nicht hintergehbar, denn die christliche Anthropologie beschreibt eine Gott-Mensch-Beziehung, in der Güte, Barmherzigkeit und Liebe relationale Elemente und wirksame Manifestationen eines Beziehungsgeschehens sind, das Wandlung eines unvorstellbar einzigartigen, weil gottebenbildlichen Menschen unbedingt ermöglichen will. Angewandte anthropologische Theologie ist auf das „Zwischen" angewiesen, andernfalls verliert sie ihr Proprium. Wir Menschen – Ich und der Andere – sind ausgezeichnet als einzig, gottgewollt, kostbar, geliebt und von Gott ins Leben entlassen. Benevolenz ist heilsame Gabe des Lebens. Wohlwollender Blick und wohlwollende Zuwendung können sich an jesuanischer Praxis orientieren. Benevolenz ist der aus anthropologischen Überlegungen abgeleitete common ground heilsamer Haltungen in den helfenden Professionen. Als herausragende Grundhaltung eröffnet sie die Chance, seelsorgliche und therapeutische Intentionen als gemeinsame Aufgabe einer therapeutisch arbeitenden Theologie zu verstehen.

Eine benevolente Haltung bewahrt vor einseitigen Schuldzuweisungen oder Erklärungen. In Seelsorge und Beratung können unter ihrer Ägide Deutung, Widerstand, Abstinenz – oder welche Beziehungsingredienz auch immer – relativiert werden und als Gegenseitigkeitsphänomene des intermediären Raumes wirklichkeitsnah erfasst werden.

Der Vers „Im Hause meines Vaters hat es viele Wohnungen" (Joh 14,2) veranschaulicht die benevolente Güte. Die Aussage weitet den Blick, weist auf mögliche Neuausrichtungen hin, sagt Vielfalt zu, bringt Erlösendes zum Ausdruck. Gescheitert oder erfolgreich karrierefixiert, arm oder reich, religiös oder ungläubig, depressiv oder heiter etc. – die vielen Wohnungen im Hause des göttlichen Vaters ermutigen, das „Zwischen", die therapeutisch-seelsorgliche Beziehung als einen Spielraum zu nutzen, der an kein Manual gebunden heilsame Haltungen kreativ und unkonventionell entfalten und in Interventionen umsetzen kann. Kriterium der Rechtfertigung ist die benevolente Grundhaltung *und* ihre Wirksamkeit. Das heilsame Potenzial einer „Aner-

kennung durch die Gabe der Zuwendung"[119] ist wesentlich haltungs-
gebunden: Nicht dass gegeben wird, sondern *wie* ist entscheidend.
Zwischen Geben und Nehmen, zwischen Geber und Nehmer wird
verhandelt, ob eine Gabe beschämt oder befreit. So schreibt Küchenhoff: „Die Psychotherapie der Zukunft wird von einer therapeutischen
Haltung geprägt sein, die auf die Person des Patienten hört und sie
nicht einer Norm unterwirft und sie nicht instrumentalisiert."[120] Die
benevolente Haltung ist zentraler Wirkfaktor in heilsamen Prozessen.
Ihren destruktiven Gegenpol bilden Gewalt, Ablehnung, Missachtung,
Ausschluss und Beschämung. Dem Anderen und sich selbst Wohl -
wollen ist eine existenzielle Gabe[121], die zwischensinnlich, zwischenleiblich und zwischenzeitlich heilende Wirkung ermöglicht. Benevolenz
als heilsame Haltung wendet sich gegen die Bagatellisierung seelischer Verwundungen und eröffnet einem Sich-wieder-aufrichten, einem Sich-wieder-ausrichten, einem Sich-neu-orientieren in der jeweiligen Lebenslage eine neue Perspektive. Verwandlung und Veränderung sind die elementaren Handlungskonsequenzen der Benevolenz.
Unter ihrem Schirm ist Selbstwerdung in Beziehung Gabe und Aufgabe zugleich.

---

[119] Maio 2015, 32; Miggelbrink 2009, 122 formuliert für den Beratungshintergrund
   prägnant: „Zwar sind beim Geben und Nehmen die Gaben möglicherweise le-
   benswichtig, lebenswichtiger aber sind allemal die verlässlichen Beziehungen."

[120] Küchenhoff 2013, 370

[121] Vgl. Maio 2015, der in einer „Ethik der Gabe" eine humane „Medizin zwischen
   Leistungsorientierung und Sorge um den Anderen" unter psychologischen und
   theologischen Interessen diskutiert.

Literatur

- Alarcón, R. D., Frank J. B. (Hg.) (2011): The Psychotherapy of Hope: The Legacy of Persuasion and Healing, Baltimore

- Altmeyer, M. (^{2}2004): Narzissmus und Objekt. Ein intersubjektives Verständnis der Selbstbezogenheit, Göttingen (Univ.-Diss.)

- Altmeyer, M., Thomä, H. (Hg.) (2006): Die vernetzte Seele. Die intersubjektive Wende in der Psychoanalyse, Stuttgart

- Angehrn, E. (2010): Sinn und Nicht-Sinn. Das Verstehen des Menschen, Tübingen

- Baltes, D. (2013): Heillos gesund? Gesundheit und Krankheit im Diskurs von Human-wissenschaften, Philosophie und Theologie, Freiburg (Univ.-Diss.)

- Bauer, J. (2011): Schmerzgrenze. Vom Ursprung alltäglicher und globaler Gewalt, München

- Bauer, J. (2006): Warum ich fühle, was du fühlst. Intuitive Kommunikation und das Geheimnis der Spiegelneurone, Hamburg

- Beck, U., Beck-Gernsheim, E. (^{13}1990): Das ganz normale Chaos der Liebe, Berlin

- Becker, H. (Hg.) (^{2}2013): Zugang zu Menschen. Angewandte Philosophie in zehn Berufsfeldern, Freiburg

- Bohleber, W. (2012): Was Psychoanalyse heute leistet. Identität und Intersubjektivität. Trauma und Therapie, Gewalt und Gesellschaft, Stuttgart

- Borst, U., Hildenbrand, B. (Hg.) (2012): Zeit essen Seele auf, Heidelberg

- Brisch, K.H. (^{10}2010): Bindungsstörungen. Von der Theorie zur Therapie, Stuttgart

- Bruckmann, F. (Hg.) (2015): Phänomenologie der Gabe. Neue Zugänge zum Mysterium der Eucharistie, Freiburg

- Buber, M. (^{11}1983): Ich und Du, Heidelberg

- Deister, B. (2007): Anthropologie im Dialog. Das Menschenbild bei Carl Rogers und Karl Rahner im interdisziplinären Dialog zwischen Psychologie und Theologie, Innsbruck, (Univ.-Diss.)

- Deselaers, P. (2002): Lebensweisheit aus der Bibel. Biblische Frauen und Männer – Inspirationen für heute, Freiburg

- Dirscherl, E. (2015): Wandlung als Transitus. Präsenz als vor-übergehende Gegenwart, die bleibt. In: Bruckmann, F. (Hg.): Phänomenologie der Gabe. Neue Zugänge zum Mysterium der Eucharistie, Freiburg, 243-267

- Dirscherl, E. (2008): Über spannende Beziehungen nachdenken: Der Mensch als Geschöpf, als Ebenbild und seine Ambivalenz als Sünder. In: Dirscherl, E., Dohmen, C., Englert, R., Laux, B. (Hg.): In Beziehung leben. Theologische Anthropologie, Freiburg, 46-89

- Dohmen, C., Hieke, T. (2010): Das Buch der Bücher. Die Bibel – eine Einführung, Kevelaer

- Dohmen, C. (2008): Zwischen Gott und Welt. Biblische Grundlagen der Anthropologie. In: Dirscherl, E., Dohmen, C., Englert, R., Laux, B. (Hg.): In Beziehung leben. Theologische Anthropologie, Freiburg, 7-45

- Dornes, M. ([3]2010): Die Seele des Kindes. Entwicklung und Entstehung, Frankfurt

- Eckart, A. M. (2004): Schlüsselwort Verantwortung. Zum Dialog zwischen Theologie und systemischer Psychologie, Norderstedt (Speyer 2004)

- Ermann, M. (2014): Der Andere in der Psychoanalyse. Die intersubjektive Wende, Stuttgart

- Ferenczi, S. (1988): Ohne Sympathie keine Heilung. Das klinische Tagebuch von 1932, Frankfurt

- Frank, J. D. (1985): Die Heiler, Stuttgart

- Frick, E. (2009): Psychosomatische Anthropologie. Ein Lehrbuch für Unterricht und Studium, Stuttgart

- Friedrich – Killinger, S. (2014): Die Bindungsbeziehung zu Gott. Ein dynamischer Wirkfaktor in der Therapie? Hamburg (Univ.-Diss.)

- Frielingsdorf, K. (2008): Vom Überleben zum Leben. Wege zur Identitäts- und Glaubensfindung, Ostfildern

- Fuchs, T. ([3]2010): Das Gehirn – ein Beziehungsorgan. Eine phänomenologisch-ökologische Konzeption, Stuttgart

- Fuchs, T. (2008): Leib und Lebenswelt. Neue philosophisch-psychiatrische Essays, Zug

- Funke, D. (2011): Ich – Eine Illusion? Bewusstseinskonzepte in Psychoanalyse, Mystik und Neurowissenschaften, Gießen

- Funke, C. (2002): Wenn frühe Wunden schmerzen. Glaube auf dem Weg zur Traumaheilung, Mainz

- Fürst, W. (Hg.) (2002): Pastoralästhetik. Die Kunst der Wahrnehmung und Gestaltung in Glaube und Kirche, Freiburg

- Gadamer, H. G. ([2]1990): Wahrheit und Methode. Grundzüge einer philosophischen Hermeneutik, Tübingen

- Gaudium et spes, in: Rahner, K., Vorgrimler, H. ([15]1981): Kleines Konzilskompendium. Sämtliche Texte des Zweiten Vatikanums mit Einführungen und ausführlichem Register, Freiburg, 449-552

- Gärtner, S. (2009): Zeit, Macht, Sprache. Pastoraltheologische Studien zu Grunddimensionen der Seelsorge, Freiburg

- Gebler, F. A. (2009): Die existenzielle Perspektive in der Psychotherapie, Schwangau

- Gödde, G., Buchholz, M. B. (2011): Unbewusstes, Gießen

- Gruber, F. (2003): Das entzauberte Geschöpf. Konturen des christlichen Menschenbildes, Kevelaer

- Gur, B. (2005): Denn am Sabbat sollst du Ruhen, München

- Hilpert, K., Laux, B. (Hg.) (2014): Leitbild am Ende? Der Streit um Ehe und Familie, Freiburg

- Hirigoyen, M. F. ([8]2008): Die Masken der Niedertracht. Seelische Gewalt im Alltag und wie man sich dagegen wehren kann, München

- Hutter, C. (2006): Eine praktisch theologische Verortung der Ehe-, Familien-, Lebens- und Erziehungsberatung. In: Hutter, C., Kunze, N., Oetker-Funk, R., Plois, B. (Hg.): Quo vadis Beratung. Dokumentation einer Fachtagung zur Zukunftsfähigkeit kirchlicher Beratungsarbeit, Berlin, 43-73

- Hutter, C., Hevicke, M., Plois, B., Westermann, B.(Hg.) ([2]2005): Herausforderung Lebenslage, Münster

- Jaeggi, E. (2003): Alltagsbeziehungen und ihr Bezug zur therapeutischen Beziehung, Düsseldorf

- Jaeggi, E. (1995): Zu heilen die zerstoßnen Herzen. Die Hauptrichtungen der Psychotherapie und ihre Menschenbilder, Reinbek

- Jaenicke, C. (2014): Die Suche nach Bezogenheit. Eine intersubjektiv-systemische Sicht, Frankfurt/M.

- Kast, V. (2013): Seele braucht Zeit, Freiburg

• Koppetsch, C. (2014): Liebe und Ökonomie. Paradoxien in Familie und Paarbeziehung. In: Hilpert, K., Laux, B. (Hg.): Leitbild am Ende? Der Streit um Ehe und Familie, Freiburg, 21-41

• Kristeva, J. (2014): Dieses unglaubliche Bedürfnis zu glauben, Gießen

• Krockauer, R. (2009): Beratung auf dem Weg der Akademisierung. In: Beratung aktuell. Zeitschrift für Theorie und Praxis in der Beratung, 10. Jg., Paderborn, 61-74 (www.active-books.de)

• Küchenhoff, J. (2013): Der Sinn im Nein und die Gabe des Gesprächs. Psychoanalytisches Verstehen zwischen Philosophie und Klink, Weilerswist

• Küchenhoff, J. (2012): Körper und Sprache. Theoretische und klinische Beiträge zu einem intersubjektiven Verständnis des Körpererlebens, Gießen

• Küchenhoff, J. (2012a): Zeitlichkeit und Narrativität in der Psychotherapie. In: Borst, U., Hildenbrand, B. (Hg.): Zeit essen Seele auf, Heidelberg, 100-110

• Lehmann, J. F., Thüring, H. (2015): Einleitung. In: Lehmann, J. F., Thüring, H.: Rettung und Erlösung. Politisches und religiöses Heil in der Moderne, Paderborn 7-26

• Lévinas, E. (1995): Zwischen uns, München

• Linden, M., Schippan, B., Baumann, K., Spielberg, R. (2004): Die posttraumatische Verbitterungsstörung (PTED). Abgrenzung einer spezifischen Form der Anpassungsstörungen. In: Der Nervenarzt. Band 75, 51-57

• Maio, G. (Hg.) (2015): Ethik der Gabe. Humane Medizin zwischen Leistungsorientierung und Sorge um den Anderen. Freiburg

• Maio, G. (2015a): Den kranken Menschen verstehen: Für eine Medizin der Zuwendung, Freiburg

• Maio, G. (2014): Geschäftsmodell Gesundheit. Wie der Markt die Heilkunst abschafft, Berlin

• Maio, G. (2014a): Über die Entwertung der Kunst des Verstehens in einer ökonomisierten Psychotherapie. In: Schleu, A., Schreiber-Willnow, K., Wöller, W. (Hg.): Verwickeln und Entwickeln. Ethische Fragen in der Psychotherapie, Bad Homburg 2014, 13-27

• Maio, G. (2011): Verstehen nach Schemata und Vorgaben? Zu den ethischen Grenzen einer Industrialisierung der Psychotherapie. In: Psychotherapeutenjournal, 132-138

- Marx, G. (2013): Das Nachhaltige und das Flüchtige – was bleibt von Psychotherapie? In: Becker, H. (Hg.): Zugang zu Menschen. Angewandte Philosophie in zehn Berufsfeldern. Freiburg, 134-151

- Mertens, W. (2014): Psychoanalyse im 21. Jahrhundert. Eine Standortbestimmung, Stuttgart

- Mertens, W. (2009): Psychoanalytische Erkenntnishaltungen und Interventionen. Schlüsselbegriffe für Studium, Weiterbildung und Praxis, Stuttgart

- Mertens, W., Westphal, B. (Hg.) (^{3}2008): Handbuch psychoanalytischer Grundbegriffe, Stuttgart

- Meyer-Drawe, K. (2008): „Ich ohne Gewähr". Überlegungen zu Selbstbestimmung und Selbstentzug. In: Quadflieg, D. (Hg.): Selbst und Selbstverlust. Psychopathologische, neurowissenschaftliche und kulturphilosophische Perspektiven, Berlin, 25-36

- Miggelbrink, R. (2014): Sakramentalität der Ehe – Was heißt das? In: Hilpert, K., Laux, B. (Hg.): Leitbild am Ende? Der Streit um Ehe und Familie, Freiburg, 73-85

- Miggelbrink, R. (2009): Lebensfülle. Für die Wiederentdeckung einer theologischen Kategorie, Freiburg

- Miggelbrink, R. (2006): Der eine Gott. Christlicher Monotheismus des Bundes und der Schöpfung, Münster

- Moldizio, A. (^{2}2004): Das Menschenbild der systemischen Therapie, Heidelberg

- Möde, E. (2013): Wege zum Heil. In: Möde, E. (Hg.): Christliche Spiritualität und Psychotherapie. Bleibende und neue Wege der Konvergenz, Regensburg, 147-158

- Möde, E. (Hg.) (2013): Christliche Spiritualität und Psychotherapie. Bleibende und neue Wege der Konvergenz, Regensburg

- Möde, E. (2008): Spiritualität der Angstüberwindung. In: Möde, E. (Hg.): Psychospirituelle Lebensperspektiven. Glaubens-impulse therapeutischer Theologie, Münster, 9-21

- Möde, E. (Hg.) (2008): Psychospirituelle Lebensperspektiven. Glaubensimpulse therapeutischer Theologie, Münster

- Nauer, D. (^{3}2014): Seelsorge. Sorge um die Seele, Stuttgart

- Noth, I. (2010): Freuds bleibende Aktualität. Psychoanalyse-rezeption in der Pastoral- und Religionspsychologie im deutschen Sprachraum und in den USA, Stuttgart

- Orange, D. M., Atwood, G. E., Stolorow, R. D. (2001), Intersubjektivität in der Psychoanalyse. Kontextualismus in der psychoanalytischen Praxis, Frankfurt

- Plichthofer, D. (2012): Spielregeln der Psychoanalyse, Gießen

- Pflichthofer, D. (2008): Spielräume des Erlebens. Performanz und Verwandlung in der Psychoanalyse, Gießen

- Plois, B. (2012): Kirchliche Beratungsarbeit in sozialstaatlichem Umfeld. In: Blickpunkt Beratung, April, 69-75

- Plois, B. (Hg.) (2010): Selbstwerdung. Positano erfahren und leben, Berlin

- Plois, B. (^{2}2005): Was ist das Proprium kirchlicher Beratung? Anthropologische Aspekte einer Beratungstheologie. In: Hutter, C., Hevicke, M., Plois, B., Westermann, B.(Hg.): Herausforderung Lebenslage, Münster, 63-76

- Plois, B. (^{2}2005a): Kirchliche Beratungsarbeit als pastoralpsychologische Praxis. In: Hutter, C., Hevicke, M., Plois, B., Westermann, B.(Hg.): Herausforderung Lebenslage, Münster, 39-52

- Plois, B. (2005b): Ehe- und Familienberatung als kirchliche Antwort auf gesellschaftliche Herausforderungen. In: Hutter, C., Hevicke, M., Plois, B., Westermann, B.(Hg.) (^{2}2005): Herausforderung Lebenslage, Münster, 87-102

- Potthoff, P., Wollnik, S. (Hg.) (2014): Die Begegnung der Subjekte. Die intersubjektiv-relationale Perspektive in Psychoanalyse und Psychotherapie, Gießen

- Quadflieg, D. (Hg.) (2008): Selbst und Selbstverlust. Psychopathologische, neurowissenschaftliche und kulturphilosophische Perspektiven, Berlin

- Rahner, K. (1967): Theologie und Anthropologie. In: Schriften zur Theologie, Einsiedeln, Bd. VIII, 43-65

- Rahner, K. (^{9}1977): Grundkurs des Glaubens. Einführung in den Begriff des Christentums, Freiburg

- Renz, M. (2010): Der Mensch – ein Wesen der Sehnsucht. Connected or Disconnected. Texte und Musik für unsere Sehnsucht und Spiritualität, Paderborn

- Reuter, W. (2012): Relationale Seelsorge. Psychoanalytische, kulturtheoretische und theologische Grundlegung, Stuttgart

- Reuter, W. (2002): Der heilsame Blick aufs Fragment. Pastoral-ästhetische Reflexion aus der Perspektive der Psychoanalyse. In: Fürst, W. (Hg.): Pastoralästhetik. Die Kunst der Wahrnehmung und Gestaltung in Glaube und Kirche, Freiburg, 265-277

- Richter, H. E. (2006): Die Krise der Männlichkeit in der unerwachsenen Gesellschaft, Gießen

- Richter, H. E. (1986): Der Gotteskomplex. Die Geburt und die Krise des Glaubens an die Allmacht des Menschen, Reinbek

- Richter, H. E. (1975): Patient Familie - Entstehung, Struktur und Therapie von Konflikten in Ehe und Familie, Reinbek

- Richter, H. E. (1971): Eltern, Kind und Neurose. Psychoanalyse der kindlichen Rolle, Reinbek

- Roth, G., Strüber, N (2015): Wie das Gehirn die Seele macht, Stuttgart

- Rudolf, G. (2015): Wie Menschen sind. Anthropologie aus psychotherapeutischer Sicht, Stuttgart

- Sattler, D. (2011): Erlösung? Lehrbuch der Soteriologie, Freiburg

- Sattler, D., Schneider, T. ([2]2002): Schöpfungstheologie. In: Schneider, T. (Hg.): Handbuch der Dogmatik, Bd. 1, Düsseldorf, 120-238

- Sautermeister, J. (2014): Ehe-, Familien- und Lebensberatung als kirchliches Handlungsfeld. In: Hilpert, K., Laux, B. (Hg.): Leitbild am Ende? Der Streit um Ehe und Familie, Freiburg, 267-280

- Schellenberger, B. (Hg.) (1986): Bernhard von Clairvaux. Gotteserfahrung und Weg in die Welt, Olten/Freiburg

- Schirrmacher, F. (2012): Seelsorge als Beziehungsgeschehen. Perspektiven zur Weiterentwicklung der Seelsorgepraxis, Neukirchen-Vluyn

- Schleu, A., Schreiber-Willnow, K., Wöller, W. (Hg.) (2014): Verwickeln und Entwickeln. Ethische Fragen in der Psychotherapie, Bad Homburg

- Schmid, W. (2014): Dem Leben Sinn geben, Berlin

- Schmid, W. ([4]2004): Schönes Leben? Einführung in die Lebenskunst, Berlin

- Schoberth, W. (2006): Einführung in die theologische Anthropologie, Darmstadt

- Schöpf, A. (2014): Philosophische Grundlagen der Psychoanalyse. Eine wissenschaftshistorische und wissenschaftstheoretische Analyse, Stuttgart

- Staemmler, F. M. (2015): Das dialogische Selbst. Postmodernes Menschenbild und psychotherapeutische Praxis, Stuttgart

- Stierlin, H., Rücker-Embden, I., Wetzel, N., Wirsching, M. (^{7}1996): Das erste Familiengespräch. Theorie-Praxis-Beispiele, Stuttgart

- Straub, M. (2008): Heilt die Zeit alle Wunden? Geistliche Perspektive zum Umgang mit lebensgeschichtlichen Verletzungen, in: Erwin Möde (Hg.), Christliche Spiritualität und Wandel. Beiträge zur aktuellen Forschung, Münster, 97-115

- Strodmeyer, W. (2013): Scham und Erlösung. Das relational-soteriologische Verständnis eines universalen Gefühls in pastoral-therapeutischer Hinsicht, Paderborn (Univ.-Diss.)

- Te Deum. (2015): Das Stundengebet im Alltag. Benediktiner-Abtei Maria Laach, Verlag Katholisches Bibelwerk (Hg.), Januar

- Te Deum, (2014): Das Stundengebet im Alltag, Benediktinerabtei Maria Laach, Verlag Katholisches Bibelwerk (Hg.), November

- Todorov, T. (2015): Abenteuer des Zusammenlebens. Versuch einer allgemeinen Anthropologie, Gießen

- Trautmann-Voigt, S., Voigt, B. (Hg.) (2009): Affektregulation und Sinnfindung in der Psychotherapie, Gießen

- Türcke, C. (^{2}2010): Jesu Traum. Psychoanalyse des Neuen Testaments, Springe

- Voßhenrich, T. (2007): AnthropoTheologie. Überlegungen zu einer Theologie, die aus der Zeit ist, Paderborn (Univ.-Diss.)

- Vogel, R. (2013): Existenzielle Themen in der Psychotherapie, Stuttgart

- Walter, F. (2006): Kirche 2006. Pannendienst für die Hartz IV Gesellschaft, SpiegelOnline vom 15. September 2006 (Zugriff am 23.12.2015)

- Warsitz, R. P. (2010): Verfehlte Begegnungen. Versuch einer Verständigung über Unverständliches. In: Schweizer Archiv für Neurologie und Psychiatrie, Heft 161, 209-215

- Warsitz, R. P., Küchenhoff, J. (2015): Psychoanalyse als Erkenntnistheorie – psychoanalytische Erkenntnisverfahren, Stuttgart

- Weingardt, B. M. (2015): Was die Seele bewegt, bewegt auch den Körper. Psychosomatische Signale verstehen – bewusster leben, Witten

- Wirth, H. J. (2014) Familientherapie als relationale Psychoanalyse. In: Potthoff, P., Wollnik, S. (Hg.): Die Begegnung der Subjekte. Die intersubjektiv-relationale Perspektive in Psychoanalyse und Psychotherapie, Gießen, 97-112

- Zulehner, P. (2006): Gott ist größer als unser Herz. Eine Pastoral des Erbarmens, Ostfildern

Erwin Möde

„Ich habe dich bei deinem Namen gerufen ..." (Jes 43,1)

„Heilsame Haltungen" alternativ zu Kontingenzerfahrung
und Atheismus

1. Hermeneutische Vorüberlegungen: Sinnsuche zwischen historisch-kritischer Exegese und methodischem Atheismus

„Und so spricht der Herr, der dich geschaffen hat, Jakob und dich gemacht hat, Israel: Fürchte dich nicht, denn ich habe dich erlöst. Ich
habe dich bei deinem Namen gerufen. Du bist mein." (Jes 43,1)

Nicht selten bei jüdisch-christlichen Bestattungen wird der soeben zitierte Gottesspruch des (Deutero-)Jesaja der Trauergemeinde zu Oh-
ren gebracht. Auch in Sterbeannoncen, auf jüdischen wie christlichen
Grabmalen, kann man Teile von Jes 43,1 zitiert finden. An der Grenze
zwischen Leben und Tod, lieben und vergessen (werden), vertraut
und fremd, gewinnen diese Jesaja-Worte ihren geradezu magischen
Glanz. Aussage (Indikativ) und Anrufung (Invokation) zugleich werden
sie, und damit performative Trostworte an die Hörer: Worte mit unbe-
rechenbarer spirituellen und psychologischen Verheißungskraft ver-
dichten sich in diesem Verswort des Propheten an das „erlöste" und
„erwählte" Israel in existenzieller Bedrängnis.

Damit ist schon Entscheidendes gesagt, über den Sitz im Leben des
(Deutero-)Jesaja-Zitates. Das prophetische Erlösungswort gilt demnach – zumindest zunächst – nicht dem heutigen Hörer des Wortes,
sondern den damaligen, jahwegläubigen Exiljuden in Babylon. Es gilt
den Getreuen des Bundesvolkes. Eine genaue Zuordnung dieser Adressaten bleibt ferner deshalb schwierig, weil die 66 Kapitel des Jesa-
ja-Buches nur knapp zur Hälfte von Jesaja selbst stammen. Beim Je-
saja-Buch mit seinen Gottessprüchen handelt es sich historisch-
exegetisch um eine kompilierte Sammlung der Prophetie Israels aus

verschiedenen Jahrhunderten (8. bis 6. Jh. v. Chr.). Im „Buch Jesaja"
findet man also eine „Art prophetischer Bibliothek"[1], nur oberflächlich
datier- und koordinierbar mit der Einteilung in Jesaja, Deutero- und
Tritojesaja.

Der hiermit umrissene exegetische Befund ernüchtert. Er dämpft den
magischen Glanz des vorhin herangezogenen Jesaja-Wortes. Er reduziert es in der Tragweite und Tiefe seines Sinnes, d.h. seiner Heilszusage, bis hinein in das historisch Gewesene, das Damalige und
völkisch Partikuläre. Anders gesagt: Was dem Hörer des Wortes heute zunächst hintergründig „heilsam" anmutet, entpuppt sich exegetisch
verobjektiviert als situations- und gruppenbezogen, als vergangen und
ca. 2700 Jahre alt. Bereits der Aufklärungsphilosoph G. E. Lessing
(1729-1781) klagte über den „garstig breiten Graben" zwischen den
historisch verstandenen, biblischen Heilszusagen und -aussagen (ex-
klusiv an das damals lebende jüdische Bundesvolk bzw. die ersten
getauften Christen) und der Gegenwart mit ihren davon unabhängigen
Heilsnotwendigkeiten heute und für alle Menschen.[2]

Auch innertheologisch, wenngleich nicht „garstig breit", zirkulieren
„Kluften": Schreiten doch die Exegeten und Bibelwissenschaftler mit
einer (kultur)historisch-kritischen Analyse nicht nur des „Jesaja-
Buches", sondern aller biblischer Bücher insgesamt, voran. Suchen
indessen die systematischen Theologen über alles Analytische hinaus
nach synthetischen, universellen Sinn- und Heilsaussagen der Schrift-
und Geschichtsoffenbarung. Die Pastoraltheologen und Seelsorger
wiederum fragen nach wissenschaftsfähigen, konsensuellen Para-
digmen, geeignet zur situativen Anwendung in pluralen Handlungsfel-
dern (wie Paar-, Ehe-, Familien-, Erziehungsberatung).

Fraglich wird hierbei, in wieweit welche theologischen Anthropologien
aus der Hl. Schrift (methodisch) wodurch erhebbar werden. Und welche allgemeine, anwendungsfähige Verbindlichkeit sollten sie besitzen? Um unser Thema nicht unnötig zu verkomplizieren, aber den-

---

[1]   Odelain und Séguineau 1981, 172

[2]   Vgl. G.E. Lessing, Über den Beweis des Geistes und der Kraft (1777), hg. v.
      K. Wölfel, in: Lessings Werke, Bd. III, Frankfurt a. M. 1967, 307-312

noch (text-)kritisch zu sein, sei alles bisher Gesagte auf folgende Grundsatzfrage(n) gebracht: Gilt das Jesaja-Wort als wahrer (theologischer) Zuspruch an den Hörer und die Gemeinde damals wie heute? Gilt der sich eröffnende Heilshorizont von Jes 43,1 für Juden, Moslems, Christen, Atheisten usw. gleichermaßen und falls ja, warum? Hierzu sei – jenseits eines naiven Textverständnisses – eine erste Antwort gegeben: Theologisch darf von einer Universalität der göttlichen Heilszusage ausgegangen werden, also davon, dass die großen Zusagen des AT über den engeren (zB. historischen, völkischen, ...) Kontext hinaus nicht nur für Israel, sondern für alle Menschen aller Zeiten und Orte gelten. Anthropologisch darf eine paradigmatische Transparenz vorausgesetzt werden, so dass „Israel" – gleichsam im Kollektivsingular – les- und verstehbar wird im Zeichen des „kreatürlichen Menschen", dessen Geschichte stets auf Gottesgeschichte angelegt ist und in ihr bewahrheitet wird.

Von diesen beiden Voraussetzungen also geht dieser anthropologisch orientierte Beitrag aus, nämlich von der paradigmatischen Transparenz „Israels" für das Sein und Gesicht des Menschen und von der Universalität der göttlichen Heilszusagen an das alttestamentliche Bundesvolk. Insbesondere die zweite, binnentheologische Option der Heilszusagen ist für eine etwaige psychologische Modellentwicklung der „Heilsamen Haltungen" aus methodischen Gründen irrelevant. Die Option für eine anthropologische Relevanz biblischer Texte ist psychologisch zwar beachtenswert, impliziert aber keineswegs eine apriorische Anerkennung von Monotheismus und religiöser Metaphysik. Selbst diverse Schulen der Psychotherapie, die theologischerseits gerne vorab als Partner für Interdisziplinarität eingeschätzt werden, distanzieren sich ausdrücklich von einem theologischen Welt- und personalen Gottesverständnis.[3]

Angesichts des dezidierten weltanschaulichen und methodischen Atheismus in allen psychologischen Schulen und psychotherapeuti-

---

[3] Man denke diesbezüglich nur an religionsaffine Psychotherapierichtungen, wie die Tiefenpsychologie nach C. G. Jung, die Daseinsanalyse (M. Boss, L. Binswanger), die Psychoanalyse nach J. Lacan oder K. Jaspers „Philosophischen Glauben angesichts der Offenbarung".

schen Richtungen der Gegenwart sowie auf dem exegetisch zum
Standard gewordenen Hintergrund der historisch-kritischen Exegese
wird es zu einer „Gratwanderung", den herangezogenen Jesaja-Text
zugleich wissenschaftlich und interdisziplinär so zu interpretieren,
dass sich Sinn- und Haltungsrelevanz für die pastoralpsychologische
(Beratungs-)Praxis ergeben kann. Deshalb wird der folgende Argu-
mentationsgang bei existenziellen Grundpositionen menschlichen Lebens einsetzen und in konfrontativer Abhebung von I. Yaloms modell-
haft gültiger psychologischer Anthropologie einen plausiblen Einstieg
suchen in eine zum methodischen Atheismus alternative Hermeneutik
zum Thema „Heilsame Haltungen" und deren biblischer Grundierung
durch das Wort aus Jes 43,1f.

2. „Existenzielle Psychotherapie" (I. Yalom) als „Solidarische Haltung" gegenüber dem „Absurden"?

Der Wissenschaft, westliche Kultur und Alltagspraxis durchformende
methodische Atheismus lässt nicht nur Religion tendenziell zu Aberglauben, zu Humanismus oder beliebiger Privatsache werden, sondern führte längst schon zur Deontologisierung unseres Lebens- und
Wirklichkeitsverständnisses. Vernünftig ist, was kommunizierbar im
vernünftigen Konsens bleibt: Der geht davon aus, dass erstens
Seinsaussagen zur wirklichen Wirklichkeit unmöglich seien und dass
zweitens „Zufall und Notwendigkeit" (J. Monod)[4], also „Kontingenz",
alle Ereignisse des Lebens regieren würde. Überdeutlich sagt es der
Existenzialphilosoph und Psychiater I. Yalom:

„Aber das existenzielle Konzept der Freiheit [...] postuliert, dass das
einzig wahre Absolute ist, dass es kein Absolutes gibt [...], dass die
Welt kontingent ist – das heißt, dass alles, was ist, hätte auch anders
sein können; dass menschliche Wesen sich selbst, ihre Welt und ihre
Situationen innerhalb ihrer Welt erzeugen; dass es keinen ‚Sinn' gibt,

---

4   Original: J. Monod, Le hasard et la nécessité. Essai sur la philosophie naturel-
    le de la biologie moderne, Paris 1970

kein großartiges Design des Universums; keine Leitlinien außer denen, die das Individuum erschafft."[5]

Kompakt fragt Yalom in seiner „Existenzielle(n) Psychotherapie" nochmals nach: „Wie findet das Wesen, das Sinn braucht, Sinn in einem Universum, das keinen Sinn hat?"[6]

Die von Yalom angefragte Kluft zwischen notwendiger Sinnsuche und unmöglicher kosmisch-metaphysischer Sinnfindung führt genau zu dem Dilemma, das A. Camus als das unhintergehbar „Absurde" menschlicher Existenz versteht. Für Camus nämlich sind wir Menschen „moralische Subjekte". Wir verlangen von selbst danach, die Welt solle uns eine apriorische Sinnstruktur mit möglichst objektiven Werten verlässlich liefern und zwar als Grundlage des subjektiven moralischen Urteils und persönlichen Gestaltungswillens. Die Welt jedoch – so A. Camus – liefere weder Sinnstruktur noch Werte. Die Welt sei völlig gleichgültig gegenüber dem menschlichen Verlangen nach Sinn, Werten und moralischem Urteil in Verantwortung. Die Kluft zwischen der kosmischen „Gleichgültigkeit der Welt" und der menschlichen Sinnsuche, diesen Abgrund (fehlender Metaphysik und Ontologie) bezeichnet Camus als das „Absurde". Unaufhebbar bleibe dieser „Schatten" der Gleichgültigkeit, des Werte-Nihilismus, über jeder menschlichen Existenz und jedweden Versuch von Liebe und „Heilsamer Haltung".

In seinen Romanen „Der glückliche Tod" und „Der Fremde" portraitiert Camus Menschen, die diesen Nihilismus leben. In seinem Essay „Der Mythos von Sisyphos" untersucht er die Spannung zwischen Nihilismus und Lebenssinn. Camus Antwort auf das Dilemma ist der „heroische Nihilismus". Der Mensch müsse seinen subjektiven Lebenssinn samt moralischem Urteil selbst konstruieren. Darin erst zeige sich, jenseits metaphysischer Illusion, die Größe, zu der der Mensch fähig sei. Angesichts der „Absurdität" des Lebens müsse der Mensch heroisch werden, um in Würde zu leben. Camus rief seine Lesergeneration von damals auf zur stolzen Rebellion in Konfrontation mit der

---

5   Yalom 2010, 520

6   Ibid. 489

Gleichgültigkeit der Welt: „Es gibt kein Schicksal, das nicht durch Verachtung überwunden werden kann",[7] so prophezeit er.

Camus' Lebens- und Gesellschaftsrezept ist die „Revolte" gegen das
Absurde im Namen der Solidarität der Menschen. Im Ergebnis kom-
men Camus und Sartre hierin einander entgegen, dass objektive Absurdität subjektive Solidarität bewirken solle. In Sartres Theaterstück
„Die Fliegen" wird dessen Held Orest zum Humanisten ganz im Op-
ferdienst für andere. „Absurdes" Theater mit gewollt absurdem „Happy
End" ist den beiden Existenzialisten vorbildlich für eine Lebens- und
Sinnführung, die engagiert humane Leitlinien umfasst wie Mut, stolze
Rebellion, brüderliche Solidarität, Liebe oder weltliche Heiligkeit. Für
die Existenzialisten damals vor 60 Jahren werden der „Tod Gottes",
„kosmische Gleichgültigkeit", Nihilismus und „Absurdität" zu Katalysa-
toren für die heroische Entscheidung bzw. Lebenshaltung des Menschen zur selbsttranszendenten Solidarität, für das „absurde Opfer"
zur Erlangung menschlicher Würde.

Yaloms humanistisch-psychotherapeutische Grundhaltung ist de-
ckungsgleich mit Camus' bzw. Sartres emphatischen Entwurf von (he-
roisch-solidarischem) Lebenssinn, der subjektiv in gestalterische Dau-
erspannung tritt zur kontingenten Wirklichkeit, zum „Zufall" wie zum
Tod als quasieschatologischen Mächten. Der Tod und nur der Tod als
anonymer „maître absolu" (J. Lacan) des Lebens wäre für Yalom wie
für die Generationen „moderner" Psychiater, Psychologen und Psychotherapeuten die absolute Macht, der man die Worte zudichten
dürfte: „Ich habe dich bei deinem Namen gerufen. Du bist mein" (Jes
43,1c). Wer stirbt wird zurück-„gerufen" in den endlosen Kreislauf der
Natur, deren „Wächter" und finaler „Rufer" (kein Gott, sondern) der
Tod ist.

Mit der Kontingenz, der eigenen Endlichkeit und dem Tod, auch die
„Absurdität" des (moralischen) Lebens zu akzeptieren und dabei nicht
resignativ, sondern solidarisch zu werden zu seinen Mitmenschen,
genau dies ist die „(Selbst-)Therapeutische Haltung", die Yalom als
prominenter Repräsentant gegenwärtiger humanistischer Psychothe-

---

[7]   Camus 1980, 90

rapie beiden empfiehlt, Arzt und Patient. Diese „Haltung" versteht sich selbst als notwendig „nihilistisch" und alternativlos: Sie allein – als therapeutische Maxime – halte im Gefolge objektiver Wissenschaft die Konfrontation aus mit den „existenziellen Angelegenheiten"[8] des Lebens, mit: Freiheit, Isolation, Verantwortlichkeit, Sinnlosigkeit und Tod.

Spätestens hier wird deutlich: Den Begriff der „Heilsamen Haltung" gibt es sensu stricto in Medizin und Psychotherapie nicht. Er wird auf dem wissenschaftsnormierenden Hintergrund des methodischen Atheismus bestenfalls als kommunikative Vokabel, als Metapher und Desiderat zugestanden, sowohl im Patienten-Arzt-Gespräch als auch im interdisziplinären Diskurs mit Theologen, denen der „Heils"-Begriff durch inhaltliche Leerung zur „kuranten Münze" (S. Kierkegaard) geworden ist.[9] Mit unserer bisherigen Tour d'Horizon in historisch-kritische Exegese, „Existenzielle Psychotherapie" und methodischen Atheismus verschärft sich die Frage radikal, wie sich der Begriff der „Heilsamen Haltung(en)" verstehen und bibeltheologisch thematisieren ließe und zwar ohne hurtige Fluchtbewegung in das „theologische Ghetto" mit seiner alten (Heils-) Offenbarungs- und Gottesmetaphysik, die „reine Glaubenssachen" sind. Eine thematische Wendung zur Ausdifferenzierung von „Therapeutischen Haltungen" und „Heilsamen Haltungen" empfiehlt sich hier allerdings.

3. „Therapeutische Haltungen" – „Heilsame Haltungen": Worauf basiert der Unterschied?

Was eine „Heilsame Haltung" in Unterscheidung von anderen, „(Psycho-)Therapeutischen Haltungen" (zB. solidarische, empathische, konfrontative, integrative) überhaupt ermöglicht und was diese besondere Haltung in Eigenidentität zu leisten vermag, ist zunächst eine weltanschauliche Grundsatzfrage. Sie lässt sich zentrieren auf

---

[8] Yalom 2010, 253f

[9] Vgl. zur Thematik „Gespräch im Patienten-Arzt/Berater-Verhältnis" verbunden mit einem Plädoyer für Medizin und (Psycho-)Therapie als „Heilkunst": Lang 2000, insbesondere S. 74-127 sowie: Lown 2013

den hermeneutisch ubiquitär gewordenen Vertretungsanspruch des „Kontingenz-Begriffes". Wird diese Grundsatzfrage als solche übersprungen, d.h. wenn der Begriff des „Heiligen" und „Heilsamen" undifferenziert verbleibt, dann verkommt er zum bloßen, ideellen Adjektiv im Binnenraum des gängigen medizintherapeutischen Verständnisses von (Patienten-)Leben, Tod und therapeutischer Tugend(haltung). Sollte es tatsächlich in praxi zur therapeutischen Selbstverantwortung ethisch wie methodisch[10] gehören, sich an jenem Kontingenzverständnis auszurichten, das Yalom in seiner „Existenziellen Psychotherapie" als Berufsethos und ars legis verausdrücklicht? Ist das menschliche Leben mit seinem Kulturschaffen und seinen religiösen Offenbarungen wirklich (nur) fortwährende Folge und selbstgenerierende Frucht des „Zufälligen" und „Menschenmöglichen"? Ist der „Zufall" nicht nur absolut, sondern in der Weise des Natürlichen, gesellschaftlich Normativen, Sinn- und Bedeutungsvarianten, schließlich in der Maske des Todes die absolute Seinsmacht?

Dann wäre Religion in ihrer Substanz „Opium fürs Volk" (frei nach K. Marx) und die „Heilsame Haltung" die Pfeife, in der die psychotrope Substanz seelsorglich dosiert verabreicht würde. Entzug als quasi „Heilende Haltung" wäre dann nötig für eine integrative Therapie. Seit S. Freud und der ersten Psychoanalytikergeneration bis zu Yalom und zur Medizinpsychologie heute ist deren Primärauftrag, die „Unversehrtheit des Subjekts" möglichst wiederherzustellen bzw. entwicklungsmäßig zu fördern. Methodisch wie? Indem u. A. religiöse Vorstellungen, insbesondere deren Idealismen und Unheilsdrohungen, in ihrer projektiv-identifikatorischen Wirkung nicht nur durchschaut, sondern vermittels therapeutischem Durcharbeiten in das Selbstkonzept des Patienten (re)integriert werden. So soll durch Ichstärkung via Realitätsgewinn das Subjekt als integrative Persönlichkeit genesen statt eine „spaltungsanfällige" Person zu bleiben, die ihr Hoffen, Lieben und ihre Wunscherfüllung in den Himmel projiziert.

Auch in den großen entwicklungs- und beratungspsychologischen Entwürfen der psychiatrischen Altmeister E. Erikson und C. Rogers

---

[10] Vgl. Möde 1995

gilt der hier skizzierte psychotherapeutische Logos. Im „Counseling"
wird durch die „integrative Haltung" des Arztes/Therapeuten der persönlichen Erlebnisweise und Gefühlswelt des Probanden Sprach- und
Empfindungs-Raum "intermediär" (D. Winnicott) gegeben, so dass
möglichst ganzheitliche Selbstakzeptanz in diesen Prozess gebracht
wird. Dazu ist die „integrative Haltung" des Therapeuten mit seiner
empathischen Aufmerksamkeit („Aktives Zuhören") wertneutral. Sie ist
„Container" (W. Bion), dessen Resonanzraum eine gewisse psychosoziale Reorganisation des Mandanten schafft. „Counseling" als seelsorgliche, auxiliare Praxismethode ist in ihrer Effizienz empfehlens-
wert. Weltanschaulich basiert ihre Methode auf der (atheistischen)
Maxime der Kontingenz, die zum Ethos der therapeutischen Haltung
geworden, überhaupt erst vernünftige Wertneutralität ermöglicht, obgleich um den Preis eines geradezu absoluten Subjektivismus. Weil
ein solcher psychotherapeutisch (insbesondere bei Langzeitbehand-
lungen) unmöglich solidierbar ist, deshalb ist „Gesprächspsychothera-
pie (nach C. Rogers)" klassischerweise (nur) als psychotherapeutische Auxiliarmethode anerkannt.

Damit zurück zum dezisiven Punkt der sachgerechten Unterscheidung
von „Therapeutischen Haltungen" und „Heilsamen Haltungen". Wer
Letztere (zB. seelsorgepraktisch für Beratung, Krisenintervention, Exerzitien, Notfallseelsorge, usw.) postuliert, muss sie begrifflich in Abhebung vom Psychologischen/Medizinischen zuallererst definieren,
um sie alsdann praxisnah zu methodisieren und seelsorglich wirksam
anwenden zu können. Was also sind „Heilsame Haltungen" und worin
liegt deren besondere Wirkkraft: Wann, wodurch auf wen? Die Antworten zur Eigen-Art und Wirkungsweise „Heilsamer Haltungen" werden in diesem wissenschafts-kritischen Beitrag aufgrund gebotener
Kürze nur vorläufig und skizzierend sein können. Sie verstehen sich
als „frag-würdige", erste Ansätze zu einer kaum hintergehbaren
Grundfrage, auch einer solchen nach der seelsorgspraktischen Tu-
gendethik.

Als wesentlich wurde auf den letzten Seiten immerhin problematisiert,
dass die „Therapeutischen Haltungen" medizinpsychologisch-kurativer
Funktion weltanschaulich allesamt der Sinnoption von Kontingenz,

d.h. von „Zufall und Notwendigkeit" (J. Monod) folgen. Dieser Deutungs-Logos bleibt ihnen auch dann als Methodik subsistent und bestimmend, wenn sie mit christlichen Seelsorgs- und Beratungsansprüchen garniert werden. Andererseits ist bei „Heilenden Haltungen" davon auszugehen, dass sie im hohen Ethos ihres Therapie-, Seins- und Menschenverständnisses mit Metaphysischem korrelieren: mit Heil und Heilung, wie sie die Religionen seit Zarathustras Zeiten mit dem Theion, dem Göttlichen und „Erlösenden" verbinden. Darauf also basiert der prinzipielle Unterschied zwischen beiden Qualitäten von „Haltung".

4. Was sind „Heilsame Haltungen"?
Worin liegen deren qualitative Wirkungen?

Unser bisheriger Argumentationsverlauf mag – auf dem Hintergrund von Jes 43,1 und der Kontingenzfrage – das „Alleinstellungsmerkmal" jener besonderen „Therapeutischen Haltungen" erschließen, die theologischerseits mit „heilsam" überschreibbar werden. Um es deutlich zu sagen: „Heilsame Haltungen" mit „(Psycho-)Therapeutischen Haltungen" synonym gleichzusetzen, wäre ein Fehler. Was fehlen würde, wäre der besondere, metaphysisch-motivationale Bezug sowie der besondere Beratungskontext und offenbarungstheologische Hintergrund der „Heilsamen Haltungen" in ihrer situativen Anwendung.

In die Beratungspraxis übersetzt beinhaltet dies eine hohe fachliche und persönliche Verantwortung des Beratenden: „Haltungen" wie Empathie, Geduld, aktives Zuhören, Akzeptanz usw. sind erstens nicht „an sich" therapeutisch und zweitens nicht per se „heilsam". Die komplexe, intersubjektive Sprach- und Übertragungsbeziehung, wie sie sich in Psychotherapie bzw. Beratung eröffnet, verlangt nicht nach stereotypen Grundhaltungen, die sich im prozessual-intermediären (Dialog-)Geschehen durchtragen müssten, sondern nach der Kunst prozessadäquater und prozessfördernder Haltungsänderungen. In der Befähigung zur „Haltung" wie zur nötigen Haltungsänderung liegt eine erfolgsentscheidende Kompetenz des Psychotherapeuten bzw. Beraters. Ausnahmslos alle seriösen psychotherapeutischen Schulen legen bereits in der Fachausbildung ihrer Kandidaten hohen Wert auf Haltungs- und Verhaltensvarianz. Nur Anfänger meinen, es gäbe für sie die eine, durchtragende „Haltung". Dazu ein Beispiel (aus I. Yaloms „Existenzieller Psychotherapie"), nämlich die „Kollusion mit dem Widerstand"[11] einer Patientin: Um seine empathische Akzeptanzhaltung gegenüber einer geschiedenen, depressiven 48-jährigen Frau nicht aufzugeben – was notwendig gewesen wäre – unterstützt der Arzt nolens volens immer umfänglicher deren Selbstinterpretation, dass „sich neunzig Prozent ihrer Probleme in Luft auflösen" würden, „wenn nur der Richtige daherkommen würde."[12]

Weil also der prozessfördernde Wechsel von „Haltungen" für die Arzt-Patientendynamik wie für Beratung konstitutiv ist, liegt in dieser Varianzbreite eine einmalige Chance situativ im kirchlichen Beratungsgespräch von „Therapeutischen Haltungen" zu explizit „Heilsamen Haltungen" bewusst zu wechseln. Ein solcher, gekonnter Wechsel mag die qualitative Wirkung der Beratung dann steigern, wenn „Heilsames" dem Mandanten nicht aufgezwungen wird, sondern verstehbar und alternativ nahe gebracht. Sache des Mandanten bleibt es dann, in eigener Freiheit und Ver-Antwortung das Angebot (nicht) anzunehmen. Weil kirchliche Beratungsstellen nicht den strengen (methodischen und rechtlichen) Auflagen des Medizinischen (Psychotherapie, Psychiatrie) unterliegen, ist ihnen methodisch und motivational eine „kombinative Methode" (E. Möde) möglich, nämlich die Verbindung von „Therapeutischen" mit „Heilsamen Haltungen", die sich religiös-metaphysisch (und kirchlich) verankern sowie inhaltlich ausweisen.

An dieser zentralen These der qualitativen Wirkungen „Heilsamer Haltungen" angekommen, bedarf es der Wendung zum Wert religiöser Bindung auf dem Hintergrund des „Kontingenzproblems". Jes 43,1 wird dadurch von therapeutischer Theologie her interpretiert.

---

[11] Yalom 2010, 313

[12] Ibid. 312

5. Kontingenz- und Heilserleben: „Heilsame Haltungen" als „Brücke" zur anderen Lebens-Erfahrung

Der Literat G. Büchner schreibt in seinem Drama „Dantons Tod", dass das Leiden der „Fels des Atheismus"[13] sei, was gerne nachgesprochen wird, aber nicht stimmen muss. Für den Existenzialisten und Psychiater I. Yalom gehört die Leidensfähigkeit zum Humanpotenzial. Sie eröffnet die identitätsstärkende Chance zur Konfrontation und integrativen Verbindung des Leidenden mit seiner Endlichkeit, der – gemäß Yalom – kein Himmel, kein Gott und kein absoluter Sinn zu Hilfe kommen können. Therapeutische Grundhaltung in methodischer Durchführung sollte es deshalb sein, den Patienten „illusionslos zu konfrontieren mit den irreversiblen Grenzsituationen"[14] seines Lebens: mit Tod nämlich und Isolation (Einsamkeit), Sinnlosigkeit und „Absurdität"; mit der daraus resultierenden (Eigen-)Verantwortung und der Chance zur freiheitlichen Gestaltung des persönlichen Lebens angesichts dessen unhintergehbarer Kontingenz. Den „Zufall" in Eigenidentität zu gestalten mit „Solidarischer Haltung" (J.-P. Sartre, A. Camus) zu Mitmenschen und Gemeinschaft, sei der generelle Reifungsauftrag, den nicht nur exemplarisch Yalom, sondern prinzipiell die humanistische Psychologie/Psychiatrie an das menschliche Subjekt weiterreichen.

Genau an diesem fortwährenden Treffpunkt zwischen der Kontingenz der Welt und der Identität des Subjekts kann aus religiöser Motivation alternativ eine andere Grundhaltung (des Arztes, Therapeuten, Beraters) prozesstragend werden, nämlich die „Heilsame Haltung". Sie verleiht den pluralen therapeutischen (Einzel-)Haltungen nicht nur gelegentlich, sondern paradigmatisch einen neuen Sinn. Sie gibt Heilszuversicht, deren man sich nicht zu schämen braucht.

Das Leiden an Kontingenz und angeblich apriorischer Sinnlosigkeit ist die heimlich grassierende Krankheit unserer säkularen Moderne. Längst schon hatte es F. Nietzsche prognostiziert, dass der „Tod Got-

---

[13] G. Büchner, Dantons Tod, 3. Akt 1. Szene, in: G. Büchner, Werke und Briefe, hg. v. F. Bergmann, 13. Aufl., Frankfurt a. M. 1979, S. 53

[14] Yalom 2010, 191

tes" seinen langen Schatten werfen werde über „die Fröhliche Wissenschaft" der atheistisch selbstvergessenen Moderne. Theologie,
Seelsorge und Beratung, die sich in „Heilender Haltung" spirituell an
Offenbarung, dreifaltigem Gott und Kirche orientieren, „glauben"
ebenso wenig an den „Zufall" wie der Prophet Jesaja es tut in seinem
fortwährenden Zuruf des Heiles an das „Volk des Bundes". Jesaja be-
sagt übersetzt: „Gott ist Heil". So trägt der Prophet das in seinem Namen, wovon er in Jes 43f. kündet, nämlich das ankünftige, in Raum
und Geschichte Gestalt annehmende Heil von Gott her für die Menschen. Die nihilistische Moderne mag im „Zufall" die absolute Macht
und in der „Absurdität" moralische Tiefe erblicken, sie mag die Gestaltung des Heil-losen als solidarischen Zweckrationalismus ideologisie-
ren. Religion wird stets die andere Vernunft im Glauben so entwickeln,
dass sie zur „Heilsamen Haltung" für Kirche, Seelsorger und Gläubige
werden kann: Statt „Zufall", Beliebigkeit, Austauschbarkeit und nor-
mierte Gleichgültigkeit eine schwebende, je neu sich anbahnende
Heilsgewissheit, die ihre innere und äußere Haltung (Dispositio) aus-
prägen darf.

Derart „Heilsame Haltungen" vermitteln „brückenbildend" Lebens-
Erfahrung, die mit dem Kontingenzfaktor anders, integrativ umgeht.
Wie und wodurch? Indem sie dem Menschen in der gefährdenden,
objektiv friedlosen Dynamik der Welt die Bewahrung von Gott her zu-
sagt. Schon Jesaja tut dies situativ mit paradigmatischen Worten, die
Gottes Haltung zu Schöpfung und Mensch so versprachlichen, dass
sie vordergründige Kontingenzerfahrungen (Wasser, Ströme, Feuer,
Flamme) durchbrechen – auf Bewahrung hin:

„... Ich habe dich bei deinem Namen gerufen. Du bist mein.

Wenn du durch Wasser gehst, will ich bei dir sein, dass dich die Ströme nicht ertränken. Wenn du durch Feuer gehst, sollst du nicht bren-
nen und die Flamme soll dich nicht versengen.

Denn ich bin der Herr, dein Gott ..." (Jes 43,1c - 3a)

Literatur

- Bergmann, F. (Hg.) ([13]1979): G. Büchner, Werke und Briefe, Frankfurt

- Camus, A. (1980): Der Mythos von Sisyphos, Reinbek

- Lang, H. (2000): Das Gespräch als Therapie, Frankfurt

- Lessing, G., E. (1777): Über den Beweis des Geistes und der Kraft. In: Wölfel, K. (Hg.) (1967): Lessings Werke, Bd. III, Frankfurt a. M. 1967, 307-312

- Lown, B. ([12]2013): Die verlorene Kunst des Heilens. Anleitung zum Umdenken, übers. v. H. Drews, Stuttgart

- E. Möde ([2]1995): Das Begehren. Das Identitätsproblem in der Ethik der analytischen Psychotherapie, München (3. Aufl. in Vorbereitung)

- Monod, J. (1970): Le hasard et la nécessité. Essai sur la philosophie naturelle de la biologie moderne, Paris

- Odelain O., Séguineau R. (1981): Lexikon der biblischen Eigennamen. Übersetzt und für die Einheitsübersetzung der Heiligen Schrift bearbeitet von Franz Joseph Schierse, Düsseldorf

- Yalom, I. D. ([5]2010): Existenzielle Psychotherapie, Bergisch Gladbach

Ralf Miggelbrink

Mit Angst und Sorge leben

1. Gehegte Angst

Auf den ersten Blick scheint es sich in den Evangelien mit Angst und Glaube ganz eindeutig zu verhalten: Petrus scheitert mit seinem glaubensgetragenen Wandel auf dem nächtlichen See im Moment der einsetzenden Furcht, die seinen Glauben zum Wanken bringt (Mt 14, 30). Jesus aber richtet vielfach auf mit den Worten: „Habt keine Angst!" (Mt 17, 6). Dieser Zuruf begleitet sein Heilungshandeln, bei dem der Glaube der Furcht entgegentritt (Mt 9, 22). So kann Jesus auch das Angstgeschrei seiner Jünger beim Seesturm als *Kleinglauben* tadeln (Mt 8, 26). „Angst" motiviert schließlich den „faulen und nutzlosen Knecht", das ihm überlassene Talent zu vergraben, statt mit ihm risikofreudig zu wirtschaften (Mt 25, 25). Diese klaren Verhältnisse der Zuordnung von Angst und Unglaube prägen schon das spätalttestamentliche Weisheitsbuch: Die ägyptische Plage der Finsternis entfaltet sich vor allem durch die Angst, die die Ägypter in der Dunkelheit empfinden, weil der Verlust des Gesichtssinns die inneren Phantasmen mächtig werden lässt (Weish 17, 20). Wo dagegen der Glaube an Gott herrscht, werden die Dinge nüchtern und realistisch gesehen. Angst und Furcht werden damit dem Reich der Phantasie zugeschrieben, dessen Phantasmen den Realismus des gläubigen Menschen nicht irritieren können.

Ganz so radikal bleibt es mit der Zurückweisung der Angst bei den Klassikern der Theologie nicht. Augustinus verteidigt gegen die Programmatik der spätantiken Stoiker den Rang menschlicher Gefühle. Mögen Furcht *(timor)*, Traurigkeit, Liebe und Freude aus „gerechtem Grunde" empfunden werden und sich kein Christ der hohlen Prahlerei der Gefühllosigkeit verschreiben.[1] Den gerechten Grund der Furcht

---

[1] Augustinus von Hippo, Vorträge über das Johannesevangelium, 60, 3 (BDK:

sieht Thomas von Aquin darin, dass die Furcht Menschen davon abhält, sich den Übeln *(mala)* auszusetzen, die mit Schwierigkeiten *(dif-
ficultates)* verbunden sind. Solche Furcht aber muss durch Tapferkeit
(fortitudo) dann überwunden werden, wenn die erwähnten Schwierigkeiten sich als Hindernis *(impedimentum)* dem entgegenstellen, was
die kluge Vernunft als richtiges Ziel des Handelns erkennt.[2]

Damit ist eine Interpretationslinie vorgegeben für die Auslegung der
Angst-theologisch provozierendsten Stelle des Neuen Testaments.
Jesus selbst wird am Abend seiner Gefangennahme im Garten Ge-
thsemane von Furcht heimgesucht. Die Evangelisten benennen die
Angst Jesu nicht mit dem ansonsten bei Ihnen für Angst gebräuchli-
chen Begriff „phobos", sondern verwenden jeweils eigene Begriffe, die
innere Beunruhigung (Mk 14, 33: *ekthambeisthai kai ademonein*) und
Traurigkeit (Mt 26, 37: *lypeisthai*) zum Ausdruck bringen. Lukas gebraucht den Begriff „agonia" (Lk 22, 44), der die innere Anspannung
im Zustand der Todesbedrohtheit – etwa vor dem Kampf – ausdrückt.
Die terminologische Vielfalt verdeutlicht, wie die Evangelisten bereits
um ein Verständnis der Angst Jesu ringen mussten. Dieses Ringen
wird zu einem Streitthema der Christologie bis in das 7. Jahrhundert.
Auf der Grundlage der Gethsemane-Erzählung wehrt sich der griechische Theologe Maximus Confessor (580-662) trotz des ihn deswegen
treffenden Verlustes kirchlicher und weltlicher Ämter sowie trotz kai-
serlich gegen ihn verordneter Haft, Folter und Verstümmelung hartnä-
ckig dagegen, von Jesus als dem Mensch gewordenen Gott zu be-
haupten, er habe keine menschlichen Gefühlsregungen und folglich
keine Angst empfinden können.[3]

Insbesondere die abendländische Christenheit ist der Spur des Maxi-
mus Confessor gefolgt, wenn sie den Gekreuzigten als offensichtlich
Leidenden verehrt. In der Gotik kommen die Darstellungen des
Schmerzensmannes und des zu Grabe Gelegten hinzu. Aber auch die
Gethsemane-Stunde wird vielfältig künstlerisch gestaltet. Das Abend-

---

   Augustinus 6, 23)
[2] Thomas von Aquin, Summa theologica, I-II, q. 123, a. 3
[3] von Balthasar 1986, 135-160

land findet in seiner Konzentration auf die Leiden und Schmerzen der Menschennatur Jesu sein besonderes theologisches Profil.[4]

Eine erste, in sich konsistente, nachvollziehbare Theologie der Angst lässt sich so zusammenfassen: Menschen als endliche Wesen fürchten sich vor empfindlichen Übeln. Letztlich fürchten alle den Tod als die eigentliche Schärfe jeden Übels. Diese Furcht ist natürlich und gut, weil sie vor Leichtsinn bewahrt. Sie ist aber auch eine Gefahr, wo sie Menschen abhält, das als richtig Erkannte mutig zu tun, ja, wo sie möglicherweise Menschen davon abhält, mit intellektuellem Mut das Richtige als richtig zu erkennen. Der tugendtheoretisch gedachte Umgang mit der Furcht zielt darauf, die kreatürliche Furcht durch die Tugenden von Klugheit und Tapferkeit nutzbringend zu hegen. Der fraglose Glaube an Gott als den zuverlässigen letzten Sinnhorizont von Vernunft und Willenskraft begründet den Optimismus des tugendtheoretisch entfalteten Umgangs mit der Angst, die in diesem Zusammenhang sinnvollerweise besser „Furcht" genannt wird.

2. Namenlose Angst der Leere

Der Nervenarzt und Dichter Georg Büchner (1813-1837) beschreibt als eine seiner Figuren in der Novelle „Lenz" den romantischen Dichter Jakob Michael Reinhold Lenz bei einer fluchtartigen Überlandwanderung durch die Hochvogesen. Die drängende Natursehnsucht des romantischen Dichters deutet Büchner in seiner Interpretation jenes 20. Januars 1778, an dem Lenz zu Oberlin reiste, als Flucht vor der Fühllosigkeit, der Lenz auch mit allerlei autoaggressiven Akten zu begegnen sucht. Bei Einbruch der Dämmerung allerdings fällt den Wanderer im Gebirge „eine namenlose Angst in diesem Nichts" an. Er rafft sich auf und eilt den Abhang hinunter, um Zuflucht zu finden im trauten Pfarrhaus des Johann Friedrich Oberlin. Die Flucht des Romantikers misslingt schließlich. Nach einem zunächst erholsamen Aufenthalt bei Oberlin muss schließlich der täglich auffälliger werdende Lenz zurück nach Straßburg verbracht werden. In den letzten Sätzen der Novelle heißt es jetzt: „Er schien ganz vernünftig, sprach mit

---

4   Schwager 2014, 243-296

den Leuten; er tat alles, wie es die anderen taten, es war aber eine
entsetzliche Leere in ihm, er fühlte keine Angst mehr, kein Verlangen;
sein Dasein war ihm eine notwendige Last. – So lebte er hin."[5]

„Namenlose Angst" ist nicht einfach große Angst, sondern Angst, die
anders als Furcht nicht handhabbar ist. Es handelt sich nicht mehr um
die Furcht vor einem überschaubaren Übel. Der ganze Mensch wird
aufgewühlt. Buchstäblich *alles* erscheint als sinnlos und leer. Mit dieser Beunruhigung reagiert die Romantik bis weit in die literarische
Moderne hinein auf die seit der Aufklärung immer offensiver durchra-
tionalisierte Welt. Sie erscheint als hohl und jederzeit vom Offenbar-
werden ihrer Sinnlosigkeit bedroht.

Aufgeklärte Rationalität realisiert sich überwiegend als Zweck-Mittel-
Rationalität.[6] Der Sinn von Dingen und Zuständen bemisst sich danach, dass sie *für etwas* gut sind. Sie sind zweckdienlich. Alltags-
sprachlich spiegeln Menschen die Beschränkung der Sinnfrage auf
die Zweckdienlichkeitsaussage mit einer Parole wie: „Jeder ist ersetz-
bar!" Wenn der Sinn des Lebens in der Dienlichkeit besteht, bedeutet
die Absetzbarkeit dann nicht, dass der Sinn vom einen Sinnträger auf
den anderen übergeht und das Leben des ersteren sinnlos wird? Zumindest wird dieser Zusammenhang oft so erlebt. Seine Bewältigung
mit dem Hinweis, man müsse sich halt nur neue Ziele und andere
Zwecke des Lebens suchen, trägt nur so lange, wie solche Sinn- und
Zwecksuche Aussicht auf Erfolg hat, sei es, weil der Betreffende auch
im Alter über gefragte Qualifikationen verfügt, sei es, weil er neben
seiner Berufstätigkeit in anderen Feldern seine Zweckdienlichkeit erlebt.

Immanuel Kant sieht die Gefahr der Ableitung des Sinns aus der
Zweckdienlichkeit und stellt ihr die vierte Formulierung seines Kategorischen Imperativs entgegen. Es ist ein kategorisch gültiger, also immer und jederzeit unter allen Umständen zu beachtender Imperativ,
dass Menschen niemals bloß und ausschließlich als Mittel zu fremden
Zwecken, sondern immer auch als *Zweck an sich selbst* zu achten

---

5   Büchner 1980, 69, 89
6   Horkheimer 1967; Horkheimer und Adorno 1971

sind.[7] Kant verstand seinen Kategorischen Imperativ als das *Prinzip der Vernunft*, insofern sie das menschliche Handeln anleitet und deshalb „Praktische Vernunft" heißt. So fundamental Kants Prinzip der Praktischen Vernunft für die ethischen Diskussionen der Gegenwart bleibend ist, so unanschaulich und formal ist dieses Prinzip. Es lässt sich ausgesprochen schlecht in das menschliche Fühlen und Vorstellen abbilden. Leicht wird es so zu einem *letzten* Prinzip, das *letztlich* natürlich gilt. Aber wann ist schon letztlich? Im Vorletzten gilt die ökonomische Rationalität, die das Prinzip der Zweckdienlichkeit an Operationen mathematisierter Effizienzberechnung bindet. Je wirtschaftlicher die Vernunft wird, je ökonomischer die Rationalität, umso ferner rückt ihr der normative Gedanke der Selbstzwecklichkeit. Menschen gewöhnen sich daran, den Sinn ihres Daseins in ihrer Zweckdienlichkeit zu sehen.

3. Programmatische Angstlosigkeit

Die namenlose Angst der Neuzeit, dass da kein absoluter Sinn ist und ein relativer nur, solange Zweckdienlichkeit gegeben ist, hat seit der Romantik durch Gewöhnung erheblich an Schrecken verloren. Angesichts unseres Zweifels, dass Leben überhaupt einen Sinn in sich selbst hat, ein Zweck an sich selbst sei, fällt dem postmodernen Zeitgenossen nicht mehr der Schrecken der Leere an, die Georg Büchners Lenz durchs winterliche Hochgebirge trieb. Die Postmoderne pflegt die Verzweiflung angesichts letzten Sinns temperierter. Das Prinzip der praktischen Vernunft wird in den ethischen Diskussionen um Lebensanfang und Lebensende angewandt. Es verliert jedoch in der alltäglichen Selbsterfahrung zunehmend an Plausibilität. Menschen, die durchaus bereit sind, für Schwerbehinderte Opfer zu bringen und sich einzusetzen, schrecken davor zurück, für die eigene

---

7   Immanuel Kant, Grundlegung zur Metaphysik der Sitten, BA 67: „Der Grund dieses Prinzips [der praktischen Vernunft, R. M.] ist: die vernünftige Natur existiert als Zweck an sich selbst. So stellt sich notwendig der Mensch sein eigenes Dasein vor; so fern ist es also ein subjektives Prinzip menschlicher Handlungen. So stellt sich aber auch jedes andere vernünftige Wesen sein Dasein, zufolge eben desselben Vernunftgrundes, der auch für mich gilt, vor; also ist es zugleich ein objektives Prinzip, woraus, als einem obersten praktischen Grunde, alle Gesetze des Willens müssen abgeleitet werden können."

Pflege oder Versorgung im Alter andere belasten zu wollen. Gegen die Zurückweisung des Prinzips der Selbstzwecklichkeit anderer wehrt sich unser Über-Ich. Dass aber Kant mit gutem Grund das Prinzip der Selbstzwecklichkeit als ein formales formulierte, das die Menschheit sowohl in der eigenen Person als auch in der Person eines jeden anderen betrifft, wird häufig überlesen. Auf diese Weise gehen die sinnliche Anschaulichkeit und Plausibilität des Prinzips der Selbstzwecklichkeit schleichend verloren.

Die gesellschaftlich wahrscheinlich wirkmächtigste Anthropologie dürfte wohl die mikroökonomische Anthropologie des *homo oeconomicus* sein.[8] Endlichkeit und Sterblichkeit des Daseins werden von ihren Theoretikern mithilfe des evolutionsbiologischen Theorems vom genetischen Egoismus gelöst. Auch angesichts des individuellen Todes ist die Antwort auf die Frage nach dem Sinn der Verweis auf die Zweckdienlichkeit. Auch wenn ich sterbe, so dient auch noch mein Tod dem Überleben meiner Gene. Man liest Auskünfte dieser Art allenthalben. In Zeiten lebensweltlich sinkender Reproduktionsraten bleiben sie dennoch für das Empfinden der Menschen unplausibel. Schlimmstenfalls verbindet sich mit der Nachwuchslosigkeit im Kontext des Genegoismus ein finales Unwerturteil. Ihm mag es entsprechen, dass Menschen zunehmend das Bedürfnis zeigen, angesichts des eigenen Todes keine Umstände zu machen. Rainer Marie Rilke schildert das veränderte Verhältnis zum Tod zu Beginn seines Romans „Die Aufzeichnungen des Malte Lauriz Brigge". Der Großvater des Icherzählers, so der Roman, habe einen „großen Tod" in sich getragen, der über Tage und Wochen in ihm danach schrie, selbst zu sterben, der einen ganzen Schlosshaushalt mit Bediensteten und Hunden in das große Geschehen in den Bann schlug. Ihm steht das „fabrikmäßige" Sterben in den 559 Betten des Pariser *Hotel-Dieu* gegenüber, in dem an „einen gut ausgearbeiteten Tod" nicht zu denken ist. Aber, so Rilke, auch die Reichen, „die es sich noch leisten könnten, ausführlich zu sterben, fangen an, nachlässig und gleichgültig zu werden; der Wunsch, einen eigenen Tod zu haben, wird immer seltener."[9] Die Ba-

---

[8]   Miggelbrink 2009
[9]   Rilke 1963, 11-16

nalisierung des Todes, die der Dichter 1910 angesichts der Hospitali-
sierung des Todes in den Großstädten bemerkt, wird ab 1914 zu einer
eine ganze Generation traumatisierenden Erfahrung. In den Schüt-
zengräben des Ersten Weltkrieges hatte man leise zu sterben. Der
Trend setzt sich fort in der schnellen und unmerklichen Beseitigung
der Leiche durch Kremierung mit anschließender spurloser Beseitigung im Friedwald oder Ruheforst. Wer die Symbole der Unausweichlichkeit des Todes aus den Städten, Biografien und Familien-
inszenierungen verdrängt, mindert die Brutalität, mit der die Beantwortung der Sinnfrage mit der Zweckdienlichkeitsauskunft angesichts der
finalen Sinnlosigkeit des Daseins überhaupt ins Leere läuft. Angebote
der Sterbehilfe assistieren bei der Umsetzung des postmodernen
Programms vom machbaren Tod.

Alle Angst ist letztlich Angst vor dem Tod. Die Programmatik des
machbaren Todes dient der Programmatik der Angstlosigkeit. Den
Angstlosen kann das Wort Jesu „Fürchte dich nicht!" nicht erreichen,
weil er programmatisch angstfrei ist. Manche Menschen reagieren
heute auf den Wunsch eines guten Tages mit der Entgegnung
„...werde ich haben!". Ganz ähnlich möchte der programmatisch
Angstfreie angesichts aller Drohungen seines Lebens auf das Jesus-
Wort „Fürchte dich nicht!" antworten „Keine Sorge, ich fürchte mich
nicht!"

4. Angst als Frucht der Sünde

Von dem ersten Menschen Adam berichtet die Genesis, dass er sich
nach dem sogenannten Sündenfall vor Gott versteckte, weil er „in
Furcht" vor Gott geriet (Gen 3, 10). Eugen Drewermann deutet die Erzählung von der Ursünde als die Geburt der Angst aus dem ver-
weigerten Vertrauen des Menschen gegenüber Gott.[10] Die Angst aber
mache den Menschen erst zu einem gefährlichen Wesen, das *aus
Angst* nicht nur gewalttätig wird, sondern auch zu einem Wesen, das
mit allen anderen um Lebenschancen und Vorsorge konkurriert. Die
Angst, die letztlich Angst vor der Beziehungslosigkeit des Todes ist,

---

[10] Drewermann 1982 Bd. III, 576-578

ja, des „Nichts" ist, wird so zu einem Prinzip des Bösen. Die Erlösung durch Jesus Christus ist unter dieser Prämisse als die Überwindung der Angst durch die Heilszusage Jesu und sein exemplarisch angstfreies Leben denkbar.

Der dänische Theologe Søren Kierkegaard (1813-1855) lieferte die Grundlage für diese Sicht auf die Angst. Angst ist keine Erfahrung so unmittelbar wie der Schmerz. Angst erwächst aus dem Verhältnis, das ein Mensch der Welt gegenüber einnimmt. Wo dieses Weltverhältnis durch den Schauder vor Vergänglichkeit, Vergeblichkeit und Tod bestimmt wird, wo ein Mensch in den schwindelerregenden Strudel des Nichts gesogen wird, da gewinnt die Angst Macht im Leben eines Menschen.

Diese Selbstpositionierung gerät durch die Erbsünde in den Sog der Sorge des einzelnen um sich selbst.[11] Die Erlösung von der Erbsünde beinhaltet die Anerkenntnis des eigenen Sünderseins. Der Glaube schafft die Angst nicht weg. Sie wird jedoch durch das Vertrauen in Gott verändert. Die Angst verliert im Glauben ihre Tendenz zur vernichtenden Totalität des Alles oder Nichts, indem im Lichte der Hinwendung zur Unendlichkeit Gottes die Endlichkeit des Lebens in seiner Endlichkeit erkannt wird. Mit der solchermaßen entmachteten Angst können und sollen Menschen leben, indem sie sich nicht panisch mit der fatalen Tendenz zur Selbstauslöschung unter die Totalität der Sorge beugen, sondern hoffnungsvoll auf den in Gott geborgenen Sinn hin leben und dabei getrost die Sorgen und Ängste des Lebens als das Geschick der Endlichen ertragen.[12]

Drewermann interpretiert Kierkegaard unter Betonung des personalen Beziehungsaspektes von Gott und Mensch: Angst wird durch Vertrauen und Beziehung überwunden, und das heißt eigentlich: „nicht überwunden". Beziehung nämlich ist immer durch Ambivalenz gekennzeichnet. Die Versicherung versucht die Ambivalenz der Beziehung als Handikap der Verlässlichkeit auszugleichen, indem sie dem Versicherungsnehmer eine möglichst große Versicherungsgemeinschaft

---

11 Kierkegaard 1958, 54ff
12 A.a.O. S. (Kp. 5)

bietet, bei der mit aller Wahrscheinlichkeit davon auszugehen ist, dass eine hinlängliche Anzahl von Versicherten dem einzelnen Versicherungsnehmer die ausreichende Unterstützung in den Wechselfällen seines Lebens garantieren kann. Das funktioniert allerdings nur bei sehr klarer und deutlicher Einschränkung der Risiken. Keine Versicherung versichert das ganze Leben.

Allerdings muss Ambivalenz, insofern sie durch Beziehung verursacht wird, nicht nur als Mangel an Verlässlichkeit und Sicherheit erlebt werden. Beziehung kann vielmehr als eine gegenüber der Versicherung höherrangige Form der Sicherheit empfunden werden. Der Leistungsumfang ist nicht klar beschränkt. Im Gegenzug verbietet sich bei der Konzeption von Sicherheit auf der Grundlage von Beziehung die Ausnutzung der Beziehung. Über die Absicherung hinaus beinhaltet die Sicherheit durch Beziehung einen Mehrwert. Die Erfahrung des Empfangens einer freiwilligen Gabe wird heute von Sozialtheoretikern und Theologen als Urerfahrung der Sozialität verstanden.[13] Sozialität basiert auf der Erfahrung glückenden, freiwilligen In-Beziehung-Tretens, wie es mit der symbolischen Grundsituation des Gebens eröffnet wird: Der Empfänger fühlt sich beschenkt und zur würdigen Gegengabe gedrängt. Auf der Grundlage der Gabe kann menschliche Gemeinschaft nicht als etwas dinghaft Objektives begriffen werden, das eben da ist und mit dem man umgehen und hantieren kann. Gemeinschaft wird vielmehr immer neu aus der Hinwendung zum anderen in der Vorleistung der Gabe und aus der Antwort auf die Gabe des anderen in der Gegengabe geboren.[14] Damit aber steht Gemeinschaft nicht auf betonfesten Fundamenten, wie wir es von unseren Institutionen anzunehmen gewohnt sind. Gemeinschaft steht auf dem schwankenden und ungewissen Fundament des wechselseitigen Miteinander-in-Beziehung-Tretens. Die Angst, verlassen zu werden, ist damit inhärenter Bestandteil der Beziehung. Sie zu vermeiden, ist das Bemühen aller, die Beziehungen vertraglich und institutionell absichern wollen oder die sich durch eine geheime *reservatio mentalis* im Voraus auf das Scheitern der Beziehung einstellen. Wo dagegen

---

13 Hoffmann 2013; 2011; 2009
14 Ricoeur 2006, 196-306; 1990

Chance und Größe der Beziehung in ihrer Abhängigkeit von der freien Treue des jeweils anderen bejaht werden, setzen sich Menschen im Maß ihres wachsenden Vertrauens der Unausweichlichkeit ihrer Furcht aus, dass sich dieses Vertrauen nicht als gerechtfertigt erweisen könnte.

Auch in dem theologisch bedachten Verhältnis des Menschen zu Gott werden Furcht und Angst nicht vollkommen überwunden. Der Begriff der Überwindung hat die falsche Implikation, das überwundene spiele nach seiner Überwindung keine Rolle mehr. Da die Überwindung der Angst durch das Vertrauen des Menschen zu Gott von diesem Vertrauen abhängt, ist die Angst nie wirklich überwunden, sondern immer neu zu überwinden. Die große theologische Tradition zeigt äußerstes Misstrauen gegenüber der Fähigkeit von Menschen zu wirklich freien Akten des Über-sich-Verfügens. In der Gnadenlehre wird seit Augustinus die Erfahrung reflektiert, dass die Fähigkeit zum glaubenden Vertrauen nicht der freien Tat des Subjekts entspringt, sondern dem Handeln Gottes am Menschen, das Menschen als Handeln Gottes am Menschen annehmen dürfen. Damit aber wird die Überwindung der Angst aus der Sünde zu einem Moment des erlösenden Handelns Gottes am Menschen, auf das Menschen aufmerksam sein können, das sie erwarten, erhoffen und erbeten können, über das sie aber nicht verfügen. Das Wort des Auferstandenen an die Frauen „Fürchtet euch nicht!" (Mt 28, 5) richtet sich an Menschen, die auf ihrem Weg mit Jesus von Nazareth Fortschritte darin gemacht haben, in ihrem Leben das verlorene Vertrauen in den guten Grund des Daseins wiederzufinden. Es erreicht sie, während hinter ihnen die bewaffneten Bewacher des Grabes vor Furcht zitternd wie tot niedersinken (Mt 28, 4).

5. Statt Überwindung: Leben mit Angst und Sorge

Der Begriff der Überwindung suggeriert wie derjenige der Bewältigung Abgeschlossenheit und Endgültigkeit. Wenn die Überwindung der Angst aber ein Moment am wachsenden Vertrauen zu Gott ist und mithin ein Moment an der unverfügbaren Beziehung des einzelnen Menschen zu Gott, dann sind Angst und Furcht nie endgültig überwunden, sondern immer neu zu überwinden. Betrachtet man diese existenzielle Form der je neu geschenkten Überwindung der Angst unter der Perspektive der mit ihr verbundenen menschlichen Tätigkeit, so verbieten sich alle transitiven Verben, weil sich in ihnen das am Subjekt-Objekt-Denken orientierte Modell der Herrschaft ausdrückt. Überwindung der Angst ist aber nach dem hier Gesagten weder Beherrschung der Angst noch all der Wirklichkeiten, die menschliche Furcht auslösen. Als Moment an der Gottesbeziehung ist Überwindung der Angst Erwarten göttlichen Handelns. Der Begriff des Umgangs mit der Angst erscheint als die angemessenere Formulierung. Sie umfasst verschiedene Aspekte christlicher Lebenskunst.

Ein erster, biblisch sehr breit belegter Aspekt christlicher Lebenskunst angesichts der unvermeidlichen Angst im Dasein ist die freie Artikulation dieser Angst. Insbesondere die Psalmenbeter sprechen über das, was ihnen Angst macht. Sie malen ihre Angst aus, sie suchen nicht beschwichtigende, herunterspielende, verharmlosende Vergleiche, wie wir sie von den Filmhelden Hollywoods erwarten. Im Gegenteil, die Psalmenbeter schreien ihre Beunruhigung heraus. Sie bringen zum Ausdruck, wie die Erfahrung des Ausgeliefert- und Bedrohtseins die eigene Beziehung zu Gott infrage stellt und bedroht. Sie ringen nicht in christlicher Ergebung um ihre eigene Treue gegenüber Gott, sondern klagen Gott gegenüber dessen Aktivität ein. So vermeiden sie Moralismus und Unaufrichtigkeit und zeigen eine Haltung, die die christliche Glaubensreflexion als Wissen des Christen um seine Angewiesenheit auf Gottes Handeln kennt und mit dem Begriff „Gnade" benennt.

Wird die Angst durch die „Mächte und Gewalten" ausgelöst, so kann die Klage über die eigene Angst und Not auch die Gestalt der Anklage der bedrängenden Mächte annehmen. In der Anklage werden Ursachen der Angst erkannt und benannt. Die Angst verliert so ihre Namenlosigkeit, die den Umgang mit der Angst bis zur Unmöglichkeit erschwert. Wo die Angst einen Namen bekommt, verliert sie ihre quasi göttliche Allmacht, die ihr gerade da zugesprochen wird, wo ihr das Attribut des vermissten Gottes beigelegt wird. Klage und Anklage lassen die Angst und ihre Ursachen zu Bewusstsein kommen und wären gefährdet, in die Illusionen der gewaltförmigen Beseitigung der Angst zu führen, wenn Klage und Anklage nicht ihren Ort hätten in dem betenden Beziehungshandeln zwischen Mensch und Gott.

Umgang mit der Angst schließt die Akzeptanz der Unüberwindbarkeit der Angst ein. Solange Menschen als sterbliche und endliche mit ihren ihnen verbundenen Menschen in einer gefährlichen und bedrohlichen Welt leben, kann es eine endgültige Überwindung der Angst nur um den Preis der Ignoranz und Gefühllosigkeit geben. Statt Angst als zu überwindendes Problem zu begreifen, geht es darum, Angst als unaufhebbares Existential, als menschliches Leben dauerhaft prägende Wirklichkeit zu begreifen. Diese Angst verliert ihre zerstörerische, einschüchternde, menschliches Selbstsein paralysierende Kraft im hoffenden Vertrauen auf Gott. Dieses Vertrauen ist nicht moralisch kommandierbar. Es kann nur wachsen mit der je individuellen Bewegung eines Menschen auf den guten Grund allen Seins hin.

Beim Erlernen von Vertrauen kann der Beistand anderer Menschen hilfreich sein. Andere Menschen können mit ihrer Zuwendung in Angst und Sorge die obsessive Totalität der Angst bannen und zum Symbol des Vertrauens werden, das die Angst bändigen kann.

Die Bändigung der Angst ist bedeutsam, weil im Anschluss an Kierkegaard und Drewermann mit Recht davon auszugehen ist, dass die Angst den Menschen zum Sünder macht, weil sie ihn dazu verleitet, aus Angst alles Mögliche auch gegen alle anderen zu unternehmen, nur um endlich angstfrei leben zu können. Die Bändigung der Angst zielt nicht auf das Ideal angstfreien Lebens, das eine gefährliche Illusion ist, sondern auf die Kultivierung eines solchen Umgangs mit der Angst, der die Angst erträglich macht und den Sichsorgenden handlungsfähig.

6. Die Sorge bleibt

Die Sorge um geliebte Menschen bleibt, auch wo Menschen die Furcht um sich selbst überwunden haben oder überwunden zu haben glauben. Sie überwindend abzulegen ist in einer christlichen Weltsicht durch das Liebesgebot gar verboten. Doch kann diese Gestalt sehr unterschiedlich gelebt werden. Sie kann für die geliebten Menschen zur Fessel werden, die die Entfaltung der eigenen Persönlichkeit verhindert. Wo sorgende Liebe gerade gegenteilig auf die Entfaltung des Du abzielt, muss sie den anderen als Endlichen bejahen, was im Horizont des Glaubens die Gestalt der Bejahung des Endlichen als Endlichen im Vertrauen auf die bergende, rettende und sinngebende Wirklichkeit des Unendlichen in seiner personalen Zuwendung annimmt. Die Ressource dieses personalen Vertrauens kann gepflegt werden. Sie schafft aber weder die Sorge um das eigene Selbst fort, noch die Sorge um die geliebten Menschen. Sie bietet nur die im Maße des wachsenden Vertrauens wachsende Aussicht, dass diese unüberwindlichen Ängste und Sorgen geborgen werden in eine Beziehung, die sie erträglich macht.

Die Erträglichkeit der Sorge um das eigene Selbst und die geliebten Menschen ermöglicht ein aktives, Risiken nicht scheuendes, Entscheidungen nicht vermeidendes Leben.

Die Erträglichkeit der Sorge um das eigene Selbst und die geliebten Menschen befähigt zu einer realistischen Sicht auf die eigene Endlichkeit als einer guten und heilshaften Wirklichkeit. Der Beter des 90. Psalms bittet um die Gabe, seine Tage zu zählen, auf dass er davon ein weises Herz gewinne (Ps 90, 12). Der Sinn der eigenen Sehnsucht nach Unendlichkeit besteht nicht in der Vermeidung jeden Risikos für unser endliches Leben, sondern erwächst aus der Zuwendung des Unendlichen als unverfügbare Gabe.

Die Erträglichkeit der Sorge um das eigene Selbst und die geliebten Menschen befähigt dazu, anderen die Freiheit ihrer eigenen Lebensgestaltung zu lassen.

In einem Interview erklärt der französische Romancier Michel Houllebecq die eigene Sehnsucht nach der Möglichkeit, an Gott glauben zu können, von der er vermutet, dass sie ihm wie den meisten Menschen abhandengekommen ist als „Tribut an die intellektuelle Ehrlichkeit". Als die schärfste Infragestellung der eigenen Unfähigkeit, an Gott zu glauben benennt er die Todesfälle geliebter Menschen: „Es ist schon etwas daran, dass mein Atheismus die Todesfälle in meiner Umge-

bung nicht überlebt." Johannes Röser hat Recht, wenn er dazu bemerkt: Dieser Gedanke widerspricht der durchschnittlichen Einschätzung, gerade der Tod geliebter Menschen provoziere über die Theo-
dizee den Zerfall der Glaubensmöglichkeit.[15] Houllebecq spricht eben
nicht vom jenseitigen Weltenherrscher, der Tode verordnet oder verhindert. Houllebecq spricht von seiner nie wirklich überwundenen Bindung an ein das Leben aller Menschen umfassendes Sinnverspre-
chen, ohne das Leben in seiner Kontingenz und Hinfälligkeit unerträglich wird.[16]

Sorge und Angst bleiben als unvermeidliche Begleiter des Lebens im
Modus seiner Endlichkeit. Der Umgang mit diesen Gefühlen, die das
Potenzial haben, das Leben zu lähmen und zu verunmöglichen, ist
schwerlich psychotechnologisch lernbar, weil die Infragestellung des
Lebens durch den Tod so total ist, dass sie Ziele und Methoden auch
der psychischen Selbstmanipulation umfasst. Der Glaube spricht von
der Möglichkeit des Umgangs mit der Angst, bei dem der endliche
Mensch seine immer berechtigte Sorge im Vertrauen auf den unendlichen Gott birgt. Dieser Umgang ist aber nicht eine Technik menschlicher Verfügbarkeit, sondern gnadenhafte Gabe Gottes, auf die Menschen sich hoffend, betend und vertrauend ausrichten. Dieser Glaube
begründet keine mechanische Bewahrung vor allen Übeln und keine
psychologische Beherrschbarkeit, sondern die Hoffnung auf Sinn in
seiner Unverfügbarkeit.

---

[15] Röser 2015, 143f
[16] Auf erheblich philosophicherem Niveau entwickelt der Philosoph Volker
   Gerhardt 2014 eine philosophische Theologie im Ausgang von der Sinnfrage.

Literatur

- Augustinus von Hippo, Vorträge über das Johannesevangelium, 60, 3 (BDK: Augustinus 6, 23)

- Balthasar, H. U. v. (^{3}1986): Kosmische Liturgie. Das Weltbild Maximus' des Bekenners, Einsiedeln

- Büchner, G. (1980): Lenz. In: Büchner, G. (1980): Werke und Briefe, München

- Drewermann, E. (^{4}1982): Strukturen des Bösen, 3 Bde., Paderborn,

- Kierkegaard, S. (1958): Der Begriff der Angst. In: Ders., Gesammelte Werke, übersetzt von Emanuel Hirsch, Düsseldorf

- Gerhardt, V. (2014): Der Sinn des Sinns. Versuch über das Göttliche, München

- Hoffmann, V. (2013): Skizzen zu einer Theologie der Gabe. Rechtfertigung – Opfer – Eucharistie – Gottes- und Nächstenliebe, Freiburg

- Hoffmann, V. (2011): Gabe und Opfer: Ambivalenzen der Wechselseitigkeit. In: Gottlöber, S., Kaufmann, R. (Hg.) (2011): Gabe – Schuld – Vergebung. FS Hanna-Barbara Gerl-Falkovitz, Dresden

- Hoffmann, V. (2009): Die Gabe – ein „Urwort" der Theologie? Frankfurt/Main

- Horkheimer, M., Adorno, T. W. (1971): Dialektik der Aufklärung, Frankfurt

- Horkheimer, M. (1967): Zur Kritik der instrumentellen Vernunft, Frankfurt

- Kant, I. Grundlegung zur Metaphysik der Sitten, BA 67

- Miggelbrink, R. (2009): Lebensfülle. Für die Wiederentdeckung einer theologischen Kategorie, Freiburg.

- Ricoeur, P.(2006): Wege der Anerkennung, Frankfurt (Parcours de la reconnaissance. Trois études, Paris, 2004)

- Ricoeur, P. (1997): Liebe und Gerechtigkeit, Tübingen (Amour et justice, Paris 1997)

- Rilke, R. M. (1963): Werke. Auswahl in drei Bänden, Frankfurt

- Röser, J. (2015): Der ungläubige-gläubige „Thomas" Michel Houllebecq. In: Christ in der Gegenwart, 67

- Schwager, R. (1986): Der wunderbare Tausch. Zur Geschichte der

Erlösungslehre, München

- Schwager, R. (2014): Dogma und dramatische Geschichte. Christologie im Kontext von Judentum, Islam und moderner Marktkultur. In: Schwager, R.: Gesammelte Schriften, hg. v. Jozef Niewiadomski und Mathias Moosbrugger, Bd. 5 (Freiburg 2014), S. 243-296.

- Thomas von Aquin, Summa theologica, I-II, q. 123, a. 3.

Hans-Jochen Jaschke

Die Ehre Gottes – der Mensch
- Eine Lektüre bei Irenäus von Lyon -

Anthropologie ohne Theologie ist blind, Theologie ohne Anthropologie ist lahm. Angeregt durch Albert Einsteins bekanntes Wort zu Naturwissenschaft und Theologie,[1] soll im Folgenden das Bedingungsverhältnis von Theologie und Anthropologie zum Thema gemacht werden. Diese dogmatische Vergewisserung erfolgt unter einem sehr begrenzten Anspruch. Ohne in eine systematisch-theologische Analyse oder Reflexion zu heilsamen Haltungen im Sinn einer angewandten theologischen Anthropologie einzutreten, will sie dazu einladen, einen ersten Grund, einen Horizont zu gewinnen. Auf ihn und im Blick auf ihn können heilsame Haltungen wachsen und Gestalt gewinnen, wie sie sich christlicher Glaubensgewissheit verdanken. Die angebotene Vergewisserung folgt Irenäus. Der Bischof von Lyon hat seinen Namen als Friedensstifter bewährt und kann als Vorbild für diesen grundlegenden bischöflichen Dienst dienen. Als Theologe hat er die Herausforderung der Kirche – das ist für ihn immer die große Schar der einfachen Gläubigen – durch eine Gnosis erfahren, die den Blick auf die Liebe Gottes zum Menschen in seiner konkreten Geschöpflichkeit verstellt, die salus carnis, das Heil und Heilung des Leibes verachtet und die materielle Welt als ein Abfallprodukt der Vernichtung preisgibt. Während die Gnosis die Welt verneint, sich in einem pneumatischen Selbstbewusstsein über sie erhebt und frei von allen Bindungen das Erwähltsein der Gnostiker behauptet, spricht Irenäus mit großer Eindringlichkeit von der Liebe als der vorzüglichen Geistesgabe an den Menschen, in der er als Geschöpf der Liebe Gottes antwortet und die von Gott gewährte Frucht bringen kann. In der Gottes- und Nächsten-

---

[1] „Naturwissenschaft ohne Religion ist blind – Religion ohne Naturwissenschaft ist lahm." Einstein 1936

liebe, nicht unter dem Anspruch höherer Erkenntnis findet der Mensch
zu sich.

In ausdrücklicher Begrenzung und Selbstbescheidung folgt dieser Beitrag dem bekannten Wort des Irenäus: „Die Ehre Gottes ist der lebendige Mensch, das Leben des Menschen ist das Sehen Gottes"[2]. Der
Satz, der einen Schlüssel für seine Theologie bildet und als Summe
seiner theologischen Einsicht gelten kann, soll eine Art Grundlegung
für eine theologische Anthropologie bilden, für eine anthropologisch
gewendete Theologie, für eine Anthropologie im Horizont der Rede
von Gott.

Die Begrenzung des Beitrags kommt auch darin zum Ausdruck, dass
er im Wesentlichen eine Lektüre des Irenäus anbietet. Er lässt den
Autor vor allem selber zu Wort kommen und bietet sparsame Erläute-
rungen an, die seine Texte in den Kontext seiner Theologie stellen.
Irenäus soll mit der Frische und Unmittelbarkeit seiner Sichten möglichst direkt zu uns sprechen und auf seine Weise heilsame Entdeckungen evozieren.

Von Gott und vom Menschen reden

Irenäus, der Theologe, der als einer der Ersten der christlichen Glaubensgestalt eine Fassung zu geben versucht hat, verbindet Gott mit
dem Menschen. Gott macht es sich zur Ehre, seine Herrlichkeit zeigt
sich darin, dass der Mensch ins Leben tritt und es als sein eigenes
erfährt. Menschliches Leben geht auf und entfaltet sich im Blick auf
Gott, der alles umfasst, die ganze Schöpfung und jeden Menschen in
ihr mit seinen „Händen" begleitet. Gott zu entdecken und zu sehen,

---

[2]   Für den Irenäustext liegt die neue Ausgabe in den Fontes Christiani vor:
      Irenäus von Lyon, adversus haereses, gegen die Häresien, übersetzt und ein-
      geleitet von N. Brox, Bd 1-5, Freiburg 1993-2001 (FC 8,1-5). Oft folge ich der
      Übersetzung von N. Brox. Die deutsche Ausgabe ist parallel zu lesen mit der
      führenden Edition in den sources chretiennes, Paris, les éditions du cerf 1964-
      1979. Mit Gewinn zu lesen ist immer noch das Bändchen von Hans Urs von
      Balthasar: Irenäus – Geduld des Reifens, Einsiedeln 1956, ebenso Hans Urs
      von Balthasar: Herrlichkeit II Fächer der Stile, Teil 1, S. 33-94, Einsiedeln
      1969. Für die Fachdiskussion s. die Handbücher zur Patrologie und TRE 16,
      258-268. Für das angeführte Zitat s. Buch IV 20,7 (FC S.166).

macht das Leben des Menschen aus. Gott ist für immer der „Freund
des Lebens" (Weisheit 11,26). Von Gott reden, heißt vom Menschen
reden. Vom Menschen sprechen, heißt, ihn in Gottes Licht zu stellen.
Heilsame Haltungen stehen und entwickeln sich in einer Atmosphäre,
die offen ist für Gott, geprägt durch den Glauben an ihn. Ein authenti-
scher, wahrhaftiger Glaube erfährt Gott in seiner Menschenfreundlichkeit. Dem Gottesbekenntnis Gestalt zu geben heißt, es auf den Menschen bezogen entwickeln. Der lebendige Mensch gewinnt Form, er
wächst in der Beziehung zu Gott. Sie entfaltet sich in heilsamen Haltungen, die dem Menschen gut tun. Heilsame Haltungen haben eine
transzendente Dimension. Sie wachsen und reifen, prägen sich aus in
der Beziehung zu Gott.

Der Satz des Irenäus steht unter einem hohen Anspruch. Er steht für
ein Gottesbild, das sich dem Menschen erschließt, für eine Gottesrea-
lität, die dem Menschen nicht fremd und bedrohlich erscheint, sondern
ihm so aufgeht, dass er zu sich selber kommen kann. So muss das
Motto Fehlhaltungen ausschließen, in denen der Gottesglaube zur
Ideologie gemacht wird, die den Namen Gottes für ihre Interessen
missbraucht oder neurotische Entwicklungen fördert.

Vom Großmut und Reichtum Gottes

In einem schönen Text beschreibt Irenäus Gottes Geschichte mit den
Menschen vom Anfang bis zum Ende.

„Gott hat den Menschen von Anfang an geformt, um ihm seine Freigebigkeit zu zeigen. Er erwählte die Patriarchen zu ihrem Heil. Er bildete das Volk, damit die Unbelehrbaren lernten, Gott zu folgen. Er be-
reitete die Propheten vor, um den Menschen auf der Erde daran zu
gewöhnen, seinen Geist zu tragen und Gemeinschaft mit Gott zu haben. Er, der keines Menschen bedarf, schenkte denen seine Gemeinschaft, die ihn nötig haben. Denen, die sein Wohlgefallen fanden, hat
er wie ein Architekt das Bauwerk des Heiles vorgezeichnet. Ohne
dass sie es sahen, gab er sich selber ihnen in Ägypten als Führer. Als
sie in der Wüste keine Ruhe fanden, gab er ihnen das Gesetz, das
ganz zu ihnen passte. Als sie ins gelobte Land gelangten, schenkte er

ihnen das Erbe, das ihnen entsprach. Schließlich schlachtet er denen, die zum Vater zurückkehren, das Mastkalb und schenkt ihnen das beste Gewand (vgl Lk 15,22f). So hat er in vielen Weisen die Menschheit in die Symphonie des Heils einbezogen. Johannes sagt deshalb in der Apokalypse: Seine Stimme war wie die Stimme vieler Wasser (Offb 1,15). Wahrhaft vielfältig sind die Wasser des Geistes Gottes, weil der Vater reich und vielfältig ist. Und durch sie alle ist das Wort – der Logos – hindurchgeschritten. Ohne Neid, zum Nutzen für alle, die sich ihm unterworfen haben, hat er der ganzen Schöpfung das passende und geeignete Gesetz gegeben."[3]

Irenäus zeichnet ein einladendes Bild, eine gewinnende Kurzbeschreibung der biblisch-christlichen Heilsgeschichte. Gott verbündet sich mit den Menschen. Freigebigkeit und Liebe zeichnen ihn aus. Das ganze Welten- und Menschheitsgeschehen ist davon bestimmt. Es gleicht einem Kunstwerk, einer großen Musik. Irenäus übernimmt aus dem Gleichnis vom verlorenen Sohn die Musik und den Tanz, die das Freudenfest über die Rückkehr bestimmen (Lk 15,25) und gewinnt so das eindrucksvolle Bild von der Heilsgeschichte als einer vielfältigen und mächtigen Musik, die unserem Verständnis von einer Symphonie entspricht. Gott – souverän und gerade so seiner Schöpfung verbunden – ist der Vater, der göttliche Logos, der Sohn und der unausschöpfliche Geist. Er macht sich offenbar, er begleitet den Menschen in einem Prozess des Wachsens und ruft ihn im Erlösungsgeschehen zu sich.

Mit der Gewissheit von der Erfahrung der Liebe Gottes zu seiner Schöpfung und zum Menschen bringt Irenäus einen entscheidenden Unterschied, ja Gegensatz zur religiösen Welt der Antike zum Ausdruck. Er tritt einer Vorstellung vom Neid der Götter entgegen, bei der diese als Konkurrenten der Menschen auftreten und eifersüchtig darüber wachen, dass es ihnen nicht zu gut geht. „Mir grauet vor der Götter Neide". Was mit Schillers Wort aus der Ballade vom Ring des Polykrates in die Spruchweisheit eingegangen ist, steht für die antike Grunderfahrung, die ein Herodot im Brief des Amasis an Polykrates

---

[3]   IV 14,2 FC S.106 ff

ausspricht: „Es freut mich, lieber Freund zu hören, dass es dir so wohlgeht, aber dein übermäßiges Glück ist mir bedenklich, weil ich weiß, dass die Gottheit neidisch ist."[4] Die Gewissheit von Gottes Liebe überwindet falsche menschliche Sichten, die auf Gott übertragen werden sollen. Gottes verschenkende Liebe zieht sich wie ein Leitmotiv durch das Werk des Irenäus. Gottes Menschenfreundlichkeit bildet die Grundmelodie seiner Theologie und Anthropologie, die aufzunehmen das Leben des Menschen reich machen soll.

Da die Realität der Liebe der Grund christlicher Gottesgewissheit ist, kann es vom Ansatz her keine Aufspaltung der Wirklichkeit im Sinne eines von der Gnosis vertretenen Dualismus geben: mit einer fremden, nur den Eingeweihten zugänglichen Gottheit und den Abfallprodukten einer seelischen und materiellen Welt. Die Wirklichkeit stellt eine umfassende von Gott bestimmte Ordnung dar, ein Gut, ein Positivum, durchwirkt und getragen von seinem Wesen, das im Gutsein, in der Liebe besteht. Irenäus, der kraftvolle Bestreiter gnostischer Verirrungen und Versuchungen, findet auch in der großen griechischen Philosophie, so bei Plato, die richtige Sicht auf Gott. Er hält den häretischen christlichen Gnostikern vor:

„Da zeigt sich noch Plato frömmer als sie. Er hat den einen, zugleich gerechten und guten Gott bekannt, der die Macht über alles hat und selber das Gericht ausübt. ,Der Gott, der, wie ein altes Wort sagt, Anfang und Ende und die Mitte aller Dinge in den Händen hält, geht immer den geraden Weg zum Ziel...' (Nom IV 71,6 a). Und Plato zeigt noch einmal, dass der Urheber und Schöpfer des Alls gut ist, indem er sagt: ,In einem Guten wächst niemals Neid, worauf er sich auch immer beziehen könnte' (Timaios 3,29e). Damit erklärt er die Güte zum Prinzip und zur Ursache der Erschaffung der Welt, nicht eine Unwissenheit, einen verirrten Äon, nicht die Frucht eines Fehltritts, nicht eine weinende und lamentierende Mutter oder einen anderen Gott und Vater."[5]

---

4   Herodot III 40. Jacob Burckhardt, Griechische Kulturgeschichte, Belin/Stuttgart 1898-1902. Bd. II, S. 98-108.

5   III 25,5 FC S.304f

Plato lässt menschliche Projektionen auf einen Götterhimmel zurück. Gott ist die Quelle der Idee des Guten, das Urbild des Guten, das im Kosmos wirksam werden will. Nur ein solches Denken ist Gottes würdig. Das Gute ist in der einen Gottheit präsent und wird in ihr mächtig, die die Christen als den Schöpfer und Erlöser, den Vater, den Sohn und den Heiligen Geist bekennen.

Gottes Offenbarsein für den Menschen

Zu dem Spitzensatz „Die Ehre Gottes ist der lebendige Mensch, das Leben des Menschen ist das Sehen Gottes"[6], tritt eine weitere gelungene Wendung des Irenäus: „Die Ehre des Menschen ist Gott, Empfänger des Wirkens Gottes und all seiner Weisheit und Kraft ist der Mensch."[7] Beide Aussagen bringen die christliche Gewissheit über Gott und den Menschen ins Wort.

Christliche Rede gefällt sich nicht in naiven Sicherheiten und ihnen entsprechenden Formulierungen. Irenäus musste sich als Bischof und Theologe einer Verfälschung und Auslösung des Christlichen durch die Gnosis entgegenstellen. In seiner Verantwortung für die Gläubigen musste er die kirchliche Gestalt des Glaubens sichern. Aber Irenäus weiß und spricht es aus, dass Gott immer alles menschliche Begreifen übersteigt. Gerade so vollbringt er das Unerhörte, das Wunder des Offenbarseins für den Menschen und das Offenstehen des Menschen für Gott. Anders gesagt: Nur vor dem bleibenden Geheimnis Gottes kann die biblisch-christliche Erfahrung von seinem Offenbarsein ausgesprochen und vermittelt werden. Beides gehört zusammen und macht den christlichen Anspruch und seine Herausforderung deutlich.

Irenäus hält den Gnostikern entgegen: „Würden sie die Schriften erkennen und in der Wahrheit belehrt sein, dann müssten sie wissen, dass Gott nicht so ist wie die Menschen, und dass seine Gedanken nicht sind wie die der Menschen [...] Er ist mehr als all das und deshalb unaussprechlich. Man nennt ihn mit gutem Recht den allesumfassenden Verstand, aber er gleicht nicht dem menschlichen Ver-

---

6   IV 20,7 FC S. 166 f

7   III 20,2 FC S. 246 ff

stand. Man nennt ihn ganz richtig Licht, aber ist ganz anders als das, was wir als Licht kennen. So wird der Vater aller Menschen keiner der menschlichen Begrenztheiten gleichen. So können wir ihn aufgrund seiner Liebe mit unseren Worten benennen, wissen aber, dass er sie in seiner Größe übersteigt" (II 13,3-4 FC S. 95 ff).

Irenäus stellt die unaussprechliche Größe an den Anfang. Jede Rede von Gott hat analogen Charakter. Sie wird möglich durch das Offenbarsein seiner Liebe als Bedingung eines wahrhaftigen Zeugnisses von Gott. Christliches Sprechen von Gott steht unter der Bedingung, dass er sich – auch worthaft – erschließt, und muss vor seiner unendlichen Größe verstummen. So steht das Sehen Gottes durch den Menschen unter einer dialektischen Spannung, die nicht zur einen oder zur anderen Seite hin aufgelöst werden darf. Gerade so wird das Unerhörte und Einzigartige der Offenbarung ausgesprochen.

Irenäus findet einladende Worte und Bilder:

„In seiner Größe lässt Gott sich nicht erkennen, weil es unmöglich ist, den Vater zu ermessen. In seiner Liebe aber, die uns durch sein Wort, den Logos, zu Gott führt, lernen alle, die ihm gehorsam sind, zu allen Zeiten, dass Gott so groß ist und dass er durch sich selber alles erschaffen, gemacht und gestaltet hat, so auch uns und unsere Welt" (IV 20,1 FC S.154 f).

So gibt Gott sich wirklich zu sehen, zu erfahren, und das durch sein Wort, den Sohn und den Geist. „Der Geist bereitet den Menschen für den Sohn Gottes vor, der Sohn führt ihn zum Vater, der Vater schenkt ihm die Unvergänglichkeit zum ewigen Leben, das jeder Einzelne dadurch gewinnt, dass er Gott sieht [...] Wer Gott sieht, empfängt Leben... ohne Leben zu leben, ist nicht möglich. Leben gibt es nur durch die Teilhabe an Gott, Teilhabe an Gott bedeutet, Gott sehen und seine Güte genießen" (IV 20,5 FC S.162 f).

Mit der Menschwerdung des Sohnes und der Sendung des Heiligen Geistes gibt Gott sich in der Fülle der Zeit zu sehen. Er nimmt im menschgewordenen Sohn die ganze Entwicklung des Menschen auf und holt sie ein. Am Ende werden die Menschen Gott sehen, „um zu leben, wenn sie durch die Schau unsterblich geworden und bis zu

Gott gelangt sind."[8] Irenäus gebraucht das einprägsame Bild von den „Händen Gottes". Gott selber, nicht irgendwelche anderen Kräfte, ist als Vater mit dem Sohn und dem Heiligen Geist ununterbrochen in und an seiner Schöpfung tätig. Er lässt seinen Menschen nicht los, um ihm für immer das Leben zu schenken."[9]

So entfaltet Irenäus die Ansage von Gottes Menschenfreundlichkeit. Gott, das unaussprechliche Geheimnis, ist in der Menschheitsgeschichte von Anfang an bis zum Ende wirksam. Er bleibt nicht für sich, sondern geht aus sich heraus. Als Vater Sohn und Geist umarmt er seine Schöpfung, holt er sie ein. Gott macht sich den lebendigen Menschen zur Ehre.

Des Menschen Ehre – das Leben vor Gott

Der Zusage, dass Gott sich den Menschen erschließt, entspricht auf der Seite des Menschen das Offenstehen für Gott und sein Wirken. Der Mensch kommt zu sich selber, sein Leben gewinnt Gestalt im Blick auf Gott und seine Einladung, ihm zu folgen. Mit der Formulierung, dass darin die Ehre, der Ruhm des Menschen liegt, zeigt Irenäus, dass Gott den Menschen nicht mindert, sondern ihm seine ganz eigene Schönheit und Würde gibt. Ohne jeden Anflug von Neidvorstellungen soll der Mensch werden und sein, der er ist. „Wie der Arzt an dem Kranken sein Können beweist, so manifestiert sich Gott an den Menschen."[10]

Die dem Menschen entsprechende Haltung ist die gläubige Bereitschaft für den größeren Gott. Sie ist bestimmt von der Liebe, die sich von Gott beschenkt weiß und wirksam wird in der Kraft seines Geistes.

Einige Texte mögen die Irenäische Sehweise illustrieren:

Für den Menschen gilt: „Schätze dein Wissen richtig ein. Versuche nicht im Unwissen über das, was gut ist, Gott selber zu übersteigen.

---

8   IV 20,6 FC S.164 f

9   Siehe nur V 7,4 FC S. 60 f

10 III 20,2 FC S. 248 f

Man kommt nicht über ihn hinaus. Denn dein Künstler ist grenzenlos.
Besser und nützlicher ist es, ungebildet und ohne viel Wissen zu bleiben und durch die Liebe Gott nahe zu kommen, als wenn man glaubt,
viel zu wissen und sehr erfahren zu sein und dabei seinen Herrn läs-
tert und einen anderen Gottvater erfindet. Darum hat Paulus gerufen:
„Die Gnosis bläht auf, die Liebe aber baut auf" (1Kor 8,1) [...]. Mehr
kann sich wohl niemand aufblähen, als dass jemand glaubt, besser
und vollkommener zu sein, als der, der ihn schuf und bildete, ihm den
Atem des Lebens gab und das Dasein selbst verlieh. Besser ist es, an
Gott zu glauben und in der Liebe zu bleiben, als... aus der Liebe her-
auszufallen, die den Menschen lebendig macht. Besser ist es, nichts
anderes wissen zu wollen, als Jesus Christus, Gottes Sohn, der für
uns gekreuzigt wurde (vgl 1Kor 2,2) [...]."[11]

Bei seiner Taufe „stieg der Geist Gottes [...] auf den Herrn herab [...].
Und ihn hat er wiederum der Kirche gegeben, da er den Parakleten
vom Himmel auf die ganze Erde sandte [...]. Wir brauchen notwendig
den Tau Gottes, damit wir nicht verbrennen und ohne Frucht bleiben,
damit da, wo wir einen Ankläger haben, wir auch einen Beistand finden. Der Herr vertraute dem Heiligen Geist seinen Menschen an, der
unter die Räuber gefallen war, und zahlte zwei königliche Denare,
damit wir durch den Geist das Bild des Vaters und des Sohnes empfangen, mit dem uns anvertrauten Denar Frucht bringen und ihn dem
Herrn vielfach zurückzahlen (vgl. Lk10,29-37)."[12]

„Der Herr selbst hat kein anderes, größeres Gebot gebracht als dieses
und es erneuert, indem er seinen Jüngern befahl, Gott aus ganzem
Herzen zu lieben und die anderen wie sich selbst (vgl. Mt 22,37-40)
[...]. Paulus sagt: ‚Die Liebe ist die Erfüllung des Gesetzes' (Rö 13,10)
[...]. Die Liebe vollende den vollkommenen Menschen und wer Gott
liebt, sei vollkommen in dieser und der kommenden Welt. Denn niemals werden wir aufhören, Gott zu lieben. Je mehr wir ihn schauen,
desto mehr werden wir ihn lieben."[13]

---

[11] II 25,4-26,1 FC S. 212 ff

[12] III 17,3 FC S. 214 ff

[13] IV 12,2 FC S. 90 f

Der Theologe und Bischof Irenäus zeigt in gewinnender Weise auf,
wie der Mensch seiner Ehre, Gott zu erfahren, ihn zu sehen, entsprechen kann:

„Von Anfang an ist der Sohn der Offenbarer – der Sprecher des Vaters, weil er von Anfang an mit dem Vater ist. Er hat [...] dem Men-
schengeschlecht die Verherrlichung, die Doxologie des Vaters aufge-
wiesen, in angemessener Weise und Ordnung, zur rechten Zeit und
zu seinem Nutzen. Wo Angemessenheit herrscht, da ist auch Harmonie. Wo Harmonie ist, da besteht auch der richtige Zeitpunkt, wo der
rechte Zeitpunkt getroffen ist, da gibt es auch den Nutzen. Darum ist
das Wort der Verteiler der Gnade des Vaters zum Nutzen der Menschen geworden. Ihretwegen hat er so große Heilsmaßnahmen –
Ökonomien getroffen und zeigte den Menschen Gott und stellte den
Menschen Gott vor. Aber er wahrte die Unsichtbarkeit des Vaters,
damit der Mensch nicht zum Verächter Gottes würde, sondern immer
ein Ziel hat, zu dem er voranschreitet. Und zugleich hat er Gott den
Menschen durch die vielen Heilsmaßnahmen – Ökonomien sichtbar
gemacht, damit der Mensch nicht ganz von Gott abfiele und zu sein
aufhörte. Denn die Ehre Gottes ist der lebendige Mensch, das Leben
des Menschen das Sehen Gottes. Wenn schon das Sichtbarwerden
Gottes durch die Schöpfung allen Lebewesen der Erde das Leben
gibt, dann gibt die Offenbarung des Vaters durch das Wort - den Logos noch viel mehr denen, die Gott sehen, das Leben."[14]

Gott steht am Anfang aller Schöpfung, er wirkt in ihr durch seine
Heilsgegenwart. In der Menschwerdung des Sohnes ist er als Mensch
sichtbar und verbindet den Menschen mit Gott. Mit dem Kommen Jesu Christi wird der Geist neu ausgegossen, um das Leben der Gläubigen zu prägen. Am Ende werden die Menschen in der Schau Gottes
unsterblich und gelangen zu ihm. Der Entwicklungsprozess der
Schöpfung und des Menschen ist bewegt von der Realität der Liebe.[15]

---

[14] IV 20,7 FC S. 166 f

[15] II 25,3 FC S. 213

Gott wirkt wie ein Künstler. Er bleibt immer der Lehrer.[16] Als weiser Architekt ist er der Garant für die große Konsonanz des Heils.[17]

Vor und mit Gott zu leben heißt, sich auf einen Prozess einlassen, sich auf einen Weg begeben. Der Mensch steht am Anfang seiner Entwicklung, gleicht einem Kind, das unter Gottes Güte lernen und wachsen muss, er braucht Übung und Gewöhnung auf dem Weg der Menschwerdung.[18] So ist ja auch Gott selber in den letzten Zeiten, in der Zeit des Neuen Bundes, in seiner Menschwerdung nicht in Größe und Herrlichkeit, sondern als Kind zu den Menschen gekommen, „so weit fassbar, wie der Mensch ihn fassen kann."[19] Der Mensch kann die Zeit seines Wachstums erfahren und sich in ihr bewähren, bis er einmal ganz nach dem Bild und dem Gleichnis Gottes gestaltet ist.

Welche Haltungen ein solcher Prozess in einem Menschenleben wecken kann, fasst ein gutes Wort des Lyoner Bischofs zusammen:

„Wie will jemand vollkommen sein, der gerade erst erschaffen ist? Wie unsterblich, der in seiner sterblichen Natur dem Schöpfer nicht gehorchte? Zuerst musst du die Ordnung des Menschen wahren, um dann an der Herrlichkeit Gottes teilhaben zu können. Nicht du machst Gott, sondern Gott macht dich. Bist Du ein Werk Gottes, so warte auf die Hand deines Künstlers, der alles zur rechten Zeit macht für dich, der du gebildet wirst. Bring ihm ein weiches und biegsames Herz entgegen, bewahre dir die Gestalt, in der der Künstler dich formte. Hab Feuchtigkeit in dir, damit du nicht verhärtest und die Spur seiner Finger verlierst. Bewahre die Gestalt, dann wirst du zum Vollkommenen aufsteigen [...] Wenn du aber gleich verhärtest, seine Kunst verschmähst und undankbar bist gegen ihn, weil du nur ein Mensch geworden bist, hast du in diesem Undank gegen Gott zugleich seine Kunst und das Leben verloren. Denn Schaffen ist das ganz Eigene

---

[16] II 25,4 FC S. 213, II 28,3 FC S. 229

[17] II 11,1 FC S. 77, IV 14,2 FC S. 107 ff

[18] II 25,3 FC S.212 f, II 28,1 FC S. 224 f, IV 38,1 FC S. 232 ff

[19] IV 38,1-4 FC S. 332-343

der Güte Gottes, geschaffen zu werden, das Eigene der Menschennatur."[20]

Im Licht der Menschenfreundlichkeit Gottes zeigt sich der Bischof der
Kirche in seiner ihm eigenen Menschlichkeit. Er lädt ein, den Freund
des Lebens zu erfahren und sich auf eine Werdegeschichte einzulassen, die der Mensch nicht überschauen oder vorweg nehmen, wohl
aber an sich spüren kann, indem er sich auf das Leben einlässt, das
Gott ihm zusagt. Im Blick auf Gottes Langmut und Barmherzigkeit darf
er sich entlastet wissen, nicht frei von Verantwortung vor dem immer
größeren Gott, aber befreit von der unerträglichen Überforderung,
sein Menschenmaß zu verlieren.

Heilsame Haltungen

Im Blick auf heilsame Haltungen, die dem Menschen entsprechen,
immer neu aufzudecken und zu entwickeln, sollte Irenäus zu Wort
kommen. Solche Haltungen geben dem Glauben Gestalt und erweisen sich als heilsam für das Leben. Das Axiom von Gottes und des
Menschen Ehre, die in einem Entsprechungsverhältnis stehen, gibt
die Grundrichtung für eine christliche Glaubensgestalt an, in der Theologie und Anthropologie verbunden sind. Auf einer solchen Grundlage
kann sich die Theologie aus einer menschenfremden Erstarrung lösen, kann die Anthropologie neue Aussichten gewinnen. Die Theologie stellt sich der Herausforderung, sich menschlichen Erfahrungen
neu zu öffnen, ihre Tiefe und Dynamik, ihre Transzendenz wahrzunehmen. Die Anthropologie gewinnt durch neue Dimensionen, die
dem Menschen Ehre machen. So können Fremdheiten und Fehlhaltungen überwunden, Entdeckungen gemacht werden, die das
Menschsein erschließen, es über sich hinausführen und heilsame
Wirkungen entfalten. Die Theologie erhält ein menschliches Gesicht,
die Anthropologie gewinnt an Tiefe und Weite.

Haltungen, die sich der Beziehung zu Gott öffnen, sind davon bestimmt, dass Gott nicht in Konkurrenz zum Menschen tritt, sondern
das Menschsein positiv fördert und Form gewinnen lässt. Der leben-

---

[20] IV39,1-2 FC S. 344 ff

dige Mensch wächst in der Beziehung zu Gott. Haltungen, die ihn auf Gott hin öffnen, dienen seiner Heilung. Sein Menschsein gewinnt: vor Gott geht ihm auf, wer er ist. Solche heilsamen Haltungen überwinden neurotische Fehlhaltungen einer lähmenden Angst und Erstarrung vor Gott. Sie überwinden ideologische Gottesbilder und reifen in der Erfahrung, dass der stets größere Gott die unausschöpfliche Realität der Liebe bleibt.

Eine Lektüre bei Irenäus kann den Einzelnen durchaus direkt ansprechen. Sie lädt ein, Gottes Menschenfreundlichkeit und Großmut zu entdecken und sie für sich zu realisieren. Gottes Offenbarsein als Mensch und in der Kraft des Geistes, kann vor müder Skepsis und agnostizistischen Befindlichkeiten bewahren. In der Gewissheit der Liebe als der göttlichen Grundrealität erfährt der Mensch sich in seinem Inneren berührt und erhält zugleich ein humanes Maß für das Leben als Einzelner wie in der Gemeinschaft. Das Wort von der Ehre, der Doxa, der Gloria erhebt den Menschen. Es hält die ihm eigene Würde und Größe fest. Als befreiend und entlastend kann die Einladung erfahren werden, sich als Mensch in seinem Wert zu erfahren, sich in seinen Grenzen zu akzeptieren, sich einer göttlichen Pädagogik zu öffnen und in einer heilsamen Geduld des Reifens zu üben.

Literatur

- Einstein, A. (1936): Aus meinen späten Jahren, 1936
- Irenäus von Lyon: adversus haereses, gegen die Häresien, übersetzt und eingeleitet von N. Brox Bd 1-5, Freiburg 1993-2001 (Fontes Christiani, FC 8,1-5)
- Balthasar, H. U. von: (1956): Irenäus – Geduld des Reifens, Einsiedeln
- Balthasar, H. U. von: (1969): Herrlichkeit II Fächer der Stile, Teil 1, S. 33-94, Einsiedeln
- Burckhardt, J. (1898-1902): Griechische Kulturgeschichte, Berlin/Stuttgart. Bd. II

Klaus Baumann

Heilsame Haltungen unter widrigen Systembedingungen? Beraterinnen und Berater im kirchlichen Dienst

Als ich im WS 2004/05 meine neuen Aufgaben an der Universität Freiburg übernahm, gab es eine Veranstaltung für die neuen Professorinnen und Professoren aus allen elf Fakultäten. Ein Biologe fragte mich, was ich – mit Kreuz am Revers als katholischer Priester erkannt – denn tue. Ich sagte Theologie und speziell Caritaswissenschaft. Beim Stichwort Caritas hakte er ein: Die habe er vor nicht allzu langer Zeit durch eine Paar- und Familienberatung kennengelernt. Seine Frau und er seien sehr dankbar für die Hilfe, die sie dort bekamen. Die Beratung habe wahrscheinlich ihre Ehe und Familie „gerettet". Wirklich gut sei das für sie gewesen – und dabei sei er nicht katholisch.

Dieses (erstaunlich persönliche) Gespräch beim Kennenlernen im Stehen mit Gläsern in der Hand lässt ahnen, welch ein (meist stiller) Segen die kirchlichen Beratungsstellen in unserer Gesellschaft weit über die ausdrücklich kirchlichen Gruppen hinaus sind. Auch die beeindruckenden Jahresstatistiken der Dienste über Beratungskontakte können das kaum einfangen. Denn was in der Beratung geschieht und was die Beratung Suchenden damit tun bzw. wie sie davon profitieren, liegt ganz besonders an und in dem Maß ihrer mehr oder weniger eingeschränkten Freiheit, zu der sie in ihren sozialen, zwischenmenschlichen Verhaltens- und Beziehungsmustern fähig sind bzw. neu fähig werden. Dass ihre Freiheitsmöglichkeiten und neue Einsichten aktiviert werden, dafür dient die kompetente Beratung in besonderer Weise. Hierfür spielen die Haltungen der Beraterinnen und Berater eine entscheidende, weil heilsame Rolle.

Die folgenden Überlegungen nehmen solche Haltungen der Beraterinnen und Berater in kirchlichen Beratungsdiensten unter der Perspektive in den Blick, dass sie in komplexen systemischen Verhältnissen arbeiten. Diese Verhältnisse sollen – ohne Anspruch auf Vollständigkeit, aber doch in wichtigen Grundzügen – skizziert werden. Ihre Reflexion im Licht der Anforderungen von kompetentem Beratungshandeln kann auch die Haltungen stärker erhellen und profilieren, welche in dieser Perspektive für die Beraterinnen und Berater und so auch für ihre Gesprächspartnerinnen und Gesprächspartner als hilfreich und heilsam erscheinen.

1. Systemisch – einige Unterscheidungen

Was meine ich mit systemisch angesichts der mittlerweile zahlreichen systemischen Ansätze auch in Psychotherapie und Beratung?[1] Aus der Soziologie finde ich besonders die auf den ersten Blick schwer verdauliche Systemtheorie Niklas Luhmanns hilfreich; im Feld von Psychotherapie und Beratung wären viele zu nennen, ich will nur an Pioniere im deutschsprachigen Raum wie Horst Eberhard Richter[2] und Helm Stierlin[3] erinnern sowie aktuelle(re) Autoren wie Arist von Schlippe und Jochen Schweitzer[4]. Was ist im Folgenden nun mit „System" und „systemisch" gemeint? Mehrere Unterscheidungen spielen für das weitere Verständnis eine elementare Rolle:

1. Als erstes ist (nach Luhmann) das System von seiner Umwelt zu unterscheiden. Die Umwelt ist nicht das System selbst und besteht aus weiteren, anderen Systemen, die das System jedoch ihrerseits beeinflussen können. Ein katholischer Beratungsdienst als System in der Stadt XY wird beeinflusst von anderen Beratungsdiensten in seinem Umfeld (wie zB. solchen der Diakonie oder der AWO oder der Parität) wie auch möglicherweise von Vorgängen in der Kirche, in Kirchengemeinden oder Diözesen – solche Systeme gehören zu der Umwelt dieses konkreten Beratungsdienstes.

---

[1] Vgl. Baumann 2013

[2] Richter 2007

[3] Stierlin 1971

[4] von Schlippe und Schweitzer 2007

2. Hinzu kommt die Unterscheidung von Systemebenen, wie System, Suprasystem und Subsystem. Das Suprasystem ist ein dem System übergeordnetes, das Subsystem ein untergeordnetes System. Diese Ebenen können zum Teil für sich, zum Teil aber auch nur miteinander betrachtet werden. Der Beratungsdienst als System hat als Subsysteme zB. die Leitung, die Verwaltung und die Berater/innen. Sein Suprasystem hingegen kann die diözesane Arbeitsgemeinschaft der katholischen Beratungsdienste sein oder auch die Trägerorganisation Caritasverband (wie im Fall meines Uni-Kollegen) oder das diözesane Seelsorgeamt; es kann aber auch die „Landschaft" der psychosozialen Beratungsdienste im (regulierten) Wettbewerb sein, die um öffentliche Refinanzierungen oder Zuweisungen konkurrieren. Als Suprasystem kann auch die Kirche selbst oder die säkulare Gesellschaft betrachtet werden, von denen beide die (kirchlichen) Beratungsdienste als Subsystem betrachten können.

Es kann nun verwirrend sein, dass die Perspektive entscheidet, wo die Unterscheidung von System und Umwelt wie auch von Systemebenen ansetzt. Denn es hängt davon ab, worum es geht, welche Wechselwirkungen relevant sind oder Einfluss auf die Sachlage und damit auch auf eine (mögliche Problem-) Lösung haben. Die richtige Wahl der Ebenen ist eine eigene „Kunst" oder „Kompetenz": werden relevante Ebenen nicht einbezogen, können alle gutgemeinten Lösungsversuche erfolglos bzw. unnachhaltig bleiben. Beraterinnen oder Berater können sich und ihr Beratungshandeln selbst als System, den Beratungsdienst als Suprasystem und ihre verschiedenen Haltungen oder auch ihre ganze Innenwelt als Subsystem betrachten. Welche Haltungen kommen im Beratungshandeln zum Tragen – etwa in der Gegenübertragung? Welche werden wie zurückgestellt? Welche werden weiterentwickelt oder scheinen dysfunktional? Fragen, die entsprechend auch auf anderen Systemebenen der Organisation bzw. Strukturen und natürlich ebenso bei anderen Mitarbeitenden gestellt werden können.

3. Neben der Unterscheidung von System und Umwelt und der von System, Supra- und Subsystem ist für soziale Strukturen besonders die Unterscheidung von Systemebenen als *Mikro-, Meso- und Makro-*

ebene etabliert. Die Mikro-Ebene ist die Ebene der Beziehung zwischen Einzelpersonen oder kleinen Gruppen, wo alle sich kennen und es zu direkten (face-to-face) Begegnungen kommt. Die Meso-Ebene baut sich aus mikro-sozialen Einheiten auf, zwischen denen oft keine direkten zwischenmenschlichen Begegnungen außer durch Mittelspersonen stattfinden. „Zu der Komplexität der Beziehungen in Kleingruppen [*scil.* Mikro-Ebene, KB] tritt nunmehr auch die der weniger persönlichen Zwischengruppenbeziehung als weitere Komplexitätsebene."[5] Als Meso-Ebene kann etwa die Ebene einer Organisation mit ihren Zielen, Aufgaben und Strukturen betrachtet werden. Die Makro-Ebene übersteigt die der („meso-sozialen") Organisation und umfasst sowohl die Organisation als System als auch ihre Umwelt(en); sie ist eine Sphäre entgrenzter Öffentlichkeit, wodurch die Komplexität und Verflechtung von Wechselwirkungen nochmals wesentlich erhöht und unübersichtlicher wird.[6]

Auf jeder Ebene haben wir systemische Strukturen, mit mehr oder weniger starken Interaktionen mit den anderen Systemebenen. Jegliche Beratungstätigkeit ist aufgrund des professionellen Settings systemisch bereits auf einer Meso-Ebene angesiedelt. Denn trotz der direkten persönlichen Begegnungen handelt es sich um solche, die institutionell und strukturell bzw. organisational geregelt und bestimmt sind, mit klaren Zielen, Aufgaben und Rollen. Es handelt sich nicht um einen freundschaftlichen Dienst oder ein privates Kennenlernen. Das gilt nicht minder für kirchliche Beratungsdienste. Wo sie beraten, spielen institutionelle und Rollenaspekte unmittelbar eine konstitutive Rolle, damit die beratende Interaktion und Kommunikation den Beratung Suchenden möglichst gesichert nützen kann.

4. Systemische Therapie- und Beratungsansätze nutzen die systemischen Strukturen für die Verbesserung oder Lösung eines dysfunktionalen oder pathologischen Miteinanders. Die systemische Betrachtung geht davon aus, dass eine soziale Wirklichkeit, an der mehrere

---

[5] Vgl. zu den drei Ebenen Glasl 2004, hier: 69.

[6] Vgl. Glasl 2004, 70, zu Konflikten, die auf die Makroebene entgrenzt sind: „Die Komplexitätsniveaus sind ineinander verschachtelt und erschweren eine gute Analyse und Interventionsstrategie."

innere Landkarten "

oder viele Menschen miteinander durch Kommunikation und Interaktion beteiligt sind, ein soziales System konstituiert.[7] So werden Familie, Kollegenkreis, Arbeits- oder Freizeitgruppen, Vorstandsteams und Leitungshierarchien als menschliche soziale Systeme konstruiert. Die systemische Betrachtung geht für solche Wirklichkeitskonstruktionen davon aus, dass Menschen darin ihre persönlichen Vorannahmen oder Ideen ausdrücken, zB. wie man sich verhalten soll, wozu man sich berechtigt fühlt oder nicht, was für zukünftige Entwicklungen man sich vorstellt oder wofür man selbst verantwortlich ist und wofür andere verantwortlich sind. Diese Vorannahmen bilden so etwas wie ihre inneren Landkarten, die mit bestimmten Verhaltensmustern in sozialen Beziehungen einhergehen und – von außen betrachtet – nach Regeln ablaufen. Diese regelhaften Verhaltensmuster – eingespielte Verhaltensabläufe – wirken wieder auf die innere Landkarte zurück, verstärken diese mit ihren Vorannahmen und diese wiederum verstärkt die Verhaltensmuster. Es ist sozusagen ein selbstreferenzieller Kreis(lauf), der sich selbst immer mehr verstärkt und bestätigt und mitunter Teufelskreise erzeugt, die scheinbar ohne Ausweg sind.

In diesem Prozess, so Helm Stierlin[8], „lassen sich im einzelnen unterscheiden (wenn auch in der Beobachter-Praxis oft nur schwer voneinander trennen): 1. Die Realitätskonstruktionen bzw. Landkarten der einzelnen [System-] Mitglieder. Sie begründen jeweils eine bestimmte individuelle Motivationsdynamik. 2. Die Realitätskonstruktionen bzw. Landkarten, die von den Mitgliedern eines Systems geteilt werden. Wir sprechen auch von der Landkarte, Ideologie, dem Paradigma oder Codex [eines Systems]. 3. Die Verhaltensmuster einzelner Mitglieder, die sich als Ausdruck und Folge ihrer individuellen Motivationsdynamik beschreiben lassen. 4. Die Muster der Interaktion innerhalb des Systems. Hier sprechen wir auch von der interpersonellen oder interaktionellen Dynamik. Allerdings: es hängt weitgehend vom Beobachter ab, welche dieser Perspektiven er hervorhebt oder als relevant betrachtet."

---

7 Vgl. von Schlippe 2003, hier: 31f; vgl. von Schlippe und Schweitzer 2007

8 Vgl. Stierlin 1989, 140

(Innere) Landkarte	Verhaltensmuster
1. Landkarte jedes Mitgliedes: individuelle Motivationsdynamik	3. Verhaltensmuster jedes Mitglieds
2. Landkarte des Systems (Ideologie, Codex)	4. Interaktionsmuster im System

Das Interaktionsmuster im System ist geprägt von den vielfältigen (subjektiven) Erwartungs-Erwartungen der Systemmitglieder (Niklas Luhmann): d.h. davon, was ich denke, was andere von mir erwarten – und ebenso von den Erwartungs-Erwartungen jedes anderen Mitglieds des Systems. Diese prägen das Verhalten im sozialen Kontext. Oft ist heilsam, mich nicht (weiter) an meinen subjektiven Vermutungen darüber, was andere von mir erwarten, auszurichten, sondern die tatsächlichen Erwartungen und Sichtweisen der oder des anderen kennenzulernen – wie das in systemischer Beratung etwa im zirkulären Fragen ermöglicht wird.

2. Wann und inwiefern sind Systembedingungen widrig?

Mit diesen vier Perspektiven zu systemischen Unterscheidungen gehen viele Ansatzpunkte für die Diskussion der systemischen Muster und Interaktionen einher. Die Leserinnen und Leser haben gewiss viele eigene Assoziationen dazu. Es können nur einige angedeutet werden, eine systematische Entfaltung würde ein Buch füllen.

Wann sind Systembedingungen „widrig"? Gewiss haben wir in Deutschland mit seinem sozialstaatlichen Gefüge ein kompliziertes, aber auch für die Freie Wohlfahrt, kirchliche Verbände eingeschlossen, sehr gut funktionierendes System. Vermutlich gehen die Assoziationen zu „Widrigkeiten" aus der Perspektive kirchlicher Beratung und Beratungsdienste zunächst auf die Makro-Ebene der gesellschaftlichen und der kirchlichen Rahmenbedingungen, sei das Supra-System die säkulare Gesellschaft oder der weltliche Gesetzgeber mit seinen Vorgaben, seien es die Kirche und die kirchlichen Vorgaben samt kirchlichem Arbeitsrecht. Wie werden diese Wirklichkeitskonstruktionen erlebt, welche Erwartungs-Erwartungen wirken? Wo sie strukturell und damit regelhaft hinderlich, lähmend und frustrierend wirken, sei es für die Beratungsdienste als Organisationen, sei es für die auf dieser Meso-Ebene tätigen Beraterinnen und Berater mit ihrem Ziel möglichst kompetenter Beratung für die Beratung Suchenden, werden sie als widrig und mitunter dysfunktional erlebt.

Beispiel kirchliches Arbeitsrecht

Nehmen wir von Stierlins Unterscheidung von inneren Landkarten und Verhaltensmustern, Systemmitgliedern und System her das Beispiel der Anpassungen des kirchlichen Arbeitsrechtes, das die deutschen Bischöfe im April 2015 beschlossen haben, um es 2016 in den Diözesen umzusetzen. Zwar hatte das Bundesverfassungsgericht im November 2014 das Selbstbestimmungsrecht der Kirchen und ihr Arbeitsrecht erneut bestätigt. Der Druck zur Veränderung kam von der Wahrnehmung der tatsächlichen Interaktionsmuster im System her, welche mittlerweile von den Verhaltensmustern der Mitglieder, d.h. der Einrichtungsträgerinnen bestimmt wurde. Die Interaktionsmuster im System hatten sich im Lauf der letzten Jahrzehnte verändert – im Feld der Caritas gab es in der Praxis mehr Ausnahmen als Regelentsprechungen, etwa im Umgang mit Mitarbeiter/innen, die nach Scheidung zivil wieder heirateten, obwohl dies nach „Codex" immer noch „automatisch" ein Kündigungsgrund war. Die abweichenden Verhaltensmuster der Mitglieder waren systemrelevant geworden. Die „innere Landkarte" des Systems katholische Kirche in Deutschland erfuhr eine vorsichtige Änderung, sowohl das Arbeitsrecht („Codex") als auch die „Ideologie" bzw. Bewertung dieser Lebensumstände von Mitarbeiter/innen etwa der Caritas. Es war wohl auch wirksam, dass die Bischöfe ihrerseits Signale vom (neuen) Papst Franziskus zur Veränderung ihrer eigenen Denk- und Verhaltensmuster meist positiv aufnahmen.

Beispiel Erwartungs-Erwartungen an kirchliche Beratungsdienste

Kirchliche Beratungsdienste wirken im System Freier Wohlfahrt mit. Dafür brauchen sie die notwendige professionelle Kompetenz, wollen aber als kirchliche Dienste auch die religiöse Prägung als Teil der Plu-

ralität der Angebote in diesem System einbringen. In puncto Abrech-
nung gilt für refinanzierbare Leistungen für sie dasselbe wie für alle
anderen Träger: Sie haben nicht mehr Zeit zur Verfügung als andere,
selbst wenn ihnen dies angemessen erschiene. Das System der Refi-
nanzierung dokumentierter und dokumentierbarer Leistungen kann als
Widerspruch zu beraterischen Haltungen und Überzeugungen empfunden werden, wie dies ähnlich im Feld der Psychotherapie mit der
regelmäßig mühsamen Beantragung von Therapiestunden(kontingenten) der Fall ist. Beraterische und therapeutische Prozesse dauern
unterschiedlich lang. Zusätzliche Mittel kirchlicher Einrichtungen etwa
aus Kirchensteuermitteln dürfen nur für zusätzliche, nicht für Regel-
Leistungen eingesetzt werden, schon um den regulierten Wettbewerb
nicht zu verzerren.

Die Erwartungs-Erwartungen von denen, die bei kirchlichen Diensten
Beratung suchen, gehen davon aus, dass ihnen nicht nur professionell, sondern auch spürbar menschenfreundlich begegnet wird. Von
„der" Kirche wird Nächstenliebe erwartet. Paare und Familien gehen
davon aus, dass kirchliche Beratungsdienste grundsätzlich ehe- und
familienfreundlich beraten und sozusagen „die Kraft der positiven Bindung"[9] freisetzen wollen. Sie erwarten dies aufgrund dessen, dass sie
dies nicht nur allgemein zB. von Ehe- und Familienberatung annehmen, sondern noch zusätzlich deshalb, weil die katholische Kirche die
Ehe und Familie besonders schützen und stärken will und „Nächstenliebe" zu ihren zentralen Aufträgen gehört. Wer sich da schlecht behandelt fühlt, beklagt sich leicht und schnell, dass er oder sie so etwas
von einer kirchlichen Einrichtung (oder einer kirchlicher Mitarbeiterin)
nicht erwartet hätte.

Unter ihren Kolleginnen und Kollegen können sich kirchliche Beraterinnen und Berater leicht dem Vorwurf ausgesetzt sehen, sie sollten
nicht weltanschaulich neutral beraten – und dies sei ein Widerspruch
zur Professionalität. Zusätzlich fühlen sie sich angefragt und evtl. unter Rechtfertigungsdruck für ihre Arbeitgeberin die Kirche als, wo deren Image in der Öffentlichkeit (wieder einmal) durch negative Vor-

---

[9] Minuchin und Nichols 1993

gänge beschädigt wird. Wie können sie nur bei der Kirche arbeiten! Die Beraterinnen und Berater leben und bewegen sich (zum Glück natürlich!) nicht in einem geschlossenen System, sondern in verschiedenen Systemen – sei dies im säkularen Berufsverband, sei dies im Freundeskreis, sei dies in anderen gesellschaftlichen oder kirchlichen Gruppen. Sie können die Vorbehalte und Kritiken an der Kirche oft selbst nachvollziehen, empfinden sie aber zugleich oft als unangenehm und manchmal auch als ungerecht. Denn sie projizieren Annahmen – Erwartungs-Erwartungen – auf sie und werten ohne wirkliche Kenntnis ihre professionelle und oft erfolgreiche Tätigkeit ab. Nicht oft widerspricht ihren Kritikern zB. ein nicht-katholischer Professor mit seiner Dankbarkeit für die erfahrene Hilfe.

3. Systemwidrige Bedingungen für die Beratungstätigkeit selbst?

Ist nicht etwas dran an der Kritik der Fachkolleginnen und -kollegen? Das Beratungsgeschehen befindet sich ja stets auf einer Meso-Ebene, die mitgeprägt ist von der kirchlichen Organisation und ihren Zielen, aber auch Normen. Wirkt da die Lehre von der Unauflöslichkeit der Ehe und das Ehe-Versprechen, in guten und in bösen Tagen treu zu sein, nicht als Schere im Kopf und Hindernis, gerade „böse" Dynamiken anzusprechen, zu unterbrechen, aufzulösen, wo nötig auch durch eine Trennung, zum Selbstschutz und ggf. zum Schutz der Kinder?

Das sind keine banalen Fragen. Sie machen auch mit der Beraterin und dem Berater selbst etwas, der im Beratungsprozess empathisch und im Paar- und Familiensetting möglichst allparteilich solche Situationen kennenlernt. Wie sieht es in ihnen aus? Welche Gedanken, Gefühle und Erinnerungen werden wach, welche Leibes- und Beziehungserfahrungen im bewussten und unbewussten (systemischen) Beziehungsgeschehen der Beratungssituation, auf anderer Systemebene aber auch gegenüber der inneren Landkarte des Systems, in dem sie arbeiten mit ihrer eigenen inneren Landkarte? Passen die Landkarten genügend zusammen, oder sind die Spannungen unerträglich? Auch die Frage hat Gewicht. Beraterinnen und Berater wissen: Spannungen gehören unvermeidlich zum Leben, sie können sogar sehr positiv und förderlich sein und eine im guten Sinne herausfordernde Dynamik bewirken. Spannungen können auch schwierig sein, und es gehört zur erwartbaren Reife, solche Spannungen auch auszuhalten. Sie dürfen jedoch nicht auf Dauer und im Übermaß frustrierend und destruktiv wirken – Frustrationstoleranz ist das eine, genügend Selbstachtung und Selbstschutz sind das andere. Soll man aber Ehrlichkeit mit sich und dem System schon als heilsame Haltung bezeichnen? Ich denke auf jeden Fall: Ja. Sie gehört schlechterdings zum guten Umgang mit sich selbst und mit anderen – incl. „kirchliches System". Sie wirkt sich auch aus auf die Art und Weise des Arbeitens – mit Energie und Motivation oder mit mehr oder weniger geballter Faust in der Tasche und innerer Emigration ... Dann ist aber auch die Ehrlichkeit im Beratungsgeschehen unterwandert.

Die Beratung Suchenden sollten jedenfalls eine Beraterpersönlichkeit erwarten dürfen, die ihnen kompetent und aufrichtig zugewandt begegnet. Die Wirkungsforschung hebt die Persönlichkeit der Beraterin bzw. des Beraters als besonders bedeutsamen Wirkfaktor des Therapie- und Beratungsgeschehens hervor, weshalb S. Bachmair et al. sehr treffend unterstreichen: „Die Persönlichkeit des Beraters, sein Menschenbild, die Beziehung zwischen Berater und Klienten, sowie die ständige kritische Reflexion der Beraterrolle bilden den Rahmen und die Grundlage für den eigentlichen Beratungsprozess. Diese Grundlagen kommen vor jeder ‚Beratungstechnologie'."[10] Tatsächlich kommen die Ratsuchenden im Beratungsgeschehen unvermeidlich und unweigerlich auch mehr oder weniger bewusst mit der Wertewelt und den tragenden Überzeugungen der ‚Professionellen' in Kontakt. Sie können sich nicht auf die Rolle allein zurückziehen. Diese Begegnungen sind Momente der Wahrheit – Kostproben der Persönlichkeit und der Haltungen der Berater/innen in dem Rahmen, der genau dafür – institutionell und systemisch – bereitgestellt wird. Ein Menschenbild und entsprechende Werte kommen unvermeidlich ins Spiel. In

---

[10] Bachmair et al 1999, 13

diesem Sinn ist weltanschauliche Neutralität gar nicht möglich. Stattdessen müssen sie reflektiert werden.

Welches Menschenbild bringen sie in diesen Rahmen – bewusst und unbewusst – ein? Steht das Funktionieren für die Arbeits- und Konsumwelt mit ihren Fassaden im Vordergrund? Welche Prioritäten leiten? Autonomie? Verlässlichkeit? Dasein füreinander? Selbstentfaltung? Miteinander Lasten tragen? Wo sind Belastungsgrenzen (erreicht)? Wie würden sie das „christliche Menschenbild" umschreiben, das die kirchlichen Beratungsdienste unvermeidlich in ihrem Leitbild – und somit in der inneren Landkarte des Systems – formulieren? Und als ihr eigenes bejahen? Beraterinnen und Berater spüren Sympathien und Antipathien, gesellschaftlichen Druck und Moden, Vorurteilsneigungen und Abwehren. Wie schaffen sie es, diese nicht unkontrolliert (etwa im Sinne einer unbewussten Gegenübertragung) dem Beratungsgeschehen „unterzujubeln" und latent für die Lösungsfindung zu suggerieren? Dies ist gemeint mit dem eher ungeschickten Ausdruck „weltanschaulich neutral".

Zu den heilsamen Haltungen von Beraterinnen und Beratern – nicht nur in kirchlichen Diensten – gehört es, sich und solche Fragen zu reflektieren und für ihr Beratungshandeln zu klären. Wie ist das nun mit den kirchlichen Vorstellungen oder Erwartungs-Erwartungen für das Beratungsergebnis selbst? Wie damit umgehen? Selbst Papst Franziskus hat in der Vorbereitung der Bischofssynode 2015 in einer Generalaudienz am 24.06.2015 klar gesagt, dass es Ehe- und Familiensituationen gibt, in denen eine Trennung notwendig ist.[11] Das bejahte auch das Kirchenrecht schon vor ihm. Das hat nichts mit Leichtfertigkeit oder Verrat zu tun. Nur so viel hier zur Klärung von solchen Erwartungs-Erwartungen: In einer Paarberatung kann eine Partnerin oder ein Partner nicht erwarten, dass der Berater um jeden Preis zum Zusammenbleiben „rät".

Wenn er oder sie überhaupt „rät"! Zu den heilsamen Haltungen von kirchlichen Beraterinnen und Beratern gehört das Vertrauen, dass die

---

[11] http://www.sueddeutsche.de/panorama/papst-franziskus-zeigt-verstaendnis-fuer-getrennte-eheleute-1.2536922 (zuletzt aufgerufen 03.02.2016).

154   Klaus Baumann

Paare und Familien letztlich Experten in eigener Sache sind – und sie dafür neu „befähigt" oder „befreit" werden können im Beratungsprozess. Gerard Egan bringt dieses Vertrauen in seinem Lehrbuch „Helfen durch Gespräch"[12] als Handlungsmaxime für „erfolgreiches Beraten" so auf den Punkt: „Biete dem Menschen eine Beziehung, in der er sich ganz frei mit seinen Problemen auseinandersetzen kann. Hilf ihm dann, das Problem objektiv zu sehen und die Notwendigkeit zu handeln zu begreifen. Hilf ihm schließlich zu handeln." Hier ist nicht der Ort, diese Anweisungen oder den Gebrauch einzelner Begriffe wie „objektiv" oder „ganz frei" zu problematisieren. Vielmehr geht es um die Haltung der Beraterin: Sie schafft durch ihr Beziehungsangebot im Beratungssetting Freiraum dafür, dass die Ratsuchenden sich neu, offener und ehrlicher mit ihren Fragen und Nöten auseinandersetzen. Sie werden frei für neue Perspektiven und Neuentdeckungen. Die Beraterin bedrängt nicht, sondern schafft einen Raum von Vertrauen und Sicherheit für solche Neuerkundungen. Vielleicht vertraut sie darin auf das Wirken von Gottes Geist der Freiheit und Liebe. Vielleicht trägt sie auch „nur" die Liebe zur Wahrheit – die stärker ist als die Angst vor bisher gemiedenen Wahrheiten. Ohne diese Liebe zur Wahrheit kann man jedenfalls nicht Therapeutin oder Berater werden.

Die Hilfe zum Handeln, von der Egan spricht, kann nicht in Handlungsanweisungen oder anderen konkreten Ratschlägen zur Problemlösung bestehen. Es kann nur Hilfe sein, neuen Einsichten zu vertrauen und neues Handeln zu wagen, das durchaus bis zum nächsten Termin vereinbart werden kann. Um es systemisch zu sagen: Systemische Therapie leistet ihrem Selbstverständnis nach weder eine Behandlung der Ursachen noch der Symptome einer Störung, „sondern sie gibt lebenden Systemen Anstöße, die ihnen helfen, neue Muster miteinander zu entwickeln, einen neue Organisationsgestalt anzunehmen, die Wachstum ermöglicht."[13]

In den caritaswissenschaftlichen Kursen für Diakonische Gesprächsführung im Rahmen unseres MA-Studienganges sprechen wir – in An-

---

12 Egan 1986, 12f

13 von Schlippe und Schweitzer 2007, 93

lehnung und Modifikation der Haltungen nach Rogers – von den drei großen „E"s: Echtheit, Empathie und Ehrfurcht vor (je)dem Menschen in und trotz all seinen Verletzungen, Entgleisungen und ggf. Entstellungen.[14] Getragen sind sie von der Haltung, sich selbst und jeden anderen Menschen als Gottes geliebtes Ebenbild zu betrachten – mit diesen drei „E"s. Wo Menschen dies erleben, öffnen sich ihnen neue Freiheitsräume. Dem neuen Kollegen an der Uni und seiner Frau schien es bei der Beratungsstelle der Caritas so gegangen zu sein. Weltanschaulich manipuliert wurde er dabei offenkundig auch nicht.

---

[14] Vgl. weiterhin Loch 1981

Literatur

- Bachmair, S., Faber, J., Hennig, C., Kolb, R. (^{2}1999): Beraten will gelernt sein. Ein praktisches Lehrbuch für Anfänger und Fortgeschrittene, Weinheim

- Baumann, K. (2013): Wie kann „caritas" systemisch werden? In: Caritas 2014. Jahrbuch des Deutschen Caritasverbandes, Freiburg, 64-72

- Egan, G. (1986): Helfen durch Gespräch, Weinheim

- Glasl, F. (^{8}2004): Konfliktmanagement, Bern

- Loch, W. (1981): Haltungen und Ziele des Beraters. In: Katholische Bundesarbeitsgemeinschaft für Beratung (Hg.): Beratung als Dienst der Kirche, Freiburg, 56-77

- Minuchin, S., Nichols, M. (1993): Die Kraft der positiven Bindung. Hilfe und Heilung durch Familientherapie, München

- Richter, H. E. (2007): Patient Familie (Neuausgabe), Gießen, (Erstauflage 1970)

- Schlippe, A. v., Schweitzer, J. (102007): Lehrbuch der systemischen Therapie und Beratung, Göttingen

- Schlippe, A. v. (2003): Grundlagen systemischer Beratung. In: Zander, B., Knorr, M. (Hg.): Systemische Praxis der Erziehungs- und Familienberatung, Göttingen, 30-54

- Stierlin, H. (1989): Individuation und Familie, Frankfurt

- Stierlin, H. (1971): Das Tun des Einen ist das Tun des Anderen. Versuch einer Dynamik der menschlichen Beziehungen, Frankfurt

Heilsame Haltungen
in der Beratung

Margrit During

Stabilitas und Mut

Wenn ein Mann dem Benediktiner Orden beitreten möchte, so muss er nach einiger Zeit ein Gelübde zur Stabilitas (Beständigkeit) ablegen. Dabei geht es vor allem um die Bindung an die brüderliche Gemeinschaft und um die Bereitschaft, Mitbrüdern liebevoll und hilfsbereit zu begegnen. Es reicht nicht, dies einmal zu versprechen, sondern es muss gelebt werden. Dazu gehört die Bereitschaft sich einzulassen, an sich selbst zu arbeiten, zu wachsen und Alltagsprobleme auszuhalten[1] – eine Anforderung, die, etwas abgewandelt, als Haltung auch für Beraterinnen[2] und Klienten zutreffen könnte.

Beim einzelnen Menschen ist die psychische Stabilität, die Standfestigkeit, abhängig von der Fähigkeit zur Resilienz, der psychischen Widerstandsfähigkeit. Je größer diese Fähigkeit ist, umso besser können Krisen bewältigt und schwierige Lebenssituationen unbeschadet überstanden werden.

Sich einlassen, Gemeinschaft leben, lieben, persönliche Krisen durchstehen, nach einer Niederlage wieder aufstehen – alles das braucht Mut. Und gleichzeitig wachsen Mut und Selbstvertrauen durch Hoffnung, Bindung und persönliche Entwicklung.

Mut ist der Schrittmacher für alle anderen Tugenden.[3] Erst der Mut macht aus unseren Idealen und Werten erlebte Wirklichkeit. Mut gibt

---

[1] Vgl.: Bowe 1996

[2] Ich benutze in diesem Text die weibliche Form, meine damit natürlich beide Geschlechter

[3] Die vier klassischen Grund- bzw. Kardinaltugenden sind: Klugheit, Gerechtigkeit, Mäßigung und Tapferkeit und die christlichen Tugenden sind Glaube, Hoffnung und Liebe. Nach Aristoteles ist die Tugend der Weg zum geglückten Leben, in dem der Mensch seine Möglichkeiten, die in ihm angelegt sind, verwirklichen konnte.

uns die Kraft das Richtige zu tun und zu dem zu werden, der wir gerne sein wollen. Mut ist das Gegenteil von Angst. Mut ist „eine mit Klugheit und Besonnenheit gewonnene Erkenntnis darüber, was in einem bestimmten Moment richtig und was falsch ist und die Hoffnung und Zuversicht auf einen glücklichen und sinnvollen Ausgang."[4] Auch dies betrifft Beraterinnen und Klienten in gleicher Weise.

„Und muss ich auch durchs finstere Tal - ich fürchte kein Unheil! Du Gott, bist ja bei mir; du schützt mich und du führst mich, das macht mir Mut!" (Psalm 23,4)

Nachfolgend betrachte ich drei Aspekte

- *Stabilität als ein Beratungsziel.*
- *Stabilitas als Haltung – Anforderungen an Beraterinnen.*
- *Mut als zentrale Tugend*

Stabilität als ein Beratungsziel

Menschen wenden sich an eine Beratungsstelle, wenn sie psychisch so belastet sind, dass sie mit ihren bisherigen Lösungsmöglichkeiten und Handlungskompetenzen keinen Weg aus einer problematischen, belastenden Lebenssituation bzw. Krise herausfinden. Verunsicherung, Verzweiflung und Hilflosigkeit sind oft die Folge. Sie fühlen sich wie in einem „finsteren Tal". Die Anlässe, die Menschen in die Beratung führen, sind sehr vielfältig - einige Beispiele:

- ein naher Angehöriger stirbt;
- der *Ehemann*/die Ehefrau gehen fremd oder er/sie ist bereits aus der gemeinsamen Wohnung ausgezogen;
- ein Kind oder der Partner ist psychisch erkrankt;
- der Arbeitsvertrag oder die Wohnung wird gekündigt;
- eine schwere Krankheit verändert das Leben;
- Konflikte mit der Mutter, dem Vater, den Geschwistern oder Kollegen belasten erheblich;

---

[4]   Dick 2010

- Arbeitslosigkeit, Schulden und finanzielle Probleme lassen verzweifeln;
- der Streit mit dem Partner oder der Partnerin wird unerträglich;
- die eigenen Gefühle von Ohnmacht und/oder Angst verstören;
- usw.

Oft handelt es sich um existenzielle Krisen, die den Betroffenen den Boden unter den Füßen wegziehen. Etwas Vertrautes und/oder die eigene Sicherheit und Handlungsfähigkeit gehen (plötzlich) verloren. An Krisen können Menschen wachsen – sie können daran aber auch zerbrechen. Im Extremfall können äußere Ereignisse auf ein Individuum einstürzen, die es nicht im eigenen Bezugsrahmen interpretieren und bewältigen kann. Dann kommt es zu (Er-) Leidensprozessen. Der Fremdheit der äußeren Welt folgt die Fremdheit der inneren Welt.[5] Wenn ein Mensch den Glauben an die eigene Handlungsfähigkeit verloren und den Eindruck gewonnen hat, irgendwie verrückt zu sein, wird ihr Selbstwertgefühl durch fortdauernde negative Erfahrungen so in Mitleidenschaft gezogen, dass es zu einer Erosion des Selbst kommt. Bei schweren Defiziten brauchen betroffene Menschen ein Leben lang eine äußere, Halt gewährende Stabilisierung.[6] Das kann eine Betreuerin oder eine geschützte Wohnsituation (Wohngruppe) sein. Manchmal kann auch eine Beraterin Sicherheit und Orientierung geben, indem sie der Klientin sagt, was zu tun ist.

Das ist aber in der Regel nicht das Klientel, das in unsere Beratungsstellen kommt. Klienten, die zu uns kommen, sind zwar oft erheblich verunsichert, verfügen aber anders als viele der zuvor Genannten über Ressourcen, um die Krise zu überwinden, sich persönlich weiterzuentwickeln und eine neue Lebensperspektive zu erarbeiten. Ressourcensuche und Ressourcenmobilisierung sind zentrale Aufgaben in der Beratung.

---

5   Vgl. Schütze 1981, 89. Deutlich wird dies durch sprachliche Formulierungen von Klienten „da passierte es ...", „es geschah plötzlich ...."

6   Vgl. Maaz 2014, 77f

Voraussetzung für die Reflexion und Überwindung von kritischen Lebenskrisen in der Beratungspraxis ist eine stabile therapeutische bzw. beraterische Beziehung. Zahlreiche empirische Untersuchungen belegen, dass die Beziehung zwischen Klientin und Beraterin für den Erfolg bedeutsamer ist, als die Behandlungstechnik.[7] Der Aufbau dieser tragfähigen Beziehung beginnt bereits im Erstkontakt, indem die Beraterin der Klientin mit viel Wertschätzung begegnet, ihr Hoffnung auf eine positive Veränderung macht und für ein sicheres Setting sorgt. Stabilisierung ist das erste Ziel.

Doch was bedeutet Stabilisierung eigentlich?

Stabilitas wird übersetzt mit Festigkeit, Standhaftigkeit, Dauer und Beständigkeit. „Stabilität (von lat. *stabilis* = standhaft, stabil) ist die Eigenschaft eines Systems frei von starken Schwankungen zu sein."[8] oder „[...] die Fähigkeit eines Systems nach einer Störung wieder in den Ausgangszustand zurückzukehren."[9] Nichts Anderes meint Resilienz. (von lat. „resilere" = zurückspringen). Darunter wird die Fähigkeit verstanden, schwierige Lebenssituationen unbeschadet zu überstehen bzw. „auf eine Kompetenzebene zurückzufinden, die dem Niveau vor der Krise entspricht oder sogar höher ist."[10] Das Konzept geht auf eine 40jährige Forschungsarbeit der amerikanischen Entwicklungspsychologinnen Emmy E. Werner und Ruth Smith zurück, die von 1955 bis 1995 Kinder aus schwierigen Verhältnissen begleitet und getestet haben. Ein Drittel der Kinder wuchs trotz der widrigen Umstände zu lebenstüchtigen Erwachsenen heran. Sie verfügten offenbar über seelische Schutzfaktoren. Weitere Studien zeigten, dass Resilienz nicht angeboren, sondern erlernbar ist, und dass die Wurzeln einerseits in der Person und zum anderen in der Lebensumwelt liegen, aber auch, dass Resilienz variieren kann, d.h. kein Mensch ist immer gleich widerstandsfähig.[11] Resiliente Menschen zeichnen sich dadurch

---

[7]   Vgl. Lampe und Söllner 2011

[8]   www.wikipedia.org

[9]   Abilgaard 2011

[10] Reddemann und Stasing 2013

[11] Vgl. Sit 2008

aus, dass sie Problemsituationen aktiv angehen und an den Erfolg ihrer Handlungen glauben. Stressereignisse und Problemsituationen werden als Herausforderung angenommen und aktiv bearbeitet. Kinder, die Wertschätzung und Akzeptanz der Person, wenigstens eine sichere Bindung zu einer erwachsenen Person und positive Kontakte zu Gleichaltrigen hatten, verfügen über eine gute Resilienz. Diese Ressourcen gilt es in der Beratung wieder zu entdecken.

Ressourcenorientierte Therapie fördert Resilienz. Der Glaube an sich selbst und die Überzeugung von der Wirksamkeit eigener Kompetenzen erhöht die Selbstwirksamkeit. Dabei bedeutet Resilienz keineswegs Verdrängung von leidvollen Erfahrungen, sondern das Erlebte zu akzeptieren, zu integrieren und nach Möglichkeit Kraft daraus zu schöpfen. Resilienz kann auch bedeuten, sich mit einer Situation abzufinden, für die es keine Lösung gibt.[12]

Wolin und Wolin haben als Ergebnis eines Forschungsprojektes in den USA folgende sieben Essentials identifiziert, die im Erwachsenenalter Resilienz fördern:

- Einsicht suchen: Fragen stellen und ehrliche Antworten suchen;
- Unabhängigkeit: das Recht auf sichere Grenzen zwischen sich und anderen fördern;
- Beziehungen: enge und erfüllende Beziehungen suchen und aufrechterhalten;
- Initiative: Probleme aktiv anpacken;
- Kreativität: Frustration oder Schmerz künstlerisch ausdrücken;
- Humor: das Komische im Tragischen finden und über sich selbst lachen;
- Moral: wissen, was gut und schlecht ist und den Willen aufbringen, für diesen Glauben auch Risiken einzugehen[13]

In engem Zusammenhang mit dem Konzept der Resilienz steht das Konzept der Salutogenese, der Entstehung von Gesundheit. Dieses geht auf den Medizinsoziologen Aaron Antonovsky zurück, der Frau-

---

12 Vgl. Reddemann und Stasing 2013
13 Vgl. Wolin und Wolin 1999

en, die den Holocaust psychisch unbeschadet überstanden haben, intensiv befragte, um herauszufinden, was sie zu dieser Stressbewältigung befähigt hat.[14]

Als zentralen Faktor für die Gesundheit hat Antonovsky den „sense of coherence" (SOC) gefunden, was in der deutschsprachigen Literatur meist mit ‚Kohärenzgefühl', ‚Kohärenzsinn' oder ‚Kohärenzempfinden' übersetzt wird. Er definiert den „sense of coherence" als „[...] globale Orientierung [...] eines dynamischen wie beständigen Gefühls des Vertrauens [...]." Im Deutschen entspricht diese Definition in etwa einem überpersönlichen Urvertrauen. Das Kohärenzempfinden setzt sich nach Antonovsky aus drei Komponenten zusammen:

1. Verstehbarkeit: die Fähigkeit, Zusammenhänge herzustellen zwischen den Geschehnissen, die das Leben bereithält.

2. Gefühl von Bedeutsamkeit oder Sinnhaftigkeit: die Überzeugung, dass alle Geschehnisse einen Sinn haben. Durch diese Überzeugung fällt es leichter, die Geschehnisse zu akzeptieren.

3. Handhabbarkeit: Die Fähigkeit, mit Geschehnissen umzugehen.

Die dargelegten Ergebnisse geben Anregungen zur Förderung der Resilienz und der Salutogenese in Beratung und zur Hilfe in der Krisenbewältigung.

Ressourcenorientierte Arbeit ist eng verknüpft mit dem Namen Luise Reddemann, die die „Psychodynamisch Imaginative Traumatherapie" (PITT) entwickelt hat.[15] Die ressourcenorientierte Arbeit ist geprägt

---

[14] Vgl. Antonovsky 1997: „Warum bewegen Menschen sich auf den positiven Pol des Gesundheits-Krankheits-Kontinuums zu, unabhängig von ihrer aktuellen Position?" Diese Frage stellte der Autor angesichts einer vergleichenden Untersuchung von Frauen im Klimakterium, die den Holocaust im KZ überlebt hatten: „[...] Bedenken Sie, was es bedeutet, dass 29 Prozent einer Gruppe von Überlebenden des Konzentrationslagers eine gute psychische Gesundheit zuerkannt wurde. (Die Daten zur psychischen Gesundheit erzählen dieselbe Geschichte). Den absolut unvorstellbaren Horror des Lagers durchgestanden zu haben, [...] und dennoch in einem angemessenen Gesundheitszustand zu sein! Dies war für mich die dramatische Erfahrung, die mich bewusst auf den Weg brachte, das zu formulieren, was ich später als das salutogenetische Modell bezeichnet habe [...]".

[15] L. Reddemann ist Psychoanalytikerin und leitete von 1985 bis 2003 die Klinik für psychotherapeutische und psychosomatische Medizin des Ev. Johannes-Krankenhauses in Bielefeld. Dort entwickelte sie gemeinsam mit dem Be-

vom Prinzip des beidäugigen Sehens und dem Bewusstsein für Polarität. Das Leid wird gewürdigt, um dann nach Ausnahmen, erfolgreicher Bewältigung und überstandenem Leid zu fragen. Es geht nicht darum, sich ausschließlich mit der Lebensgeschichte eines Menschen zu beschäftigen, sondern ein ebenso großes Augenmerk darauf zu legen, welche gesunden Potentiale eine Person mitbringt. Das bedeutet, sich insbesondere für deren Widerstandsgeschichte zu interessieren und z.B. auch Selbstheilungsversuche zu erkennen und die positiven Anteile bewusst zu machen und zu nutzen.[16]

Peer Abilgaard hat dieses Konzept für Menschen in akuten Krisen weiterentwickelt. Ziel der stabilisierenden Psychotherapie ist die „Wiederherstellung der Fähigkeit zur Selbstberuhigung und in der Folge die verloren gegangene Fähigkeit, den Alltag bewältigen zu können, wiederzuerlangen."[17] Vordringliches therapeutisches Ziel in der Akutsituation ist die Stabilisierung des Klienten. Eine Grundbedingung für Stabilität ist Sicherheit! Bei Bedarf sollen Veränderungen in der Umgebung und in der materiellen Versorgung angeregt werden. Für die innere Stabilisierung wird die Selbstberuhigungskompetenz durch verschiedene Übungen (z.B. Übungen zur Achtsamkeit, Innerer sicherer Ort, Imaginationen) gestärkt. Veränderungen sind erst möglich, wenn sich der krisengeschüttelte Mensch innerlich und äußerlich sicher fühlen kann. Die Grundbedürfnisse des Menschen sind bei allen Interventionen zu beachten: das Bedürfnis nach Orientierung und Kontrolle, nach Bindung, nach Lustgewinn und Unlustvermeidung, nach Selbstwerterhöhung und nach Konsistenz.[18]

---

handlungsteam der Klinik die Psychodynamisch Imaginative Traumatherapie (PITT). Die Traumatherapie erfolgt in einem dreistufigen Verfahren: 1. Stabilisierungsphase, 2. Traumakonfrontation, 3. Reintegration und Rehabilitation.

[16] Vgl. Fürstenau 2007

[17] Abilgaard 2013

[18] Vgl. Abilgaard 2011: Die stabilisierende Psychotherapie hat ihre Wurzeln in der Traumatherapie (Luise Reddemann, Ulrich Sachsse, u.a.), der Kurzzeittherapie (Luc Isebaert), der positiven Psychologie (Martin Seligmann), der Konsistenztheorie (Klaus Grawe), der Ego-State-Therapy (John Watkins & Helen Watkins) und der Salutogenese (Aaron Antonovsky, Emmy Werner).

Die Bedürfnisse nach Orientierung und Kontrolle bedeuten z.b., dass Beraterinnen/Therapeuten die Ziele der Beratung mit Klienten abstimmen und sich die Zustimmung zu den jeweiligen Interventionen einholen. Der Fokus in der Beratung wird auf vorhandene Ressourcen und erfolgreiche Bewältigungserfahrungen gelegt. Diese werden betont, um das Vertrauen in die eigene Handlungskompetenz zu stärken und die Unabhängigkeit und damit Kontrolle für die Situation und das eigene Leben zu sichern. Die Bedürfnisse nach Selbstwerterhöhung und nach Bindung beinhalten den Wunsch nach Bestätigung und Wertschätzung. Von einem guten Kompliment könne er zwei Monate lang leben, sagte der Schriftsteller Mark Twain. Im neuen Schulfach „Glück" werden Komplimente geübt. „Es ist ein Grundrecht des Menschen, bestätigt zu werden", schreibt H.-J. Maaz.[19] Äußerungen echten Interesses, die Betonung von positiven Anteilen und Erfolgen und die Vermittlung von Hoffnung und Zuversicht sind Zutaten für Wertschätzung. Eine Therapie/Beratung ist dann erfolgreich, wenn Klienten wieder Zutrauen in die eigene Handlungsfähigkeit bekommen. Mit entsprechendem Selbstvertrauen werden sie fähig, ihre Probleme wieder anzugehen.[20] Und Maaz formuliert: „Therapie ist Bestätigung aller Bemühungen des Patienten um Wahrheit, Echtheit, Entwicklung und Veränderung."[21]

Seit einigen Jahren wird die Stabilisierung in der Psychodynamisch Imaginativen Traumatherapie von Verhaltenstherapeuten kritisiert. Letztere halten die Phase der Stabilisierung für entbehrlich und teilweise für kontraproduktiv bzw. die Traumabearbeitung vermeidend. Reddemann schreibt dazu: „Es ist [...] wichtig, daran zu denken, dass ein Zuviel der Ressourcenorientierung auch der Vermeidung von Ohnmacht und Trauer beim Therapeuten dienen kann."[22] Die Stabilisierung dient der Vorbereitung der Traumakonfrontation, kann aber auch bei einzelnen schwer traumatisierten Patienten das Ende der

---

[19]   Maaz 2014, 72

[20]   Vgl. Willutzki und Teismann 2013, 8

[21]   Maaz 2014

[22]   Reddemann 2011

Therapie darstellen.[23] Inzwischen liegen einige Studien vor, die beide Vorgehensweisen, je nach Diagnose bzw. Schweregrad, hinsichtlich ihrer Wirksamkeit bestätigen. Maercker resümiert: „[...] bliebe am Ende [...] nur die Aufgabe bestehen [...], wer unserer Patientinnen ein primär traumabearbeitendes und wer ein primär stabilisierend-fertig-keits-trainierendes Vorgehen braucht."[24]

Bedeutsamer für die Beratungspraxis ist möglicherweise die Gegenüberstellung von Empathie und Konfrontation, wie sie Holger B. Flöttmann vornimmt. „Empathie beinhaltet das mütterliche Prinzip des Verstehens und gütigen Nährens. Hingegen weist die Konfrontationstechnik auf das väterliche Prinzip hin."[25] Er vermutet, dass sich viele Therapeuten mit der mütterlichen Rolle überidentifiziert und Schwierigkeiten hätten, auch Grenzen setzende Regeln aufzustellen. Dabei diene die Konfrontation der Klarheit in der Kommunikation zwischen Therapeut und Patient.

Das Ziel einer Stabilisierung sollte, je nach Situation des Klienten, alle erforderlichen Techniken einbeziehen, also auch die Konfrontation. Zur Selbstwerdung und Selbstwirksamkeit gehören, soweit möglich, unterdrückte Gefühle zuzulassen, negative Selbstbilder und Beziehungsbotschaften zu revidieren, störendes oder selbstschädigendes Verhalten zu erkennen und aufzugeben, falsche bzw. hinderliche Erklärungsmodelle zu ersetzen. Und um dies zu erreichen, kann auch konfrontatives Vorgehen von Seiten der Beraterin erforderlich sein. Voraussetzung und Bedingung für Konfrontationen ist eine gute Beziehung zwischen Beraterin und Klientin, die Bereitschaft zur Veränderung auf Seiten der Klientin und eine empathische, von einem Gefühl der Liebe getragene und der Situation angemessene Form durch die Beraterin.

---

[23] Vgl. Lampe und Söllner 2011

[24] Vgl. Maerker 2011

[25] Flöttmann 2015

Stabilitas als Haltung – Anforderungen an Beraterinnen

Pater Peter Bowe, ein englischer Benediktiner, formulierte verschiedene Persönlichkeitseigenschaften, die seiner Ansicht nach mit dem Gelöbnis zur Stabilitas verbunden sind. Dazu gehören: Realitätssinn, Zufriedenheit und Mitgefühl, Bereitschaft zur Auseinandersetzung mit inneren Konflikten, Fähigkeit anderen zuzuhören und sie so zu akzeptieren, wie sie sind. „Hilfe zur Selbstentfaltung meines Bruders, so dass ich ihn wirklich stärke, ihn befreie, ihn selbständig werden lasse".[26]

Sehr ähnlich klingen die von Carl Rogers (1902 – 1987) formulierten Grundmerkmale für Berater in der klientenzentrierten Beratung:

- *Einfühlendes Verstehen / Empathie*
- *Bedingungsfreies Akzeptieren / Wertschätzung*
- *Echtheit / Selbstkongruenz*

In diesen Einstellungsmerkmalen sah Rogers die „notwendigen und hinreichenden" Bedingungen für den Beratungserfolg. Klienten können in einer Beziehung nur wachsen, wenn ihnen der Therapeut so gegenübertritt, wie er wirklich ist. Die Anforderungen an den Therapeuten sind hoch: er muss sich in dieser Beziehung selbst erleben, wahrnehmen und einbringen können.

Preß und Gmelch, die sich 2014 um die Ausformulierung eines überprüfbaren allgemeinen Arbeitsbegriffes zur therapeutischen Haltung Gedanken gemacht haben, kommen zu dem Ergebnis, dass Psychotherapie als „Angebot einer bestimmten Form der zwischenmenschlichen Beziehung, in der sich Klienten von Beginn an und über den gesamten Prozess hinweg als aktive Gestalter und kompetente Experten ihres Lebens (wieder-)erleben können – verstanden wird."

Im Ergebnis haben sie folgende Aufforderungen an Psychotherapeuten formuliert, die denen von Carl Rogers sehr ähnlich sind:

- *„Interessiere dich aufrichtig für das Erleben der Klienten.*
- *Sei offen für Eigensinnigkeit.*

---

[26] Bowe 1996

- *Vermittle Vertrauen in Ressourcen.*
- *Sei wertschätzend!*
- *Übernimm Verantwortung für die Prozessgestaltung.*
- *Verhalte dich konsistent.*"[27]

Als Konsistenz des Verhaltens wird die individuelle Beständigkeit einer Person bezeichnet, bei verschiedenen Aufgaben in verschiedenen Situationen zu verschiedenen Zeiten übereinstimmendes Verhalten zu zeigen. Um diese Anforderungen einlösen zu können, bedarf es intensiver Selbsterfahrung und regelmäßiger, begleitender Supervision und Fortbildung.

Was sollte die Beraterin noch mitbringen? Neugier, Wertschätzung, Toleranz aber auch Hoffnung, Geduld und Mut, um Klienten mit all ihren Ressourcen und Ängsten wahrnehmen und fördern zu können.

Mut als zentrale Tugend

Mut braucht es, um Ängste zu überwinden, sich von Süchten zu befreien, zu lieben (eine Bindung einzugehen) aber auch unangenehme Realitäten wahrzunehmen und zu ertragen. Und Mut braucht Geduld, Vertrauen, Hoffnung.

Der amerikanische Psychologe Salvatore R. Maddi entwickelte ein Konzept der Widerstandsfähigkeit, bzw. des existenziellen Mutes, welches sich aus drei Komponenten zusammensetzt: persönliches Engagement, Gefühl für eine positive Einwirkungsmöglichkeit (Kontrolle) und das Verständnis von Krisen als Herausforderung. Das Konzept entstand aus der Untersuchung von Managern einer krisengeschüttelten Telefongesellschaft. Während zwei Drittel der Manager deutliche Stressreaktionen zeigten (Suizidversuche, Scheidungen, Depressionen und Ängste), konnte sich ein Drittel positiv entwickeln. Die Gruppe der schlecht angepassten reagierte mit Abwehr, Rückzug oder Angriff. Die Widerstandsfähigen holten sich häufiger Unterstüt-

---

[27] Preß und Gmelch 2014

zung durch andere und gaben andererseits auch anderen Hilfestel-
lungen. Eine hohe Widerstandsfähigkeit ermöglicht es Menschen, sich
auf neue Erfahrungen einzulassen und Probleme mit Kreativität und
Einfallsreichtum anzugehen. Doch auch bei Menschen mit schwer-
wiegenden gesundheitlichen Problemen (HIV, körperliche Behinde-
rung, Krebs) fanden sich Hinweise, dass diese Situation eher von denen bewältigt werden konnte, die über existenziellen Mut verfügten.
Sie waren in der Lage die Realität zu akzeptieren und Problemlö-
sungsstrategien zu entwickeln sowie innere und äußere Ressourcen
zu mobilisieren.

Doch warum verfügt der eine Mensch über Widerstandsfähigkeiten
und Mut und der andere nicht? Grundsätzlich kann jeder Mensch mutig sein. Werden Kinder jedoch entmutigt, dann trauen sie sich nichts
mehr zu. Es fehlt ihnen an Selbstvertrauen. Damit schwindet die Hoffnung, selbst etwas bewirken zu können. Andere wollen nichts falsch
machen. Mut aufzubringen, bedeutet nicht zwangsläufig, eine Situation positiv beeinflussen zu können. Es gehört auch Mut zum Scheitern
dazu. Und Mut bedeutet ein Verzicht auf Sicherheit. Ängste müssen
überwunden, Gewohnheiten und Überzeugungen infrage gestellt werden. Sie zu ändern ist unbequem und kann gefährlich sein. Wenn Klienten in der Beratung nur die Bestätigung für ihr Misslingen suchen,
statt zu lernen, anders mit sich und anderen umzugehen, braucht es
einen manchmal langwierigen Prozess um überhaupt an therapeutischen Zielen arbeiten zu können.[28]

Mutig sein bedeutet auch, eine Situation ehrlich und realistisch anzu-
schauen und sich damit auseinanderzusetzen. Dazu gehören auch
unangenehme Gefühle (Trauer, Wut, Enttäuschung, Hilf- und Hoff-
nungslosigkeit) zu spüren und zuzulassen. Einem anderen sein Leid
klagen und die Gefühle äußern, kann ein erster Schritt zur Überwindung der Krise sein.

Möglicherweise muss noch etwas hinzukommen, um selbst unter
schrecklichsten Bedingungen den Mut nicht zu verlieren. „Wenn Leben überhaupt einen Sinn hat, dann muss auch Leiden einen Sinn

---

[28]   Dick 2010

haben" schreibt Viktor Frankl.[29] Er begründete die Logotherapie, deren zentrale Behandlungsziele die Wiedererlangung eines sinn- und wertvoll empfundenen Lebens sowie ein sinnvoller Umgang mit Schuld, Leid und unabänderlichem Schicksal sind. Im Konzentrationslager verlor er seine Eltern und seine Frau. Doch die Erinnerung an bzw. Zwiesprache mit seiner Frau wirkte ermutigend und half ihm auf eine Zukunft zu hoffen und einen Sinn in diesem Leid zu entdecken.[30]

„Durch Ermutigen verhilft man sich oder anderen zum Mutigsein."[31] Um jemand anderen zu ermutigen, braucht die Beraterin eine gute Selbstakzeptanz und Zutrauen in die Menschen und die Welt. Klienten müssen das Gefühl haben, dass sie die Beraterin mit ihren Problemen nicht überfordern. Eine gute, verlässliche und emotional nahe und positive Beziehung ist die Voraussetzung für einen Ermutigungs- und Stabilisierungsprozess. Die Beraterin soll sich in die Klientin einfühlen können, Hoffnung und Zutrauen sowie Wertschätzung vermitteln, aber auch rigide Erklärungsmuster aufbrechen, unterdrückten Gefühlen Raum geben und zu neuem Verhalten ermutigen.

Damit sind wir wieder bei den Anforderungen an die Beraterin. Diese ist kein Übermensch und sie darf Fehler machen! Sie sollte sich auch selbst Schwächen zugestehen. Anderenfalls verliert sie an Glaubwürdigkeit beim Versuch, die Schwächen der Klienten empathisch zu akzeptieren. Damit schließt sich der Kreis. Im Mittelpunkt stehen – bei der Klientin wie bei der Beraterin (und dem Benediktiner) - die Bereitschaft sich einzulassen, an sich selbst zu arbeiten, zu wachsen und Alltagsprobleme auszuhalten.

---

29 Frankl 2008

30 Bereits im Konzentrationslager nahm Frankl sich vor, nach seiner Befreiung Vorlesungen über die Auswirkungen des Lagers auf die Psyche zu halten.

31 Dick 2010

Literatur

- Abilgaard, P. (2013): Stabilisierende Psychotherapie in akuten Krisen, Stuttgart

- Abilgaard, P. (2011): Einführung in die stabilisierende Psychotherapie, Vortrag bei Lindauer Psychiatrie Wochen, unter: www.ahg.de/AHG/Standorte/Remscheid/Klinik/Remscheider_Gespr aeche/Hintergrund/Stabilisierende_Psychotherapie_2011.pdf, Zugriff am: 16.02.2016

- Antonovsky, A. (1997). Salutogenese. Zur Entmystifizierung der Gesundheit, Tübingen

- Bowe, P. (1996): Über die Beständigkeit, Vortrag zu den Jahresexerzitien Januar 1996, erschienen im Jahresbericht des Konvents

- Dick, A. (2010): Mut Über sich hinauswachsen, Bern

- Flöttmann, H. B. (2015): Angst – Ursprung und Überwindung, Stuttgart

- Frankl, V. E. ([29]2008): Trotzdem Ja zum Leben sagen: Ein Psychologe erlebt das Konzentrationslager, München

- Fürstenau, P. ([3]2007): Psychoanalytisch verstehen – Systemisch denken – Suggestiv intervenieren, Stuttgart

- Lampe, A., Söllner, W. (2011): Was ist empirisch gesichert in der Psychotherapie mit in Kindheit und Jugend chronisch traumatisierten Patientinnen? In: Reddemann, L. (Hg.): Psychotraumatologie zwischen Stabilisierung und Konfrontation; Zeitschrift für Psychotraumatologie Psychotherapiewissenschaft Psychologische Medizin, Heft 3, 9-18

- Maaz, H.-J. (2014): Hilfe! Psychotherapie, München

- Maerker, A. (2011): Stabilisierung in der Traumatherapie – ein Schulenstreit? In: Reddemann, R. (Hg.): Psychotraumatologie zwischen Stabilisierung und Konfrontation; Zeitschrift für Psychotraumatologie Psychotherapiewissenschaft Psychologische Medizin, Heft 3, 84-86

- Preß, H., Gmelch, M.(2014): Die „therapeutische Haltung" in Psychotherapeutenjournal, München, 358-366

- Reddemann, L. ([6]2011): Psychodynamisch-Imaginative Traumatherapie. PITT – Das Manual, Stuttgart

- Reddemann, L., Stasing, J. (2013): Imagination, Tübingen

- Schütze, F. (1981): Prozessstrukturen des Lebenslaufs. In: Matthes, J., Pfeiffenberger, A., Stosberg, M. (Hg.): Biographien in handlungswissenschaftlicher Perspektive, Nürnberg, 67-156

- Sit, M. (2008): Resilienz – Was Kinder stark macht. Zugriff unter: http://gesundheitsfoerderung.bildung-rp.de/fileadmin/user_upload/gesundheitsfoerderung.bildung-rp.de/Psychische_Gesundheit/Leitfaden_Resilienz.pdf am 16.02.2016 - auch unter: www.dorner-verlag.at

- Willutzki, U., Teismann, T. (2013): Ressourcenaktivierung in der Psychotherapie, Göttingen

- Wolin, S.,Wolin, S.J. (1999): Vocabulary of strengths – The seven resiliencies, Washington

P. Sebastian M. Debour OSB

Demut erdet und befreit

Der Titel spricht im Rahmen dieses Buches für sich. Wenn Demut tatsächlich erdet und befreit, dann erscheint es gerechtfertigt, sie als heilsame Haltung zu betrachten. Welches Verständnis von Demut und welche Erfahrungen und Einsichten stehen hinter dieser Behauptung?

Zunächst einmal würde man im Zusammenhang von Beratung und Therapie nicht ohne weiteres auf Demut zu sprechen kommen. Bis vor kurzem war von Demut bestenfalls noch im Bereich religiös-spiritueller Literatur, in Predigten oder in Vorträgen bei Einkehr- oder Aus-Zeiten die Rede. Doch selbst dort wurde das Wort sparsam verwendet. Die spontanen Assoziationen zu Demut in spätmodernen, säkularen Kontexten machen das verständlich: frömmlerisch, bigott, buckelnd, geduckt, heuchlerisch, verbogen. So verstandene Demut wäre nichts, was man sich selbst, geschweige denn seinen Klienten oder Patienten angedeihen lassen sollte und wollte. Doch handelt es sich bei diesen Assoziationen nur um eine Variante oder ein Zerrbild von Demut.

Demut - ein Streifgang durch das Bedeutungsfeld

Seit Luthers Bibelübersetzung ins Deutsche steht das Wort "Demut" für das griechische "tapeinophrosyne" und das lateinische "humilitas". Auf letzteres wird noch einmal einzugehen sein. Etymologisch leitet sich Demut von althochdeutsch *diomuoti* ab, was so viel heißt wie dienstwillig, Gesinnung eines Dienenden. Demut bedeutet also ursprünglich *Dien-Mut*. Zum Dienen in Demut braucht man Mut und den Willen, jemandem zu dienen, sowie das Selbstvertrauen und die Kraft, zu etwas dienen zu können. Ohne Dienstleistungen wie auch die Bereitschaft und Tauglichkeit dazu können kein Gemeinwesen und kein Gesundheitssystem bestehen. Interessanterweise hat das griechische Wort "therapeuein" neben der Bedeutung "heilen" auch die Bedeutung "dienen". Therapie wäre dann das, was zum Heilen dient. Von der ursprünglichen Wortbedeutung her ist Demut also etwas Positives, sogar Not-wendiges. Demut hat nichts zu tun mit lebensängstlicher, frömmelnder oder kriecherischer Unterwürfigkeit. Sie ist der Mut, sich dienstbar einzubringen, zur Verfügung zu stellen. Es liegt darin das durchaus selbstbewusste Zutrauen, dass man zu etwas dienen kann, zu etwas taugt.[1]

Doch bleibt hier, wie meist im Leben, eine gewisse Ambivalenz. Die Erfahrung von "Demütigung" gibt es eben auch. Ist dies aber allein im Sinne von Kränkung oder Entwertung zu verstehen? Oder liegt im Kränkenden einer erlittenen Demütigung nicht auch noch einmal die Möglichkeit zu einer Lernerfahrung, einem Reifungsschritt? Bringt sie doch mit der eigenen Verletzlichkeit und mit Schwachstellen in Berührung, die man gerne vor sich und anderen verbirgt. Sie kann auch in einem positiven Sinn als "Enttäuschung" aufgefasst werden. Dies wird v.a. der Fall sein, wenn sie als Enttäuscht-Sein-von-sich-selbst erfahren wird. Dann handelt es sich um das Ende einer Täuschung, d.h. sie bringt in Kontakt mit der Wirklichkeit, so schmerzlich das auch zunächst sein mag.

Eine derartige Erfahrung findet sich wie so viele andere auch im Erfahrungsschatz der Bibel, und zwar zB. im Buch der Psalmen. Dort spricht der Beter: "Du hast deinem Knecht Gutes erwiesen, o Herr, nach deinem Wort. Lehre mich Erkenntnis und rechtes Urteil. [...] Ehe ich gedemütigt wurde, ging mein Weg in die Irre. [...] Dass ich gedemütigt wurde, war für mich gut; denn so lernte ich deine Gesetze." (Ps 119, 65.67.71)

Dass es in der Demut um Kontakt zu den Gesetzmäßigkeiten des Lebens, um Wirklichkeitsbezug und Realitätssinn geht, erschließt sich nochmals semantisch. Das lateinische Wort für Demut ist "humilitas". Humilitas kommt von "humus" mit der Bedeutung Erde, Erdboden, Erdreich. Demut hat also etwas zu tun mit Erdung, Bodenkontakt und Bodenhaftung. Sie stellt auf den Boden der Wirklichkeit und vermittelt das Bewusstsein, dass Menschen Erdlinge, Abkömmlinge der Erde

---

[1]   Vgl. Wikipedia "Demut"; Kluge 1989, 134; Hell 2015, insb. S. 77ff

sind. Als solche begrenzt und endlich, sind sie jedoch zugleich auf die sie überwölbende Weite des Himmels bezogen, aus der sie mit der Erde als Sternenstaub stammen. Wiederum finden sich Ansätze zu diesem Bewusstsein sowie die Erfahrung, aus der es entsprungen ist, bereits in der Bibel, in der Erzählung von der Erschaffung des Menschen, hebräisch "adām", aus der Erde, "adamā" (vgl. Gen 2,7 und 3,19).

Demut - eine christliche Maßnahme

Christen gilt die Zusage und der darin mitgegebene Anspruch: "Ihr seid von Gott geliebt, seid seine auserwählten Heiligen. Darum bekleidet euch mit aufrichtigem Erbarmen, mit Güte, Demut, Milde, Geduld" (Kol 3,12). Demut, eine dieser im menschlichen Umgang miteinander "anzuziehenden" Eigenschaften, ist in der christlichen Überlieferung eine Tugend, also eine Haltung, die zum Leben tüchtig macht. Eine Tugend setzt Einsicht, Entschiedenheit und Übung voraus. Der Tugend gegenüber steht das Laster. Das Gegenteil von Demut ist der Hochmut, der sich auf sich selber etwas einbildet und aufbläst. Den kann man sich weder beim Berater/Therapeuten als hilfreich, noch beim Klienten/Patienten als Therapiemotiv und als Einwilligung in die eigene Hilfsbedürftigkeit vorstellen. Mit der Tugend der Demut wie mit jeder Tugend verhält es sich jedoch paradox: einerseits muss man sich um sie bemühen, sie (ein-)üben, anderseits kann man sie nicht machen, herbei zwingen, sondern nur in einer empfänglichen Haltung als Gnade wie ein Geschenk erhalten. Sonst könnte man sich ja auf sie etwas einbilden und dann wäre es keine Demut mehr. Demut ist vielmehr nur da gegeben, wo der Demütige kein Bewusstsein von seiner Demut hat.[2]

So verstandene Demut lässt sich zurückführen auf Jesus Christus selbst, den "Urheber und Vollender des Glaubens" (Hebr 12,2). Eingewiesen wurde er in sie von klein auf durch das Vorbild und die Erziehung seiner Eltern, Maria und Josef, die beide von den Evangelisten Matthäus und Lukas als demütige und fromme Juden dargestellt

---

2   Vgl. "Demut" in LThK; Louf 1979, 46f

werden (vgl. Mt 1,24 sowie Lk 1,48). Sie begegnet aber auch schon in der hebräischen Bibel, dem Alten oder Ersten Testament, zB. in der Gestalt des Mose. Beide, Mose und Jesus, die bedeutendsten menschlichen Protagonisten der Bibel, waren prophetische Lehrer, Heiler und Befreier. Von Mose heißt es: "Mose aber war ein sehr demütiger Mann, demütiger als alle Menschen auf der Erde" (Num 12,3). Das zeigt sich u.a. in der zögerlich abwägenden Annahme seiner Berufung, im Stehen zu seinen Grenzen, im Hören auf Rat sowie im Abgeben von Verantwortung (vgl. Ex 3.4.18).

Jesus fasst sein Selbstverständnis demütig selbstbewusst einmal so zusammen: "Ich preise dich, Vater, Herr des Himmels und der Erde, weil du all das den Weisen und Klugen verborgen, den Unmündigen aber offenbart hast. Ja, Vater, so hat es dir gefallen! Mir ist von meinem Vater alles übergeben worden; niemand kennt den Sohn, nur der Vater, und niemand kennt den Vater, nur der Sohn und der, dem es der Sohn offenbaren will. Kommt zu mir alle, die ihr euch plagt und schwere Lasten zu tragen habt. Ich werde euch Ruhe verschaffen. Nehmt mein Joch auf euch und lernt von mir; denn ich bin gütig und von Herzen demütig; so werdet ihr Ruhe finden für eure Seele" (Mt 11,25ff). Programmatisch für die Reich-Gottes-Verkündigung Jesu ist die Bergpredigt. Die erste Seligpreisung, sozusagen der Auftakt der Bergpredigt, setzt für die, die ihm glauben und nachfolgen, neue, paradoxe Maßstäbe. Sie birgt wohl auch eine Erfahrung, die er selber gemacht hat: "Selig, die arm sind vor Gott; denn ihren gehört das Himmelreich" (Mt 5,3). Bei einem Rangstreit unter den Jüngern vermittelt er ihnen: "[...] wer bei euch groß sein will, der soll euer Diener sein... Denn auch der Menschensohn ist nicht gekommen, um sich dienen zu lassen, sondern um zu dienen und sein Leben hinzugeben als Lösegeld für viele" (Mk 10,43ff). Im Johannes-Evangelium schließlich ist von einer Zeichenhandlung die Rede, die diese *dien-mütige* Haltung veranschaulicht. Beim letzten gemeinsamen Mahl vor seinem Leiden und Sterben wäscht Jesus seinen Jüngern die Füße und kommentiert dies: "Wenn nun ich, der Herr und Meister, euch die Füße gewaschen habe, dann müsst auch ihr einander die Füße waschen" (Joh 13,14).

Demut ist für Jesus allem Anschein nach nichts, was seiner menschlichen Würde, seinem Selbstbewusstsein und seiner göttlichen Vollmacht Abbruch tut, sondern im Gegenteil, worin sie geradezu charakteristisch zum Ausdruck kommt. In Jesus Christus erweist Gott sich in Beziehung zum Menschen als ein demütiger und eben darin barmherziger Gott (vgl. Phil 2,5).

Ein jüngst erschienenes Gedicht bringt die Demut Jesu und seinen Sendungsimpuls auf den Punkt:

fußwaschung

SEIN Tun zwingt
den blick der seinen
nach unten

über ihre füße gebeugt
ihre staubigen sohlen
hofft er immer noch
ihre hohen träume
in sein knien
zu verwandeln[3]

In der Demut des Mose und des Jesus von Nazareth, wie auch anderer biblischer Gestalten, zeigt sich nicht nur eine Haltung, die gegenüber anderen Menschen eingenommen wird, sondern zuerst Gott und sich selbst gegenüber. Sie wird realisiert in der Anerkennung und Annahme der eigenen Geschöpflichkeit und im erspürenden Gehorsam gegenüber dem Willen Gottes. Geschöpflichkeit meint die Herkünftigkeit und Abhängigkeit vom Schöpfer, sich und seine Welt in jedem Augenblick aus dieser schöpferischen Energie Gottes zu empfangen. Und von daher beinhaltet sie sowohl das Bewusstsein des eigenen Wertes samt aller Begabungen, als auch das Bewusstsein der eigenen Begrenztheit und Fehlbarkeit, ja gegebenenfalls der eigenen Schuld und Sünde. Sie weiß um das Angewiesen sein auf das Erbar-

---

[3] Bruners 2015, 88

men Gottes, der anderen und seiner selbst. Modern ausgedrückt könnte man sagen: Demut ist das Gespür für existentielle Proportionen und damit für das, was dran ist, sowie die Bereitschaft entsprechend zu handeln. Sie bleibt nicht nur innerlich. Sie wird sich im Dasein und Handeln eines Menschen äußern und auswirken. Sie ist biblisch verstanden Realitätssinn und Ausdruck von Weisheit. Ein demütiger Mensch dürfte immer auch ein weiser und humorvoller Mensch sein. Er muss nicht um seine Würde bangen oder darauf pochen, sondern kann sich in Ehrfurcht verneigen, dem Schwachen in sich selbst und in anderen mit Achtung und Barmherzigkeit begegnen, er kann über sich lachen. Er wird sich niemals als fertig und vollendet erachten, sondern vollkommen unvollkommen in Dankbarkeit vor Gott den Pilgerweg seines Lebens suchen und gehen.[4]

Demut - spirituelle Praxis

Der Vater des abendländischen Mönchtums und Patron Europas Benedikt von Nursia (ca. 480-547) hat in seiner Regel, einer Lebensweisung für Mönche, bemerkenswerterweise auch ein Kapitel über die Demut (RB 7). Es ist das umfangreichste Kapitel. Entsprechend nötig mag es ihm erschienen sein und so viel Wert hat er offensichtlich der Demut beigemessen. Als Meister der Gottsuche und als *Lebemeister* möchte er dem Mönch dazu verhelfen, im Bewusstsein der Gegenwart Gottes zu seiner ursprünglichen Würde zu finden. In der hörenden Freiheit des Gehorsams, der Wahrnehmung dessen, was die ihn umgebende Wirklichkeit von ihm verlangt, mit geduldigem langem Atem angesichts der Widrigkeiten und Härten des Lebens sowie in schweigsamer Aufmerksamkeit auf das Geheimnis der Stille soll der Mönch seinen Weg aus der Enge des Eigensinns in die Weite der Liebe gehen.[5]

Martin Schleske, zeitgenössischer Autor eines bemerkenswerten, vielgelesenen spirituellen Buches, drückt sein Verständnis von Demut so aus: "Wenn wir unser Leben heiligen - denn das ist die Selbster-

---

[4]   Vgl. Grün 2012

[5]   Vgl. Regula Benedicti, 100-115; Louf, 43f

ziehung, zu der wir berufen sind -, dann werden wir das Schwache in uns achten und es durch die Achtung in uns stärken. Umgekehrt werden wir dem Starken in uns nicht erlauben, sich durch Selbstgefälligkeit noch einsamer zu machen, sondern wir werden das Starke in uns in die Demut führen. Mit anderen Worten: Wo das Starke in uns zur Demut fähig ist, wird es das Schwache in uns stärken. Ohne diese Demut wird jede Stärke zur Schwäche und jede Gabe zur Sünde."[6]

Eine der jesuanisch-christlichen Demutshaltung verwandte Entsprechung findet sich auch in einem buddhistischen Spruch wie diesem: "Lass Vorteil und Gewinn den anderen, nimm Niederlage und Verlust auf dich."[7] Darin drückt sich die Gesinnung des Bodhisattva aus, der nach seiner eigenen Erleuchtung in großer innerer Freiheit auf das Eingehen ins Nirvana verzichtet, um in Demut und Mitgefühl bzw. Erbarmen dem Wohle und der Erlösung aller leidenden Wesen zu dienen.

Demut - ein Heilmittel

Wie ließe sich das so aufgezeigte Wesen von Demut im Hinblick auf seine heilsame Wirkung in der beraterisch-therapeutischen Situation auswerten?[8] Das bisherige Ergebnis des hier erörterten Verständnisses von Demut sei an dieser Stelle noch einmal zusammengefasst: Christlich verstanden bedeutet Demut: bodenständige, erspürte Berührung der Wirklichkeit, so wie sie ist. Das beinhaltet Selbsterkenntnis und Selbstannahme mit Stärken und Schwächen, Möglichkeiten und Grenzen, Erfolgen und Niederlagen, ja mit Fehlern und Schuld vor dem Horizont des heiligen Geheimnisses Gottes, des Schöpfers

---

6   Schleske 2012, 61

7   Zitiert in Rinpoche 1996, zum 20.September. Dazu gibt es in dem provozierenden und konfrontativen Wort Jesu: "Der Größte von euch soll euer Diener sein. Denn wer sich selbst erhöht, wird erniedrigt, und wer sich selbst erniedrigt, wird erhöht werden." (Mt 23,11f) eine bemerkenswerte Parallele.

8   Die folgenden Ausführungen werden nicht eigens mit Literaturangaben belegt, da sie auf der Reflexion der eigenen EFL-Beratungspraxis des Autors beruhen. Zur Benennung therapeutisch relevanter Faktoren siehe im Internet unter: "Psychiatrie to go - Die fünf wichtigsten Wirkfaktoren der Psychotherapie nach Klaus Grawe"

und Erlösers. Demut ist existentielles Proportionsgespür, eine Haltung achtsamer Aufrichtigkeit, die in einem entsprechenden Verhalten Ausdruck findet. Sie ist eine Tugend, die eigener Bemühung und Übung bedarf und doch nicht zu machen und zu leisten ist. Sie verdankt sich der vertrauenden Beziehung zu Gott und führt zu Dankbarkeit und Ehrfurcht vor dem Geheimnis des Lebens. Ohne sie kann niemand - in gutem Kontakt und rechter Distanz zu sich und seiner Umgebung - zu seiner persönlichen wie zur tiefsten und letzten Wahrheit gelangen.

Es ist nicht schwer sich vorzustellen und einzufühlen, dass ein derartiges Bewusstsein und die damit verbundene Haltung sich, wie der Titel behauptet, erdend und befreiend, mithin heilsam auswirkt. Doch gälte das auch für ein religiös neutrales Verständnis von Demut? Dazu ließe sich sagen: Demut würde ohne Glauben wahrscheinlich auch erdend und entlastend wirken. Sie wäre dann so etwas wie eine Gebärde der Bescheidenheit mit Sinn für die eigenen Möglichkeiten und Grenzen. Ihr eignete ein Gespür für die eigene existenzielle Abhängigkeit und ebenso für die Möglichkeiten und Grenzen anderer. Doch würde ihr eine Dimension fehlen, der entscheidende Blickwinkel der Gnade und Verdankung, des nicht Machbaren, nur zu Empfangenden. Gerade die Erfahrung der zuvorkommenden, heilsamen, zu sich selbst und zum Lieben befreienden Gnade Gottes kann durch die Aufhebung von überfordernden Leistungsansprüchen und das Vertrauen in die größeren Möglichkeiten Gottes eine besondere Entlastung bewirken.

Demut - seitens des Beraters

Was hieße und bedeutete Übung der Demut für den Berater? Auf beraterisch oder therapeutisch Tätige kann es erdend, entlastend und befreiend wirken, wenn sie sich in der Demut üben, den Boden unter sich zu spüren und als tragenden Grund, als Metapher und Symbol der diskreten Gegenwart Gottes in ihrem Leben und Wirken wahr zu nehmen. Nicht sie müssen dann alle Krisen, Konflikte und Leiderfahrungen, denen sie im Umgang mit den Klienten oder Patienten begegnen, aufnehmen, tragen und lösen, sondern sie selber und alles

Schwere, auf das sie in ihrem Dienst an den Rat suchenden, seelisch leidenden Menschen treffen, ist von einem letzten Geheimnis getragen und aufgehoben. Im Glauben können sie sich mit ihren Stärken und Schwächen, Gaben und Grenzen bedingungslos von Gott angenommen erfahren und durch diesen Glauben lernen und üben, in diesem großen Ja auch zu sich selber ja zu sagen. Ihr Wert und ihre Daseinsberechtigung hängen nicht von ihrer Leistung, ihrer fachlichen Kompetenz und deren fehlerfreien Ausübung ab, sondern sie haben vor und bei allem eigenverantwortlichen Tun die Möglichkeit, sich und die Klienten im Gebet vertrauensvoll Gott anheim zu stellen, der sowohl in und mit ihnen wirkt als auch in den Klienten. Sie müssen vor nichts die Augen verschließen, können vielmehr sich und alles so unvoreingenommen wie möglich sein lassen, in den Blick nehmen und mit den Klienten Änderungsimpulse und Wandlungsperspektiven abwarten und entdecken. Sie müssen nicht für jeden Klienten der richtige und womöglich beste Therapeut sein und werden sich wahrscheinlich leichter tun, den jeweiligen Klienten sowie die Grenzen des therapeutisch mit ihm Erreichbaren zu akzeptieren. Sie müssen und werden nicht wissen wollen, was für den Klienten gut und förderlich ist, sondern es gemeinsam mit ihm herausfinden, bestenfalls erprobte Lösungswege anbieten.

In all dem wird deutlich, dass Demut u.a. einen erheblichen Beitrag zu den therapeutisch wirksamen Variablen des klientenzentrierten Gesprächs, Akzeptanz, Empathie und Transparenz zu erbringen vermag. Hinzu kommt der psychohygienische Aspekt, dass Demut Selbstrelativierung und Selbstbegrenzung einschließt. Beides trägt dazu bei, sich mit seiner Arbeit immer wieder in Supervision zu begeben, anzuerkennen, dass man dessen bedarf. Die damit verbundene Entlastung und die dadurch eröffneten Perspektiven bilden erfahrungsgemäß einen weiteren wesentlichen Faktor therapeutischer Wirksamkeit. So bedeutet Demut mit der Aufgabe des Größenselbst zugleich die Überwindung des Erlöser-Komplexes. Die Welt ist schon - entgegen allem Anschein - erlöst! Und wenn wir dabei noch eine Aufgabe haben, dann nur gemeinsam mit anderen die, dass sich das in unserem Leben mehr und mehr zeigt!

Demut - seitens des Klienten

Auf die Seite des Klienten hin reflektiert wird die Demut des Beraters oder Therapeuten, der dem Klienten auf Augenhöhe begegnet, auf diesen eine erleichternde, ermutigende, Scham und Angst vermindernde Wirkung haben. Das wiederum wird sein bewusst-unbewusstes Abwehrverhalten zumindest lockern, was einen wichtigen Faktor darstellt für eine günstige Prognose hinsichtlich im therapeutischen Prozess anstehender Lernerfahrungen und Veränderungen. Auf diese Weise kann sich aus dem anfänglich demütigenden Leidensdruck als Beratungsmotiv durch das Modell des Beraters und die Erfahrungen mit ihm echte Demut im Klienten entwickeln. Demut bildet so auf Seiten des Klienten gewissermaßen zugleich die Voraussetzung, den Weg und das Ziel der Therapie.

Darüber hinaus hat auch für den Klienten Geltung, was schon der Berater in der Übung der Demut erfahren kann, nämlich die Möglichkeit, die faktisch immer gegebene Berührung mit dem Boden als Beziehung zu einem tragenden Grund bewusst wahrzunehmen und im Erspüren erdend, zentrierend und entlastend auf sich wirken zu lassen. Sodann kann er sich selbst in einem wertschätzenden, annehmenden und verständnisvollen Blick erkennen und annehmen mit seinen starken und schwachen Seiten. Dabei vermittelt - in der gläubigen, pastoraltheologischen Betrachtungsweise - der Therapeut in seinem Verhalten dem Klienten quasi sakramental den barmherzigen und liebevollen Blick Gottes, der jede und jeden anschaut, ganz und gar erkennt, versteht und bedingungslos annimmt. Diese Erfahrung versetzt nach und nach dazu in den Stand, mit sich selber wie auch den anderen gelöster und liebevoller umzugehen sowie Gott als liebes- und dankeswert zu entdecken. Und wenn Liebes- und Beziehungsfähigkeit in Dankbarkeit über körperliche Gesundheit und Arbeitsfähigkeit hinaus die entscheidenden Voraussetzungen für seelische Gesundheit und ein erfülltes Leben sind, dann hat die im Beratungsprozess geübte und erlernte Demut daran einen maßgeblichen Anteil.

Damit erwiese sich die im Glauben erfahrene und gelebte Demut als eine, vielleicht die bedeutendste Ressource beraterisch-therapeutischen Handelns. Sie wird und muss in der Beratungsbeziehung wie in therapeutischen Prozessen nicht immer explizit, bewusst als Demut geübt werden - weder vom Berater noch von den Klienten. Sie wird in den Schritten von Sich-Anvertrauen, Realitätskontakt, Selbsterkenntnis, Selbstrelativierung, Selbstbegrenzung und Selbstannahme zumindest implizit als heilsame Erfahrung mitschwingen. Von der bewussten, alltäglichen Übung der Demut darf man sich in jedem Fall heilsame Wirkungen auf die Beratung oder Therapie versprechen.

Literatur

- Bruners, W. (2015): Niemandsland. Gott, Innsbruck/Wien
- Hell, D. (2015): Die Sprache der Seele verstehen. Die Wüstenväter als Therapeuten, Freiburg
- Kluge, F. (1989): Etymologisches Wörterbuch der deutschen Sprache, Berlin/New York
- Lexikon für Theologie und Kirche, Artikel "Demut" Band 3, Spalte 89-93, hg. v. Walter Kasper, Freiburg [3]1995
- Louf, A. (1979): Demut und Gehorsam, Münsterschwarzach
- Grün, A, (2012): Demut und Gotteserfahrung, Münsterschwarzach
- Regula Benedicti. Die Benediktus-Regel Lateinisch-Deutsch, Beuron [2]1996
- Rinpoche, S. ([2]1996): Funken der Erleuchtung. Buddhistische Weisheit für jeden Tag des Jahres. O. W. Barth Verlag München
- Schleske, M. ([6]2012): Der Klang. Vom unerhörten Sinn des Lebens, München Verlag

Bernhard Kassens

Trost und Zuspruch

Annäherungen

Trost ist die theologisch-therapeutische „Mutter"[1] heilsamer Haltungen in Tradition und Moderne, in Religion und Therapie, im Krankenhaus wie im Beratungszimmer. In der klinischen und seelsorglichen Arbeit mit Menschen ist Trost ein zentraler Gesundungsfaktor. Trost legt Hoffnung frei, Trost antwortet auf erlebtes, auf seelisches Leid. Biblische Spuren unterstützen diese Annahme. Die Diskussion psychotherapeutischer Wirkfaktoren dagegen verzichtet meines Wissens auf die Erforschung dieser Qualität. Gleichzeitig weiß jeder Therapeut, jeder Berater und eben auch jeder Patient und Klient – jeder Mensch – intuitiv um die Sehnsucht nach Trost und dessen heilsame Wirkung. „Getröstet wunderbar" – so schreibt der evangelische Theologe Dietrich Bonhoeffer angesichts seiner Hinrichtung im April 1945 in dem Gedicht „Von guten Mächten" von seinem tiefen Vertrauen in Gott und seiner tröstenden Wirkung.

Ein fast 30jähriger, von schwerer Krankheit gezeichneter Mann bat mich um ein Gespräch. In meinem Sprechzimmer schilderte er mir seine Situation: Seine Krebserkrankung war so weit fortgeschritten, dass er nur noch schmerztherapeutisch behandelt werde konnte. Immer klarer wurde ihm, dass sein Leben zu Ende geht, da körperliche Heilung nicht mehr möglich war. Seine Freundin sei schwanger, erzählte er. Und für ihn war unumstößlich klar: er würde sein Kind nie sehen.

Der bittere Schmerz über diese trostlose Aussichtslosigkeit ergoss sich immer wieder in Fluten aus Tränen. Ein „Berg von Taschentü-

---

[1] Vgl. Jes 66,13: Wie eine Mutter ihren Sohn tröstet, so tröste ich euch. In Jerusalem findet ihr Trost.

chern" häufte sich auf dem Tisch. Ich habe ihn einfach erzählen lassen.

Seine Situation rührte mich zutiefst an. Einerseits spürte ich den Impuls, ihn einfach mal in den Arm zu nehmen. Andererseits wollte ich professionelle und auch körperliche Distanz halten.

Als ich ihn zur Tür begleitete, fragte ich ihn dennoch ganz spontan: „Darf ich Sie mal in den Arm nehmen?" Er schaute mich an und sagte: „Darauf habe ich die ganze Zeit gewartet!" Und für einen kurzen Moment umarmte ich ihn. Ein Satz aus dem Johannesevangelium kam mir in den Sinn: „Und das Wort ist Fleisch geworden." – Ja, dachte ich, wurde es - auch in einer Umarmung!

Was meint der Begriff „Trost"? Welche Bedeutungs- und Wortgeschichte zeichnet ihn aus? Die ursprüngliche Wortbedeutung des Wortes "Trost" ist – laut Duden – „(innere) Festigkeit". Es meint im Mittelhochdeutschen auch „festes Kernholz"[2]. Etymologisch hat Trost mit dem Englischen „trust", „Vertrauen" zu tun. Auch die Bedeutung „Treue" hängt mit Trost zusammen, und die „drückt sich gerade in den Lebenssituationen aus, wo es eine deutliche Tendenz zum Fliehen gibt."[3] Solche Lebenssituationen fordern Menschen heraus, etwas auszuhalten, was emotional und kognitiv nicht auszuhalten zu sein scheint. Trost ist also „definiert als Möglichkeit, die Wirklichkeit als tragend zu vermitteln (aktiv) oder als tragend zu empfinden (passiv) – auch und gerade unter den Verhältnissen, die den Eindruck von Tragfähigkeit der Wirklichkeit schwer erschüttern."[4] Verlust und Abschied führen zu einem elementaren Trostbedürfnis.

Trost richtet auf, wenn jemand leidet, sich niedergeschlagen erlebt oder hoffnungs- und ratlos ist. Trösten bedeutet: Teilnahme und Teilgabe durch Zuspruch und Zuwendung um jemandes Leid zu verringern. Ein Mensch ist mit seiner Mitmenschlichkeit das entscheidende tröstende „Medium". Im Trost steht jemand an der Seite eines ande-

---

2   Vgl. Fuchs 2013, 227

3   Deutscher Katechetenverein 2007, 10

4   Langenhorst 2000, 20

ren, nimmt seine Hand, reicht ihm einen Becher etc. Tröstende Haltungen sind oft lebensgeschichtlich geprägt, haben ebenso eine Lerngeschichte wie trostbedürftige Erfahrungen, die keine angemessene Resonanz fanden und mit denen kompensatorisch oder verdrängend umgegangen wurde.

Bei fehlender Resonanz greifen Menschen, weil sie sich selbst trösten müssen, dann auf Musik, Erinnerungen, Trosttexte, Hoffnungen, Schokolade, Blumen, Drogen, Spaziergang u.a. zurück. Ersatzqualitäten können z.b. auch *Ablenken, Zeitgewinnen, Fixiert-bleiben* oder ein *hohes Sprechbedürfnis* bekommen. Trost ist ein Wort, das in unserer Alltagssprache auch negativ konnotiert vorkommt und den Verdacht aufkommen lässt, nur „ver-tröstet" zu werden. Einige Wortbeispiele sollen dies verdeutlichen: Trostpreis, Trostpflaster, Trösterchen, Vertröstung, nicht ganz bei Trost sein, sich über etwas hinwegtrösten. Der Eindruck stellt sich ein, als ginge es nur darum, über schmerzende Gefühle wegzukommen, sie zu betäuben. Vertröstungen führen dazu, dass an der Situation, die den Schmerz ausgelöst hat, nichts verändert wird – als ob der Schmerz sich (vermeintlich) so vermeiden ließe. In vielen philosophischen und psychologischen Betrachtungsweisen wird ein kritischer Blick auf den Trost, besonders den religiösen Trost gelegt.[5] Von Trostkultur zu sprechen, erscheint unseriös und allenfalls sentimental. Die Reserviertheit gegenüber Begriff und Phänomen ist alt und weiterhin gegeben.

Trost enthält die beschriebenen Spuren von „Festigkeit", „Zuversicht", „Vertrauen".[6] Trösten heißt eine „Zusicherung" zu geben. Es geht um persönliche Resonanz und Einsatz. Wer tröstet, stellt sich persönlich zur Verfügung. Er will ein zuverlässiger Partner sein in schweren Situationen. Begriffe wie „bei jemanden sein", „jemanden bei-stehen", „sich jemanden zuwenden" oder einem anderen „Tröstliches zusprechen", beschreiben dieses Ansinnen im Umgang mit Leid, Trauer und Leere. Die entscheidende Haltung ist Zuwendung, Dasein und Mitsein. Bedingung einer tröstlichen Handlung ist, dass Menschen in

---

5   Im Rahmen dieses Beitrages kann ich nur darauf hinweisen.

6   Langenhorst 2000, 17

seelischer Not gesehen und ernst genommen werden. So kommt H. Ch. Piper zu der Erkenntnis, dass „Trost weniger ein Lehrbegriff als vielmehr ein Beziehungsbegriff (wie Liebe und Treue) ist."[7] Trösten ist ein vielschichtiges, situatives und personales Kommunikationsgeschehen. Es stellt sich „durch ein in jedem Einzelfall anders gestricktes Netz aus Verhaltensweisen (Bei-sein, Zeit-haben, Zuhören), Beziehungsstrukturen (ich-du-andere) und sprachlichen Äußerungen (eben nicht nur Schweigen)"[8] zusammen. Langenhorst schreibt: „Trösten, das ist das Befähigen [...] dazu, dass Trauernde *mit* ihrer Trauer – sei es in Klage, Rebellion oder Annahme – und besseren Mutes Schritte auf ihrem weiteren Lebensweg auf Zukunft hin beschreiten können. Die Grenzlinie zwischen echtem Trösten und bloßem – stets negativ konnotiertem – *Ver*trösten ist dabei gar nicht so einfach zu ziehen."[9]

Das Bedürfnis nach Trost tritt bei existentiellen Sorgen, Krisen, Ängsten und Verlusten auf – oft lange bevor das Signal „Ich brauche Trost" gegeben werden kann. Das Trostbedürfnis kann zunächst oder überhaupt verborgen bleiben. Seine Abwehr erklärt sich aus Gefühlen der Angst, Scham und Trauer und wird von den Betroffenen oft als regressiv empfunden. Dessen muss sich der tröstende Helfer bewusst bleiben, um nicht selbst zum hilflosen Helfer in einer destruktiven Beziehungsdynamik zu werden. Hier ist Nietzsches Warnung und Lösung zu beherzigen: *amor fati* befreit vom raschen Tröstungsversuch, der als solcher immer verletzend wirkt. Kritisch wird das Übergehen der Frage nach Sinn: Die Erfahrung lehrt, dass eine Sinn-Findung trostvoll wirkt, weil man etwas versteht, einordnet oder gelassener im Nicht-verstehen sein kann. Stereotypien oder Reaktionen wie *Das wird wieder, Sie müssen da jetzt durch, das haben andere vor Ihnen auch schon geschafft, Sie sind aber empfindlich, etc.* stehen jeder Professionalität entgegen. Sie bedienen allenfalls den überforderten Tröster auf Kosten des Gegenübers, denn die implizierte seelische

---

[7]   Zit. nach ebd. 269

[8]   Ebd. 27

[9]   Ebd. 18

Grenzverletzung potenziert den Schmerz. „Consolator" ist das lateinische Wort für Tröster. Es setzt sich zusammen aus *con*, d.h. mit und *solut*, d.h allein. Trost zu spenden bedeutet folglich auch, mit dem Einsamen einsam zu sein. Trostbedüftige sehnen sich danach, dass es einen gibt, der mit ihnen ihre Einsamkeit teilt bzw. aushält. Diese Sehnsucht dürfte urmenschlich sein, Trost und Zuspruch antworten ihr.

Dieser kleine Einblick in das Begriffsfeld „Trost/Trösten" erlaubt eine Zuspitzung: Bei Trost geht es nicht um die anästhesierende Wirkung, also die negativen Spuren ver-tröstender Tradition, sondern um die Praxis einer tröstenden Haltung und ihrer heilsamen Potenz. Fulbert Steffensky schreibt, dass Trost das „mütterlichste aller Wörter" sei.[10] Er erläutert das, indem er davon berichtet, was ihn nach dem Tod seiner Frau am meisten getröstet habe: „Es waren Freunde und Freundinnen, die mich oft besuchten und die den Schmerz ehrten. Sie haben keine tröstenden Worte gefunden, sie waren da und sie haben sich von meinem Unglück nicht vertreiben lassen. Das Unglück vertreibt ja oft die Freunde [...]. Meine Freunde sind geblieben, sie haben mir den Schmerz gelassen [...]".[11]

Trost geschieht, wenn ein Tröster einen trostbedürftigen Menschen spüren lässt: Ich bin für dich da und ich bin bei dir. Das erinnert an die Aussage Gottes im brennenden Dornbusch: „Ich bin der ich bin da." (Ex 3,14).

Leitdimensionen für Trost und Zuspruch in Beratung

Menschen brauchen bei seelischem Leid „emotionale Medizin" (Sándor Ferenczi), so auch bei den vielfältigen Verlusterleben, die Trostbedürftigkeit nach sich ziehen und derentwegen sie in Beratung gehen. Damit der Berater Impulse und Anregungen geben kann, muss der trauernde Mensch sich zunächst entfalten dürfen und zwar in seiner Trostbedürftigkeit. Sollte sie sich in Demoralisierung, Verzagtheit

---

10 Steffensky 2008, 52

11 Ebd.

und schließlich Verbitterung äußern, darf sie nicht voreilig als Depression verstanden werden.

Der Mensch bedarf des Trostes und er ist für den Trost empfänglich. Trostlos und untröstlich zu sein, ist Ausdruck einer großen Not, die mit Erfahrungen von Abschiednehmen und Tod, dem geistigen oder dem leiblichen zusammenhängt. „Jede Biographie ist durchwoben vom ständigen Abschiednehmen."[12] Lebensgeschichtlich müssen wir Abschied nehmen von der Kindheit, der Jugend, der Familie, der Heimat, beruflichen Veränderungen, von Freundschaften und Lebensbeziehungen, von zerplatzten Träumen, verpassten Chancen und von verstorbenen Menschen und erleben dies in je unterschiedlicher Intensität: von tiefem Schmerz über Wut bis hin zu einer Apathie. „Abschiede allüberall. Wenngleich die beschriebenen Situationen sich durchaus in ihrer existenziellen Tiefe unterscheiden, so führen sie doch alle in mehr oder weniger lähmende Trauerprozesse hinein, abhängig von den auslösenden Motiven, der persönlichen Disposition, dem Halt gebenden Lebenskontext und den greifbaren Deutungs- und Handlungsmustern."[13]

Da sein – da bleiben

Die stärkste tröstliche Erfahrung ist die persönliche und gegenwärtige Anwesenheit von vertrauten Menschen mit Verbindlichkeit im Kontakt. Einfach da sein, dabei sein und „ihn spüren lassen, dass wir bei ihm sind, dass wir auch in schwierigen Situationen zu ihm stehen, für ihn da sind, bereit sind, ihm als Begleiterin oder Begleiter im Leid zu dienen"[14] wirken zuverlässig tröstend und beruhigend. Das klingt leicht und ist dennoch anstrengend. Eine aufmerksame Wahrnehmung ist hilfreich, die sich einfühlen und ausloten kann, wie viel Nähe und wie viel Distanz angebracht sind.

---

[12] Deutscher Katechetenverein 2007, 4

[13] Ebd.

[14] Student 2005, 219

Wirklichkeit wahrnehmen: Es ist jetzt im Moment wie es jetzt ist.

Es ist zu akzeptieren, dass an der auslösenden Situation, an dem Grund für die Trauer im Moment nichts mehr zu verändern ist. Langes *Grübeln* und *Ergründen* hilft wenig. Trost ist möglich, wenn es Hilfe zur Annahme der inneren, emotionalen Reaktion gibt, wie zB. allein durch die Aussage: „Ich weiß, das ist schwer!" Sie lässt Trost annehmen.

Zuhören und erzählen lassen – auch in Wiederholungen

„Aktives Zuhören", „Ausreden lassen" und „Verstehen wollen" sind die Eigenschaften, die die Trösterin/den Tröster am meisten auszeichnen. In Trauergruppen, wie zB. die für Mütter und Väter, die um ein totgeborenes Kind trauern, ist bei allen Beteiligten viel Verständnis dafür, immer und immer wieder von diesem Verlust und dem Schmerz erzählen zu können, wenn Familienangehörigen oder Freunden schon längst die Geduld fehlt. „Eigentlich sehnen wir uns doch nur nach jemanden, dem wir unser ganzes Unglück wieder und wieder erzählen dürfen, der die Geduld nicht verliert und der uns einfach so aushält, wie wir im Augenblick sind, ohne davonzulaufen."[15] Dabei ist zu beachten, dass ein Miteinander-Schweigen-Können Geduld braucht, um deutlich zu machen, dass man das Leid des anderen solidarisch mitträgt.

Das Erzählen kann helfen, das eigene Erleben zu ordnen und zu begreifen. Im Erzählen vom Verlust und in der Interpretation liegt die Chance, dass das Chaos Sinn und Struktur bekommt und der Schmerz sich lindert. Im biblisch-anthropologischen Verständnis hat der Trostbedürftige ein Recht auf Klage (s.u.). Klagen ist eine wesentliche Ausdrucksform im Leid und gleichermaßen psychologisch wie theologisch von Bedeutung.

Trauer ermöglichen und dadurch Trost spenden

Die Ermöglichung zur Trauer zB. in der Biographiearbeit ist eine Chance, Trost zu spenden. Umgekehrt gilt auch, dass die Gewissheit um das Da-sein und Da-bleiben eines persönlich wichtigen Trösters

---

[15] Ebd. 218

es ermöglicht, lange verschwiegene, verkapselte Trauer ans Licht zu bringen. Dann hat Trost eine Brückenfunktion: vom leidvollen Erleben hin zu einem heilsamen Erleben. Hilfreich ist das Wissen, dass Leid und der damit verbundene emotionale Schmerz unvermeidlich zum Leben dazu gehören und dass der Trostbedürftige gleichzeitig erfährt, dass er nicht allein gelassen wird und jemand ihm im Schmerz nahe bleibt. Möglich wird die Erkenntnis, dass zum Reifen und Werden menschlichen Lebens auch Schmerzen gehören.[16] „Wachstumsschmerz" ist ein Bildwort dafür, dass seelischer Schmerz Gestalt und Ausdruck finden kann, wenn das Leiden nicht gemieden wird. Die Zustimmung zum Abschied, die Einsicht in die Notwendigkeit und die Hoffnung auf Besserung unterstützen heilsame Zugänge eher als naive und regressive Wünsche nach Leidbehebung. An der Seite von jemanden zu bleiben ist die resonante Reaktion auf den Wunsch nach Bindung, der sehnsuchtsvoll – und sei er noch so irrational – doch immer fortbesteht. Trost bewirkt nicht die Veränderung der die Trostlosigkeit auslösenden Realität, sondern zeigt dem Getrösteten einen anderen Umgang mit der Trostlosigkeit auf. Die starre, wenig bewegliche und hoffnungslos anmutende Position des Schmerzerlebens als natürliche Reaktion weicht einer vorsichtigen, neu Vertrauen aufbauenden Haltung. „Wer über die kleinen Abschiede und die mit ihnen verbundenen Verlustgefühle zu sprechen lernt, setzt sich einer unumgänglichen Lebenserfahrung, nämlich dem Abschiednehmen, nicht mehr ohnmächtig aus, sondern beginnt, das anfangs Unsagbare in Worte zu fassen."[17]

Tröster/Trösterin

Neben einer professionellen Beratungskompetenz sind die eigenen lebensgeschichtlichen Erfahrungen, trostbedürftig und (nicht) getröstet worden zu sein, von besonderer Bedeutung. Je reflektierter und integrierter diese Erfahrungen sind, umso hilfreicher können sie genutzt werden und geben dem Tröster/der Trösterin in der Begleitung guten Stand.

---

[16] Vgl. den Artikel von Strodmeyer und Plois in diesem Band

[17] Deutscher Katechetenverein 2007, 4

Die Trostlosigkeit und Trauer einer Person, ihre Ängste, Zweifel und Befürchtungen können so existentiell sein, dass auch der Tröster in seinen Überzeugungen und in seinem Selbstverständnis zutiefst angefragt und verunsichert werden kann. Entscheidend ist, dass der Tröster/die Trösterin um seine/ihre Grenzen weiß und diese beachtet, was ausreichende Selbsterfahrung und Eigenanalyse voraussetzt. Wer sich in ein Trostgespräch begibt, muss damit rechnen, zutiefst in seinem Selbstverständnis angefragt zu werden. Deshalb ist es hilfreich, um eigene Trosterfahrungen und Trostlosigkeit zu wissen. Damit kann hinderlichen Gegenübertragungsneigungen entgegengewirkt werden. Auch gibt es „ein Ausmaß an Leid und Schmerz [...], das unser Mitgefühl überfordert, wo wir nicht mehr dabei sein können. Dies anzuerkennen, kann dann vielleicht davor bewahren, zu einem leidigen Tröster zu werden [und] anstatt in unangemessene Worte zu fliehen, die eigene Trostbedürftigkeit einzuräumen und auch die Ohnmacht zu trösten."[18]

Tröster sollten um die eigenen Trostquellen und Trost(w)orte wissen. Dazu zählen die Personen, die hinreichend vertraut sind, um eigener Trostbedürftigkeit nachzugehen, aber auch Texte, Gedichte, Bücher. Auch ist es hilfreich, einen Vorrat an „inneren und äußeren Bildern" zu haben, auf die man ggf. zurückgreifen kann und die eine Hilfe in der Versprachlichung darstellen. Tröster sollten aus Gründen der Psychohygiene Auszeiten nehmen, um das Erlebte zu reflektieren und in das eigene Leben zu integrieren, was in Form von Exerzitien oder Supervision geschehen kann. Michael Plattig verweist auf „die Haltung der Aufmerksamkeit, der inneren Zentriertheit, die es immer wieder einzuüben und zu schulen gilt, die aber wichtig ist, um sich für die Erfahrung des Trostes zu bereiten."[19]

Zuspruch – Chancen und Grenzen der Sprache

Was ausgesprochen ist, wird für den Sprecher zur Wirklichkeit. Es verlässt den Raum der Phantasie. Was ausgesprochen ist, bekommt

---

[18] Stolina 2012, 25
[19] Plattig 2012,170

Gestalt und Klang, wird wahrnehmbar. Eine in Worte gefasste „Wirklichkeit der Selbstwahrnehmung" wird verfügbar, dann verhandelbar, und schließlich veränderbar. Hilfreich ist es, wenn der Tröster/die Trösterin Worte findet, die das Gehörte dem Trostbedürftigen widerspiegeln, wobei es neben Inhalten auch um Bedeutungen geht. Durch anbietendes Aussprechen werden dem Trostsuchenden mögliche Bedeutungen verfügbar gemacht, die weiterhelfen, die Erfahrungen neu zu integrieren und zu verstehen.

Das Sprechen ermöglicht dem Menschen Selbstmitteilungen, macht ihn zum dialogischen Wesen. Im Dialog bringt der Mensch sich und seine Trostbedürftigkeit vor einem Anderen „zur Sprache". Das Zweite Vatikanische Konzil betonte, dass Dialog und Dialogizität bedeuten, in Kommunikation mit der Wirklichkeit und mit dem Anderen zu treten.

Welche Kraft, Möglichkeiten und Grenzen Worte besitzen, kann derjenige ermessen, der es gewagt hat, sich dialogisch dem anderen zu zeigen. Dem Wunsch und Versuch, alles zur Sprache zu bringen, folgt oft die Ernüchterung. Das Wort erreicht nicht die Fülle der Gedanken, spricht letztlich nicht die Wirklichkeit aus, die mitzuteilen intendiert war. In vielen Situationen ringen die Menschen geradezu um das „rechte Wort" und spüren, dass Worte „völlig fehl am Platze" sind. Sie würden nur stören. Es gibt Momente, die von überwältigender Freude oder unerträglichem Leid gekennzeichnet sind und die den Menschen „sprach-los" machen und zum Schweigen bringen.

Trost in theologischer Sicht

Die Bibel gilt als das Buch des Trostes und des Tröstens schlechthin. In vielen verschiedenen Geschichten werden Erlebnisse und Erfahrungen zum Thema Trost thematisiert und bearbeitet.[20] Sie berichten davon, dass Gott in jeglicher Situation Trost spendet, und zwar einen Trost, den der Mensch sich nicht geben kann. „So wenig sich der Mensch das Leben, den Lebenshauch selbst geben kann, sowenig

---

[20] Vgl. Deutscher Katechetenverein 2007, 7

kann er sich selbst trösten. Trost ist ein Beziehungsgeschehen zwischen Gott und Mensch und unter Menschen."[21]

Im Folgenden werden ausgewählte Beispiele biblischer Geschichten und Texte aus dem 1. und dem 2. Testament zum Trostkonzept[22] skizziert. Sie stellen ohne Anspruch auf Vollständigkeit einige theologische Aspekte zum Thema „Trost" dar.

Atem

Das Wort Trost wird von seiner hebräischen Wurzel her mit dem „Atmen" in Beziehung gebracht: „heftig atmen, tief seufzen, aufseufzen, nach Luft schnappen, wieder atmen können, aufatmen, durchatmen."[23] Der Atem ist in der Bibel von entscheidender Bedeutung: Erst mit dem Atem Gottes vollzieht sich das Leben (Gen 2,7). Trostlosigkeit und Trostbedürftigkeit können dazu führen, dass einem das Durchatmen schwerfällt, einem der Atem stockt oder dass jemand das Gefühl hat, es wird einem der Atem genommen. Trost erfährt man, wenn man wieder aufatmen, wieder Luft holen kann. Analog zum hebräischen Gebrauch des Wortes betonen körpertherapeutische Ansätze im Atmen die leibliche Dimension des Trostes.

Trostverweigerung – Josef

Nachdem man Jakob die (unwahre) Nachricht überbracht hatte, dass sein über alles geliebter Sohn Josef von wilden Tieren gerissen und zu Tode gekommen sei, lehnt Josef es ab, trotz aller Trauerrituale, sich trösten zu lassen. „Er aber ließ sich nicht trösten [...]" (Gen 37,35). Das Wichtigste in seinem Leben ist Josef genommen worden. Nichts ist mehr, wie es mal war. Für ihn gibt es keinen Trost. Josefs Brüder versuchen zwar, den Vater zu trösten. Aber sie sind nicht dazu in der Lage, weil sie den Schmerz ihres Vaters, den der Tod des Lieblingssohnes in ihm ausgelöst hat, nicht verstehen können und diese besondere Liebe des Vaters zu Josef nie anerkannt haben.[24] Die Ja-

---

[21] Plattig 2012, 152

[22] Zenger 2008, 182

[23] Stolina 2012, 15

[24] Vgl. Zenger 2008, 183

kob-Josef-Erzählung unterstützt das „Recht auf Untröstlichkeit und den Widerstand gegen oberflächliche, unwürdige Vertröstungen. Sie tut dies, um den wahren Trost zu schützen und vor falschen Tröstern zu warnen."[25] Das beschreibt den komplexen Gehalt jeder Trosthandlung wie auch die Sehnsucht nach Trost. Die anthropologische Angewiesenheit auf Trost erklärt die typische Sehnsucht danach. Es ist zwischenmenschlich schwer, die Grenzen des Trostspendens anzuerkennen. Dem biblischen Zugang ist das sehr vertraut.

Trost im Buch Ijob

Im 1.Testament gilt Ijob als die Personifizierung des Leidens und des Scheiterns. Ijob hat alles verloren: Besitz, Kinder, Gesundheit und schließlich verlässt ihn auch noch seine Ehefrau. Das Hiob-Buch berichtet davon, wie man in solchen Situationen reagieren kann bzw. beschreibt verschiedene Formen des Tröstens. Welche helfen? Welche hindern?

Zunächst haben Hiobs Freunde wahrgenommen, in welcher trostlosen Situation sich ihr gemeinsamer Freund befindet. Sie machen sich auf den Weg zu ihm. Zunächst solidarisieren sie sich mit Ijob und wollen seinen Schmerz mit aushalten und tragen. „Als sie von fern aufblickten, erkannten sie ihn nicht; sie schrien auf und weinten. Jeder zerriss sein Gewand; sie streuten Asche über ihr Haupt gegen den Himmel. Sie saßen bei ihm auf der Erde sieben Tage und sieben Nächte; keiner sprach ein Wort zu ihm. Denn sie sahen, dass sein Schmerz sehr groß war" (Ijob 2,11-13). „So teilen sie sein Entsetzen und sein Ungetröstetsein – und geben ihm so Trost, durch ihr schweigendes Da-Sein."[26] Aber dann tappen sie in die „Trostfalle", indem sie anfangen, Erklärungen abzugeben und Streitgespräche zu führen, die auf irgendeine Art und Weise die Sinnhaftigkeit der Geschehnisse belegen sollen. Sie verlassen ihre Position der Solidarität – so können sie für Ijob keine Tröster mehr sein. „Ähnliches habe ich schon viel gehört; leidige Tröster seid ihr alle" (Ijob 16,2).

---

[25] Ebd.

[26] Zenger 2008, 185

Einzig Gott ist es, der tröstet: „durch seine Annahme, sein Ernstnehmen, sein Zuhören. Gott weist Hiobs Anklagen nicht zurück, sondern
lässt sie als Sprachformen seines Leidens zu. Gott spendet Trost
durch die Zusage, dass er seine Schöpfung trotz allen Chaos' bewahrt."[27] Ijob erfährt die absolute Solidarität Gottes, weil er sich von
Gott in seinem Schmerz angenommen fühlt und seine Situation in der
(An-)Klage vor Gott und den Menschen sprachlich zum Ausdruck
bringen kann. Die existentielle Betroffenheit hat persönliches Gewicht.
Das ist es, was in der Gott-Mensch-Interaktion hinsichtlich trostvollem
Beistand Gottes wesentlich ist.

Ijobs Botschaft lautet: Gott bewahrt in allem Lebenschaos, wenn man
auch jenseits der Verstehbarkeit ihm vertraut.[28] Hier wird exemplarisch deutlich, dass Klagen und Trost eng zusammen gehören. In der
Klage bekommt die leidvolle Situation einen Ausdruck, der vor Gott
gebracht wird. Es ist hilfreich, Wörter und Sprache zu finden für eine
Situation und die in ihr gegebenen Gefühle, um sie nach „außen" zu
tragen. Der trostbedürftig Klagende wird wieder Gestalter seines
Schmerzes, seiner Sehnsucht, seines Lebens, auch wenn diese zunächst als unabänderlich erscheinen.

Psalmen

In den Psalmen tragen die Beterinnen und Beter das, was sie bewegt,
ihre Freude, ihren Dank, ihr Leid und ihre Klagen direkt vor Gott. Sie
externalisieren ihre Gefühle und ihr Erleben sprachlich, so dass der
Schmerz und der Verlust nicht der Stummheit anheimfallen. Darin liegt
die Chance der Verwandlung der Not.

*„Wie der Hirsch lechzt nach frischem Wasser, so lechzt meine Seele
Gott, nach dir [...]. Tränen waren mein Brot bei Tag und bei Nacht [...].
(Ps 42,2.4)*

*„Denn meine Seele ist gesättigt mit Leid, mein Leben ist dem Toten-
reich nahe." (Ps 88,4)*

---

[27] Deutscher Katechetenverein 2007, 7

[28] Vgl. ebd.

Gott wird und bleibt anrufbar, obwohl es schwer ist, trotz allem
Schmerzlichen und Leidvollen noch an ihn zu glauben. „Eine theodie-
zeeempfindliche Gottesrede wird auf jeden Fall daran festhalten, Gott
auch damit zu konfrontieren."[29] Die Parallelen zum Beratungsgeschehen liegen auf der Hand: Vielfach wohnt dem Trost ein Schmerz inne
– wie auch umgekehrt dem Schmerz das Potential zum Trost.

„Selig sind die Trauernden, denn sie sollen getröstet werden." (Mt 5,4)

Jesus preist die Trauernden selig. Das klingt „schräg". Jesus stellt –
wie so oft – die Dinge auf den Kopf. Trauer kann sehr schmerzlich
sein. Trauer und Trostbedürftigkeit sind in unserer Kultur eher negativ
konnotiert. Erinnert sei an das Trost abwehrende Motto: „Ein Indianer
kennt keinen Schmerz." Trauer wird immer seltener nach außen getragen, stattdessen zur Privatsache gemacht. Der Heilige Paulus
schreibt: „Jetzt freue ich mich, nicht weil ihr traurig geworden seid,
sondern weil die Traurigkeit euch zur Sinnesänderung geführt hat" (2
Kor 7,9). Medard Kehls interpretiert: „Dahinter steht bei Paulus vielleicht eine Erfahrung, die uns nicht fremd ist: Wo wir im Vertrauen auf
die Treue Gottes der Trauer über unser eigenes Versagen, über uns
angetanes Unrecht oder über einen schmerzlichen Verlust (welcher
Art auch immer) genügend Zeit und Raum gewähren, wo wir ihrem
Drang nach Erinnerung, nach Erzählen und Mitteilen, nach Verstehen
und Aufarbeiten nachgeben, da kann sie ungemein lösend wirken, da
führt sie uns behutsam zum Loslassen-können, zum Versöhnt-
werden, zum Annehmen des Geschehenen, ja zu neuem Lebensmut
und zu neuen Anfängen. Selig, wer so trauern kann, denn er wird darin dem tröstenden Gott begegnen!"[30]

Hier werden in theologischer Diktion auch Beratungswirklichkeiten erfasst, die gegeben sind, wenn Klienten Hilfe suchen, um bei der Verarbeitung von Trauer, Verlusterfahrungen, Schuldgefühlen und realer

---

[29] Stolina 2012, 28

[30] Kehl 2000, 97

Schuld eine entlastende und heilsame Haltung zu Unabänderlichem aufzubauen.

Getsemani

Die Getsemani-Situation versinnbildlicht wohl eine der schwersten Lebenssituationen eines Menschen. Vom Tode bedroht begibt sich Jesus in diesen Garten, nur von wenigen und auserwählten Freunden begleitet, die er bittet, bei ihm zu bleiben und mit ihm zu wachen. Ein starkes Bild für den Wunsch, in tiefer Bedrängnis und Not nicht alleine sein zu müssen. „Bleibt bei mir!" Die Nähe von Menschen in solchen Situationen kann tröstlich sein. Genau diese Art von Trost ist es, um die Jesus „untröstlich betrübt" die Jünger im Garten Getsemani kurz vor seiner Verhaftung bittet: „Bleibet hier und wachet mit mir" (Mt 26, 38; Mk 14,34). Aber die Jünger versagen, zeigen sich von diesem Wunsch überfordert – und bieten damit zugleich allen Menschen, die im Trösten versagen, eine gemeinsame tröstliche Heimat.

„Dein Wille geschehe" – so betet Jesus im Garten Gethsemani. Im Gebet lässt sich die ganze Not vor Gott stellen. „Nicht das aufständische Trotzdem hat das letzte Wort, sondern die vertrauende Einwilligung in Gottes Treue. Und darin sogar das dankbare Einverständnis in den so oft noch dunklen Willen Gottes."[31] Die Spannung, wenn Menschen dem Tode nah sind, auszuhalten, ist im Krankenhaus anspruchsvolle Seelsorge, in der psychologischen Beratung Trauerarbeit, zB. dann, wenn es noch ferneres eigenes oder erlebtes Sterben betrifft. Auch „unverdaute" Verlusterfahrungen aus der Vergangenheit, manchmal aus der vorherigen Generation, bedürfen des Tröstens. Die Ahnung, dass der Tod zum Leben gehört, er ins Leben hineinreicht, „im Tod das Leben ist", wie es in einem Kirchenlied heißt, kann tröstlich wirken.

Mystik

„Die dunkle Nacht" ist wohl eines der bekanntesten Texte von Johannes vom Kreuz. Er durchlebt die dunkelsten Zeiten seines Lebens (physisch, psychisch, seelisch), als er von seinen eigenen Klosterbrü-

---

[31] Fuchs 2013, 227

dern gefangen und unter unmenschlichen Bedingungen in einem Klostergefängnis eingesperrt wird. Seine Hymne an die Nacht spiegelt seine inneren, durchlebten Kämpfe wider, die persönliche Veränderungen ermöglichen. Veränderungen im Leben können zu tiefster Verzweiflung führen, die symbolischen Ausdruck finden im Bild der „Nacht". Johannes vom Kreuz betrachtet diese Erfahrungen der Nacht als Chance der Gottesbegegnung, wenn man zutiefst davon überzeugt ist, dass Gott abwesend ist. Er ermutigt dazu, Stufe um Stufe in diese Dunkelheit hinabzusteigen in einem Vertrauen „[…] ohne anderes Licht und Geleit außer dem, das in meinem Herzen brannte."[32] In einem Taize-Lied wird es folgendermaßen übersetzt: „Des Nachts werden wir ziehen: um die Quelle zu finden, ist der Durst unser einziges Licht". Dieser Durst nach Leben mag die Chance sein, Zeiten der Trostlosigkeit durchstehen zu können und sich von der Vorstellung der Einmaligkeit zu verabschieden. Trostanlässe zeichnen Leben aus.[33]

Heiliger Geist

Komm herab, o Heil'ger Geist,
der die finstre Nacht zerreißt,
strahle Licht in diese Welt.

Höchster Tröster in der Zeit,
Gast, der Herz und Sinn erfreut,
köstlich Labsal in der Not.[34]

In den Abschiedsreden Jesu (Joh 14,15-17,26) verspricht Jesus seinen AnhängerInnen geistlichen Beistand. Dieser soll sie trösten, auch wenn er leiblich nicht mehr bei ihnen sein wird. So wie er am Kreuz seinen Geist aushaucht (Joh 19,30), so haucht er ihnen am Ostermorgen seinen Geist zu (Joh 20,22). Hier schließt sich der Kreis des „göttlichen Atmens": Wie Gott zu Beginn den Menschen beatmet, so

---

[32] Johannes vom Kreuz 2001,165

[33] Auf die bedeutsame ignatianisch-religiöse „Trostarbeit" kann ich hier nicht eingehen. Ihre ebenso spirituelle wie heilsame Strahlkraft reicht bis in die Gegenwart.

[34] Veni sancte spiritus, 13. Jhd. übersetzt: M. Thurmair, M. Jenny

haucht nach seinem Tod Jesus den göttlichen Lebensatem zu. Sehr tröstlich hat Anton Honer das in eine „Ver-dichtung" gebracht: [35]

Mit seinem Atem
gab mir Gott mein Leben
ohne mich zu fragen,
ohne mein Dazutun
und ohne mit mir darüber zu reden.

Lange Jahre bin ich da
und weiß nicht,
ob er, der mir Leben gegeben,
fern ist oder nah.

Oft glaube ich,
ihn in Menschen, in Blumen zu erkennen
oder in Zeichen, die er mir gibt.
Da spüre ich ihn,
kann ihn Vater nennen
und weiß, dass er mich liebt.

Doch dann kommen Tage,
da weichen diese Zeichen von mir
und ich stelle alles in Frage
und glaube, dass Gott mich flieht
An solch dunklen Tagen
sitze ich dann da mit "Gottes Atem"
und die Luft reicht mir kaum
für den kleinen Raum meines Lebens.

Einsam bin ich dann
und dankbar jedem Menschen,
der dies spürt
und mich ein wenig
mit seinem Hauch,
mit seinem Atem
berührt.

---

[35] Honer 2004, 22

Literatur

- Deutscher Katechetenverein e.V. (2007): Trauern ermöglichen – Trost schenken. Materialbrief Gemeindekatechese, München

- Fuchs G. (2013): Schon bei Trost. In: Christ in der Gegenwart, 227

- Honer, A. (2004): Gedanken und Gebete für Einzelgänger. Hünfelden

- Johannes vom Kreuz: (2001): Die dunkle Nacht und die Gedichte. Sämtliche Werke, Band 2. In: Stutz, P.: Licht in dunkelster Nacht. Vier Briefe an bekannte Mystiker. Münsterschwarzach, 93

- Kehl, M. (2000): „Selig die Trauernden, denn sie werden getröstet werden" (Mt 5,4). In: Geist und Leben, 96-97

- Langenhorst, G. (2000): Trösten lernen? Profil, Geschichte und Praxis von Trost als diakonischer Lehr- und Lernprozess. Ostfildern

- Plattig, M. (2012): Trost - Praktisch-theologische Überlegungen. In: Plattig, M., Stolina, R. (Hg.): TrostErkundungen. Philosophische, psychologische und theologische Zugänge, Mainz, 152-174

- Steffensky, F. (2008): Trost – das mütterlichste aller Wörter. In: Peters, T.R.; Urban, C. (Hg.): Über den Trost. Für Johann Baptist Metz. Mainz, 52-55

- Stolina, R. (2012): „Getröstet wunderbar" – vom Geheimnis des Trostes. In: Plattig, M., Stolina, R, (Hg.): TrostErkundungen. Philosophische, psychologische und theologische Zugänge, Mainz, 8-37

- Student, J. C. (2005): Trösten. Da sein im Leid. In: Walter, R. (Hg.): Mit einem weiten Herzen. Haltungen, die gut tun. Freiburg, 216-219

- Zenger, E. (2008): Biblische Miniaturen über Trösten und Trost. In: Peters, T.R., Urban, C. (Hg.): Über den Trost. Für Johann Baptist Metz. Mainz, 182-187

Christopher Trouw

Barmherzigkeit und Vergebung

*„Denn höher vermag sich niemand zu heben,
als wenn er vergibt."*
Johann Wolfgang von Goethe, Reineke Fuchs

Psychologische Beraterinnen und Berater sind täglich mit den Themen „Schuld - Vergebung - Versöhnung" konfrontiert. Sie erleben die Menschen als Täter und Opfer:

- Ein junger Mann kommt in die Lebensberatung, da er unter Alkoholeinfluss jemanden tätlich angegriffen und schwer beleidigt hat. Er schämt sich sehr und möchte sich entschuldigen, das Opfer lehnt jedoch jeden Kontakt ab. Darunter leidet er sehr. Während der Beratung wird ihm bewusst, wie sich Gefühle von Wut und Verachtung im Laufe seiner Biographie angesammelt haben.

- Ein Paar versucht in der Eheberatung, nach dem Seitensprung eines Partners die Ehe zu retten und einen Neubeginn zu finden. „Er hat sich entschuldigt, und ich glaube ihm, dass er es ernst meint und es ihm leid tut, aber ich kann ihm nicht verzeihen. Immer wieder muss ich daran denken."

- Hochstrittige Scheidungseltern liefern sich in der Familienberatung einen „Rosenkrieg" und jeder gibt die Schuld dem Anderen. Die Kinder leiden zutiefst unter dem Streit, werden instrumentalisiert und dann zur „Therapie" angemeldet. Wie sehr die Eltern sich mit ihrem unversöhnlichen Kampf um Unterhaltszahlungen und Besuchsregelungen an ihren Kindern versündigen, wollen sie lange Zeit nicht wahrhaben.

Beratung der Opfer

In der Begleitung von Menschen, die in der kürzeren oder längeren Vergangenheit seelische Wunden erlitten haben, hat Beratung einen großen Erfahrungsschatz und kann auf bewährte psychotherapeutische Methoden zurückgreifen: Trost spenden für Opfer von familiären Konflikten, von Missbrauch, Krieg, Flucht und Vertreibung und die Verarbeitung der Folgen einer unzureichenden Erziehung und Sozialisation sind Alltag in einer Ehe-, Familien-, Lebens- und Erziehungsberatungsstelle. Zunehmend sind in den letzten Jahren auch die Opfer in der zweiten Reihe in den Fokus geraten, wie die Arbeit mit *Kindern als Zeugen häuslicher Gewalt* oder *Kindern psychisch kranker Eltern* zeigt.

 Ziel dieser Beratungsprozesse ist die Heilung der seelischen Wunden. Die Frage, ob am Ende dieses Heilungsprozesses Vergebung oder Versöhnung steht, darf jedes Opfer selber entscheiden. Berater beobachten immer wieder, dass es Opfern gut tut, wenn sie an diesen Punkt kommen. „[. . .] das Opfer muss das eigene Leben wieder in die Hand nehmen, aus der Opferrolle herauswachsen und eine minimale Distanz von der Verletzung gewonnen haben, um vergeben zu können."[1] Moralischer Druck im Sinn einer Erwartungshaltung („Am Ende *muss* aber Vergebung geschehen!") ist fehl am Platz, denn „vergeben können" ist kein therapeutisches Pflichtprogramm. „Die Frage allerdings ist aufrechtzuerhalten, ob eine Behandlung nicht nur dann erfolgreich zu einer heilsamen Wandlung des Ich führen wird, wenn *als letzter Horizont des Verstehens* für Therapeut wie für Patient sich die *Möglichkeit* eröffnet, an die Verzeihbarkeit auch noch der schlimmsten Schuld *glauben zu dürfen*."[2]

Beratung der Täter

Beratungsstellen, die mit Opfern arbeiten, tun sich nicht leicht darin, dies auch mit Tätern zu tun. Speziell dann, wenn es für den Heilungsprozess der Opfer vorübergehend notwendig ist, den Tätern aus dem Weg zu gehen. Welche Beratungsstelle hat schon getrennte Zu- und Ausgänge oder getrennte Wartezimmer für zwei verschiedene Gruppen von Klienten? Auch hilft dem Berater seine psychotherapeutische

---

1 Wulf, 2008, 304

2 Kodalle 2013, 373

Ausbildung und Schulung bei einer solchen Aufgabe nur bedingt weiter, da sich die Psychotherapie lange Zeit nur für die Befreiung von neurotischen Schuldgefühlen und -komplexen zuständig fühlte. Hier hat die kirchliche Seelsorge einen gehörigen Erfahrungsvorsprung rund um die Themen *Reue* und *Beichte*. Erst in der kürzeren Vergangenheit entdeckt die Psychotherapie existentielle Schuld als Thema: „Aber erlebte eigene Schuld als solche auszusprechen - das muss doch auch in einer Therapie möglich sein [...]. Die Schuldannahme bewirkt einen Freiheitsgewinn und macht durch laufende Kurskorrektur ein glückliches Leben möglich."[3] Es ist kein Zufall, dass psychologische Methoden zur Arbeit mit Tätern in den Gefängnissen, in der Justiz-Sozialarbeit und in der Gefängnisseelsorge entwickelt wurden: Angemessene Konfrontation in der Gruppe oder Rollenspiele zur Empathiesteigerung sind dort unerlässliche Instrumente. Aufrichtig „Entschuldigung!" zu sagen, kostet viele Täter bereits große Überwindung. Und sie denken: „Jetzt ist wieder alles gut, ich habe mich doch entschuldigt." Reue und Beichte heilen den Täter. Auch zu einer Wiedergutmachung sind einige bereit. Und nach einem gelungenen Täter-Opfer-Ausgleich gehen Täter und Opfer friedlicher, aber getrennt, ihrer Wege.

Versöhnungsarbeit

Versöhnung ist mehr: Opfer und Täter gehen aufeinander zu mit dem Wunsch nach einer zukünftigen guten Beziehung. „Ich vergebe . . ." geht alleine, aber „Ich versöhne mich mit . . ." geht nur miteinander. Speziell in der Familien- und Eheberatung ist der Wunsch nach Versöhnung drängend. Doch für das Opfer ist Versöhnung nicht so einfach. Je tiefer die Verletzung und Enttäuschung ist, umso länger braucht es, um Groll zu überwinden und das gegenseitige Wohlwollen wiederzufinden. „Aus meiner Erfahrung weiß ich, dass durch die Schädigung der Tat die Seelen der Opfer so nachhaltig emotional vergiftet sein können, dass Wiedergutmachung, so wünschenswert sie ist, allein nicht ausreicht. [...] Wie aber kann das Opfer sich vom

---

3 Bonelli 2013, 26-28; s. a. Kodalle 2013, 361ff

seelischen Schaden, den ihm der Täter zugefügt hat, befreien? Meiner Ansicht nach nur durch Vergebung."[4] Was hilft dabei? Hinweise darauf verspricht die bundesweite Studie „Vergeben und Verzeihen in Paarbeziehungen". In einem ersten Ergebnis konnte diese aufzeigen, dass eine gemeinsame christliche Einstellung, die in die Gestaltung der Partnerschaft hineinwirkt, für das Wohlbefinden des Einzelnen, seine Vergebungsbereitschaft und damit auch für die Partnerschaftszufriedenheit wichtig ist.[5] Was kann das konkret bedeuten? Welche Einstellung, welche Haltung trägt zur Vergebungsbereitschaft bei und kann so nach Verletzungen heilsam sein?

> *„Allerdings ist die Vergebung die schwerste Aufgabe, die die Liebe zu bewältigen hat, und das größte Risiko, das sie eingehen muss."*[6]

Heilsame Haltungen

Die im Folgenden beschriebenen Haltungen sind sowohl für Ratsuchende wie für Berater heilsam. Kann ein Klient sie sich im Beratungsprozess erarbeiten, wird er Versöhnung und Heilung finden. Kann ein Berater sie in seinem eigenen Tun einnehmen, wird er heilsam sein für seine Klienten:

I. Sich der eigenen Wunden bewusst sein

Die Psychotherapie hat von jeher betont, wie wichtig es ist, schmerzhafte und ängstigende Gefühle wieder bewusst zu machen, die im Zusammenhang mit frühen Verletzungen und Kränkungen verdrängt wurden. „Es tut dem Herzen gut, wenn seine Wunde an die frische Luft kommt - erst dann kann sie heilen." formuliert Bonelli.[7] Der Psychotherapeut wird oft mit dem Arzt verglichen, der die schmerzhafte Wunde säubert und verbindet. Den Heilungsprozess seelischer Wun-

---

[4]   Stauss 2014, 23

[5]   Kohlgraf et al., 2015

[6]   Stauss 2014, 91

[7]   Bonelli 2013, 275

den analog zum Heilungsprozess körperlicher Wunden zu sehen, ist in mancher Hinsicht hilfreich:

- Beide brauchen Zeit zum Heilen.
- Heilung lässt sich nicht erzwingen oder beschleunigen, nur verzögern
- Positive Bedingungen befördern den Heilungsprozess.
- Schlecht zugeheilte Wunden führen zu Entzündungen, die den Körper viel Kraft kosten und lebensbedrohlich werden.
- Aber auch eine gut verheilte Wunde hinterlässt eine Narbe, die bei bestimmten „Wetterlagen" schmerzen kann.

Ein guter Vergleich! Aber sind Psychotherapeuten wie Ärzte? Und Beraterinnen und Berater? Ein alter Witz fragt: „Was ist der Unterschied zwischen einem Chefarzt und dem lieben Gott? - Der liebe Gott hält sich nicht für einen Chefarzt." Die Menschheit braucht gute Ärzte, aber keine, die sich für unfehlbar, für übermenschlich stark und gesund halten. Theo Paul erinnert an das frühchristliche Bild von Jesus Christus als „dem verwundeten Arzt": Er hat sich der Verwundeten, ihrer Schwächen und Wunden angenommen und sie am eigenen Leib mitgetragen. Es ist menschlich, Wunden zu haben und verwundbar zu sein. Mehr noch: Die Wunden können zur Kraftquelle werden und uns einen anderen und tieferen Zugang zum Leben erschließen. „Sich seiner eigenen Wunden, Schwächen und Stärken bewusst zu werden, ist ein Dienst unserer Beratungsstellen. Dabei kann das Selbstverständnis der verwundeten Beraterin oder des verwundeten Beraters zu einer besonderen Sensibilität führen."[8] Mit dieser Sensibilität sind Beraterinnen und Berater gute Begleiter während eines Versöhnungsprozesses - immer sich dessen bewusst, wie sehr auch sie selber auf Vergebung angewiesen sind.

II. Bewusstheit der eigenen Erlösungsbedürftigkeit

Solange Täter und Opfer auf ihrer Unschuld beharren, ist Versöhnungsarbeit nicht möglich. Solange der Täter die Verantwortung für

---

[8] Paul 2006, 13

sein Handeln nicht übernimmt („Ich wurde provoziert! Der andere hat angefangen, …"), wird er seine Tat nicht bereuen können. Aber auch das Opfer kann sich über Jahre in seiner Opferrolle „einzementieren." „Das chronische sich Erleben als Opfer ist eine Form der Unfreiheit und führt zu einer eingeengten Sicht, die neue zukünftige Beziehungen verunmöglichen kann."[9] Das Opfer idealisiert sich (ich bin gut, der Täter ist böse) und wird blind für seine eigenen Täteranteile, die sich zB. in Wiederholungen und Reinszenierungen alter Erfahrungen Bahn brechen. Vielleicht ist das mit dem alten theologischen Begriff der Erbsünde gemeint: „Der Mensch ist immer auch tätiger Mensch und gerade darin immer auch Täter."[10]

Versöhnungsarbeit hingegen bricht die Täter- und Opferrollen auf. Oft war der Täter in seiner Vergangenheit auch Opfer und das Opfer kann durch Reinszenierungen in einen Wiederholungskreislauf gelangen und in der Gegenwart zum Täter werden.[11] Wenn beiden bewusst wird, dass sie Vergebung nötig haben (theologisch ausgedrückt: erlösungsbedürftig sind), können sie sich versöhnen.

III. Empathie und Barmherzigkeit

Psychologische Voraussetzung für Vergebung und Versöhnung ist die Fähigkeit zur Empathie: Wenn ich als Täter erahne, wie das Opfer sich gefühlt hat, und wenn ich als Opfer bereit bin, auch den Mensch im Täter zu sehen, ist Vergebung möglich. Wer einmal miterlebt hat, wie „hart" die Teilnehmer eines Anti-Aggressivitäts-Training sich gegenseitig konfrontieren, um eine Minimum an Empathie zu entwickeln, bekommt eine Ahnung davon, in welchem Ausmaß fehlende Empathiefähigkeit der Nährboden für Gewalt sein kann. „Empathie wird also nicht nur vom Begleitenden *(Seelsorger, Anm. d. Verf.)*, sondern auch vom Begleiteten gefordert, der wieder lernen soll, im sozialen Kontakt den anderen Menschen und dessen Verletzlichkeit zu spüren."[12]

---

[9]   Stauss 2014, 77

[10] Hutter 2015, 8

[11] s. a. Wulf 2008, 136

[12] Wulf 2008, 305

Stauss schlägt als empathiefördernde Methode auf der Seite des Opfers das Schreiben von vier Briefen vor, die das Opfer stellvertretend für den Täter an sich selbst schreibt. „Beim Verfassen nehmen wir die innere Haltung von Verständnis und Erbarmen ein, indem wir den Täter als einen Menschen mit individueller Geschichte, erlittenen Verletzungen, Begrenzungen und mit seiner Tragik betrachten."[13] In einem ersten Brief versucht das Opfer, sich in die Motive, Gefühle und Gedanken des Täters hineinzuversetzen. Im zweiten Brief geht es darum, welche Konsequenzen die Tat für das weitere Leben des Täters hatte, bevor in einem dritten Brief der Täter seine Empathie und Reue für das ausdrückt, was er dem Opfer angetan hat. Im letzten Brief formuliert der Täter seine Bitte um Vergebung. Am Ende des Prozesses steht die Entscheidung des Opfers zur Vergebung. Und diese Entscheidung ermöglicht den weiteren Weg in größerer innerer Freiheit. „Wer nicht vergibt, bleibt Gefangener seines Schmerzes und seines Grolls."[14] Die Entscheidung zur Vergebung kann in einem therapeutischen Ritual (Vergebungszertifikat nach Stauss), in einer Beichte oder mit einem „Segen für einen Neuanfang" (wie er im Katechetischen Prozess im Bistum Osnabrück entwickelt wird) besiegelt werden. An der Schnittstelle von Psychotherapie und Seelsorge können so die psychotherapeutisch ausgebildeten Ehe-, Familien-, Lebens- und ErziehungsberaterInnen im Rahmen der kirchlichen Seelsorge beide Aufgaben erfüllen: „Die Aufgabe des Psychotherapeuten ist, den Patienten frei zu machen, frei von seinen Ängsten und Depressionen. Der Seelsorger hingegen ist dafür zuständig, dem Menschen zu zeigen, was er mit seiner Freiheit anfangen kann. Denn nur wenn der Mensch frei ist, kann er sich zwischen Gut und Böse entscheiden."[15]

> *„Schwache Menschen können nicht vergeben."*
> *Mahatma Ghandi*

---

[13] Stauss 2014 150

[14] Stauss 2014 118

[15] Bonelli 2013, 291

Literatur:

- Bonelli, R. M. (2013): Selber schuld! Ein Wegweiser aus seelischen Sackgassen, München

- Hutter, C. (2015): Hebt den Schatz im Acker! Anmerkungen eines Familienberaters zum Thema Schuld. http://efleberatung.de/fix/files/910/doc/Schuld.pdf, Zugriff: 12.06.2015

- Kodalle, K.-M. (2013): Verzeihung denken. Die verkannte Grundlage humaner Verhältnisse, München

- Kohlgraf, P., Kröger, C., Scholl, E. (2015): Vergeben und verzeihen. Eine Befragung im Kontext kirchlicher Ehe- und Familienberatung. In: Herder Korrespondenz 69, 2/2015, 100-104

- Paul, T. (2006): Jesus, der verwundete Arzt. Festrede. In: Psychologisches Beratungszentrum Papenburg, Jahresbericht 2006, 12-14

- Stauss, K. (2014): Die heilende Kraft der Vergebung. Die sieben Phasen spirituell-therapeutischer Vergebungs- und Versöhnungsarbeit, München

- Wulf, C. M. (2008): Schuld – ins Wort gebracht. Ein phänomenologischer Beitrag zur Kommunikation über Schuld und Erlösung, Vallendar

Reinhard Heine

Freude und Hoffnung in der Ehe
- Einsichten eines Gemeindeseelsorgers -

Seit meiner Weihe zum Diakon im Jahr 1983 begleitet mich der Dienst, Paaren bei ihrer Eheschließung zu assistieren. Mit einer außerordentlich positiven Erfahrung konnte ich diesen Dienst beginnen. Als Seminarist habe ich kurz nach meiner Weihe an einem sog. Ehevorbereitungsseminar teilgenommen. Während des Wochenendes ergab sich zu einem der Paare ein besonders guter Gesprächskontakt. Am Ende der Veranstaltung baten mich die beiden, bei ihrer Eheschließung zu assistieren. In ihrer Gemeinde hatte es einen Pfarrerwechsel gegeben; zum neuen Pfarrer hatten sie noch keinen Draht gefunden. Nach meiner Zusage haben wir intensive Gespräche zur Vorbereitung des Gottesdienstes geführt. Diese Gespräche waren von großer Offenheit geprägt. In der Lebenssituation der beiden gab es, neben der Frage nach einer lebenslangen Bindung, existentielle Entwicklungen, die für die beiden von größter Bedeutung waren: Der Bräutigam hatte gerade seinen Arbeitsplatz verloren; die berufliche Zukunft war höchst unsicher geworden. Die Braut erwartete ein Kind. Die Schwangerschaft war nicht unproblematisch. Auch in die Feier des gemeinsamen Gottesdienstes wurden dann die Fragen, die Ängste, aber auch die Hoffnungen und Freuden der beiden eingebracht. Sie spielten eine Rolle in den Gebeten und bei der Auswahl der biblischen Lesung. Für die Brautleute und auch für die teilnehmenden Gäste war die Feier der Trauung eine sinnstiftende und ermutigende Erfahrung. Und auch ich selbst erinnere mich gern an diese Trauung.

In den folgenden Jahren meines priesterlichen Dienstes habe ich in all den Gemeinden, in denen ich tätig war, Paare auf dem Weg zur Ehe begleitet und bei ihrer Eheschließung assistiert. Die dabei gemachten Erfahrungen waren natürlich sehr unterschiedlich. Immer wieder hat es Paare gegeben, die kirchlich sozialisiert waren, und die ihre geplante Eheschließung aus einem christlichen Glauben und aus einem christlichen Verständnis heraus verstanden und angingen. Bei vielen dieser Eheschließungen handelte es sich um eine sog. konfessionsverbindende Ehe. In den vergangenen Jahren ergibt sich zunehmend eine andere Ausgangssituation: Bei den Paaren, mit denen ich es zu tun habe, ist oft der eine Partner nicht getauft oder aus der Kirche ausgetreten. Auch der katholische Partner hat häufig eher wenig bis gar keinen Kontakt zu einer Kirchengemeinde. Bei den Gesprächen spielen Glaubensinhalte in der Regel keine Rolle. Stark betont wird der Wunsch nach einer feierlichen und emotionalen Feier.

Oft kann man hören, die Zahl der Trauungen sei rückläufig. Doch in meiner großstädtischen Gemeindesituation erlebe ich durchaus eine große Nachfrage nach kirchlichen Trauungen. Dabei wird nicht nur eine würdige und emotionale Feier als Dienstleistung angefragt, sondern zunehmend höre ich auch, was man bei der Feier nicht haben möchte, nämlich Hinweise auf die Ambivalenz der Ehe, auf die Möglichkeit des Scheiterns einer Beziehung. Den Pfarrer, der sich in der Verkündigung als Unheilsprophet erweist, möchte man nicht.

Für mich selbst und für andere in der Seelsorge Tätige ergeben sich angesichts der veränderten kirchlichen Verhältnisse und der Einstellungen gegenüber der Institution Ehe bei den Menschen, die mit einer Trauanfrage an uns herantreten, und in der Gesellschaft viele Fragen. Mit einem Flyer wollen die deutschen Bischöfe Menschen dazu ermutigen, sich auf die Ehe einzulassen.[1] Doch in der von der deutschen Bischofskonferenz nach der dritten außerordentlichen Vollversammlung der Bischofssynode im Oktober 2014 in Rom herausgegebenen Arbeitshilfe Nr. 273 finde ich in den verschiedenen Dokumenten eine bemerkenswert offene und realistische Einschätzung bezüglich der Vorstellungen der „Gläubigen" im Hinblick auf Ehe und Familie.[2] In der Arbeitshilfe finden sich Überlegungen der Deutschen Bischofskonferenz zur Vorbereitung auf die Bischofssynode in Rom.[3] Darin wird

---

[1] Deutsche Bischofskonferenz 2014, „Trauen Sie sich! Zehn Gründe für die Ehe"

[2] Deutsche Bischofskonferenz 2014, Arbeitshilfen Nr. 273

[3] Ebd. 42-76

festgestellt, dass eine gelingende Partnerschaft und Familie für die Gläubigen und für die Menschen in unserem Land allgemein zu einem glücklichen und sinnerfüllten Leben gehört. Sie führen aus: „Nahezu alle Jugendlichen und jungen Erwachsenen streben eine auf Dauer angelegte Partnerschaft und die Gründung einer Familie an. Sie sehen in einer Liebesbeziehung den sozialen Ort, in dem sie ihre Bedürfnisse nach personaler Anerkennung, nach emotionaler Wärme und Geborgenheit verwirklichen können."[4] Die Bischöfe konstatieren, dass „viele Gläubige ein beeindruckendes Zeugnis für ein von gegenseitiger Liebe, Verantwortung und Treue geprägtes Ehe- und Familienleben ablegen. […] Sie bejahen das christliche Verständnis einer auf Liebe, lebenslanger Treue und gegenseitiger Verantwortung beruhenden Ehe und Familie und bemühen sich nach Kräften, diesen Anforderungen in ihrem Ehe- und Familienleben gerecht zu werden."[5] Zugleich aber stellen die Bischöfe fest, dass es bei nicht wenigen Gläubigen, die nur wenig am kirchlichen Leben teilnehmen, eine „gewisse Unkenntnis der kirchlichen Ehelehre oder bestimmter Aspekte dieser Lehre (zB. der Sakramentalität der Ehe)" gibt.[6] Gerade die hier angesprochene Gruppe bestimmt, wie ich in der Praxis der Seelsorge feststelle, weitgehend das Bild. Von den Paaren, mit denen ich es anlässlich einer Eheschließung zu tun habe, geben die meisten zu erkennen, dass sie nur wenig bis gar keinen Kontakt zum kirchlichen Leben haben. Sie sprechen vom regelmäßigen Kirchgang und meinen den Gottesdienstbesuch zu Weihnachten.

In dem Dekanat, für das ich als Dechant Verantwortung trage, befinden wir pastorale Mitarbeiterinnen und Mitarbeiter uns derzeit in einem Gesprächsprozess zum Thema Ehepastoral. Viel war in den Gesprächen von der Unsicherheit derer die Rede, die als Pfarrer mit Brautpaaren zu tun haben. Die beteiligten Pfarrer fühlen sich überfordert, die lebensferne Sprache kirchlicher Formulare verständlich zu machen, dabei Fragen stellen zu sollen, die ihnen selbst realitätsfern

---

4   Ebd. 45

5   Ebd. 45

6   Ebd. 45

vorkommen. Zugleich sehen sie sich durch die Brautpaare mit Erwartungen konfrontiert, denen sie nicht entsprechen können oder wollen. In den Gesprächen war eine Verteidigungsstimmung zu spüren in dem Sinne, dass es darum gehe, bestimmte Forderungen und Standards der Kirche zu vertreten. Einige plädierten für eine Art von „Kundenfreundlichkeit" im Sinne eines Hinschauens und Nachfragens, was denn Menschen dazu bringt, eine kirchliche Eheschließung zu erbitten. Was erhoffen sich Menschen von einer kirchlichen Eheschließung? Was haben wir als Kirche ihnen zu bieten? Im Vorfeld der angesprochenen dritten außerordentlichen Bischofssynode in Rom im Jahr 2014 hatte das Synodensekretariat einen Fragebogen an alle Bischofskonferenzen versandt. Eine Zusammenfassung der Antworten aus den deutschen Diözesen wurde über die Bischofskonferenz nach Rom geschickt.[7] Im Hinblick auf nicht praktizierende bzw. sich als ungläubig bezeichnende Menschen wird hier eine Einstellung gewünscht, die sicher auch für wenig am Leben der Kirche teilnehmende Menschen gelten kann: „Sie sollten mit Freude willkommen geheißen und in ihrer Entscheidung zur Ehe ermutigt und gestärkt werden."[8] Doch es braucht offensichtlich etwas anderes. „Gleichzeitig ist es wichtig, ihnen eine ausführliche und qualitätsvolle Ehevorbereitung anzubieten bzw. diese auch verbindlich vorauszusetzen."[9]

Die zuletzt angesprochene Haltung des Willkommens findet sich für mich in einer nach wie vor großartigen und beeindruckenden und höchstaktuellen Weise in den Eingangsworten der Pastoralkonstitution „gaudium et spes" des 2. Vatikanischen Konzils.[10] „Freude und Hoffnung. der Menschen von heute [...] sind auch Freude und Hoffnung der Jünger Christi."[11] Mit der Freude und der Hoffnung ist für mich nicht nur eine Gefühlslage beschrieben, sondern auch Haltungen, die zum Gelingen von Partnerschaft und Ehe beitragen. Wenn

---

[7] Ebd. 7 - 41

[8] Ebd. 15

[9] Ebd. 15

[10] Rahner und Vorgrimler 1966

[11] Ebd. 449

Paare in der Ansprache während der Feier ihrer Trauung keine Hinweise auf das zahlreiche Scheitern von Ehen hören möchten, dann ist das sicher nicht dem Ausblendenwollen einer Realität geschuldet, sondern dem Wunsch, dass ihre Ehe gelingen möge. Dazu beizutragen sind sie bereit. Darin unterstützt zu werden ist ihr Wunsch an diejenigen, die mit ihnen feiern und möglicherweise auch an den Gott des christlichen Glaubens, dessen Segen sie sich erhoffen, wenn auch möglicherweise mit etwas diffusen Vorstellungen. Hier sehe ich bei Brautpaaren die Erwartung an den bei der Trauung assistierenden Geistlichen, dass er die Freude und Hoffnung des Glaubens verkörpert. Und sicher bietet die Liturgie mit den Gebeten und biblischen Lesungen Möglichkeiten, die Haltung der Freude und der Hoffnung zu versprachlichen.

Die liturgische Feier der Trauung ist erwartungsgemäß bestimmt von der Ernsthaftigkeit und der Verbindlichkeit des Treueversprechens, dass Braut und Bräutigam einander geben.[12] Einer verbindet sich mit dem anderen, bis der Tod sie scheidet. Doch die Liturgie sieht dieses Versprechen in einem theologischen Kontext: „Gott, der Herr, hat euch als Mann und Frau verbunden. Er ist treu. Er wird zu euch stehen und das Gute, das er begonnen hat, vollenden."[13] Die Partner werden an ihre Verantwortung und Verpflichtung erinnert. Doch diese folgt einer Initiative Gottes und der Zusage, den beiden beizustehen.

Doch die liturgische Feier der Trauung beginnt nicht mit dem, was Aufgabe und Herausforderung ist. Gleich in der vorgeschlagenen Einführung holt sie das Brautpaar bei der in der Regel empfunden Freude ab: „Wir nehmen teil an Ihrer Freude und sind mit Ihnen in Dank und Bitte verbunden."[14] Der große Trausegen, der der eigentlichen Trauung folgt, erbittet für das Paar unter anderem „Gesundheit und Lebensfreude bis ins hohe Alter"[15]. Das Dankgebet der Feier erbittet für

---

[12] Ständige Kommission für die Herausgabe der gemeinsamen liturgischen Bücher im deutschen Sprachgebiet 1993

[13] Ebd. 44

[14] Ebd. 35

[15] Ebd. 51

Reinhard Heine

die Partner den Impuls, die eigene, als Geschenk Gottes erfahrene Freude dem anderen weiter zu schenken: „Gib, dass sie in ihrer Ehe einander mit deiner Freude beschenken und in deinem Frieden leben dürfen, von Jahr zu Jahr."[16] Von der Hoffnung spricht der bereits erwähnte Trausegen. Die Hoffnung richtet sich auf Gott. Seinen Segen soll das Brautpaar erhoffen. Mit Hilfe dieses Segens wird die Ehe gelingen. Mit Hilfe des Heiligen Geistes werden es die Brautleute schaffen, ihren Beitrag zum Gelingen ihrer Partnerschaft zu leisten: „So bitten wir dich, menschenfreundlicher Gott, schau gütig auf N. und N., die vor dir knien und deinen Segen erhoffen. Dein Heiliger Geist schenke ihnen die Einheit und heilige den Bund ihres Lebens. Er bewahre ihre Liebe in aller Bedrohung; er lasse sie wachsen und reifen und einander fördern in allem Guten."[17]

Das Messlektionar für die Feier von Sakramenten und Sakramentalien bietet zahlreiche biblische Lesungen für die Feier der Trauung.[18] Sie sind Ausdruck der Überzeugung, dass die lebenslange Gemeinschaft von Mann und Frau der Wille Gottes ist, und dass Gott die Menschen auf ihrem gemeinsamen Weg begleitet. Viele der angegebenen biblischen Lesungen beschreiben Haltungen und Handlungsweisen, die zu einem Gelingen von Partnerschaften beitragen können. Nicht selten lassen sich Paare ein entsprechendes Wort als eine Art sich selbstvergewisserndem Appell als Trauspruch in ihren Trauschein eintragen. Um Freude und Hoffnung geht es im Römerbrief: „Seid fröhlich in der Hoffnung, geduldig in der Bedrängnis, beharrlich im Gebet." (Röm 12,12) Auch eine zweite vorgeschlagene Lesung verbindet die Freude und die Hoffnung: „Der Gott der Hoffnung aber erfülle euch mit aller Freude und mit allem Frieden im Glauben, damit ihr reich werdet an Hoffnung in der Kraft des Heiligen Geistes" (Röm 15,13). Von der Liebe, die alles erhofft, spricht die sehr gefragte Lesung aus dem 1. Korintherbrief (1 Kor 13,7). Hier klingt an, dass Liebe, aber auch die Freude und die Hoffnung als Haltung so etwas wie eine Aufgabe sind.

---

[16] Ebd. 75

[17] Ebd. 72f

[18] Ständige Kommission für die Herausgabe der gemeinsamen liturgischen Bücher im deutschen Sprachgebiet 2000, 271-318

In ihrem Buch „Freude, Inspiration, Hoffnung" zählt die Psychotherapeutin Verena Kast die Freude und die Hoffnung zu den „gehobenen
Emotionen.[19] Sie verteidigt sie gegen den Vorwurf, mit ihnen solle ein
Problem abgewehrt werden, und nur ein ernster Mensch könne ein
reifer Mensch sein. Dagegen sieht sie in diesen Emotionen die Voraussetzung für eine emotionale Betroffenheit, die wiederum die Voraussetzung dafür sei, eigene Verantwortung wahrzunehmen und zu
handeln.[20] Zum Mensch Sein, zur Individuation des Menschen, gehören, so Verena Kast, „Phasen von symbiotischem Verschmelzen mit
anderen Menschen […] wie wir es in der Emotion der Freude immer
wieder erleben. Die Freude, die sich im symbiotischen Erleben ein-
stellt, ist die emotionale Basis für Solidarität und Mitmenschlichkeit, für
etwas also, was sehr wesentlich ist für das Lösen der gemeinsamen
menschlichen Probleme, die anstehen."[21] Dies führt zur Hoffnung und
damit zu einer Perspektive, die im Hinblick auf Partnerschaft und Ehe
eine Haltung sein kann, die einen hilfreichen Beitrag zu deren Gelingen leisten kann. „Diese symbiotische Verbundenheit als die Fähigkeit, auf die egoistischen Wünsche etwas zu verzichten, bewirkt eine
grundlegende Geborgenheit. Die Gefühle der Geborgenheit geben
uns das Gefühl, vom Leben gehalten zu sein – geben uns letztlich
Hoffnung, Hoffnung auf die Möglichkeit des Besseren, auf Wandlung.
Die Gefühle der Geborgenheit, die vor allem mit Freude, Inspiration
und Hoffnung verbunden sind, gewinnen, mit anderen Menschen geteilt, eine wichtige soziale Dimension: Sie ermöglichen uns, in einer
anderen Weise miteinander umzugehen, als wenn wir uns ungebor-
gen glauben. Befreit von unserer konstanten Angst vor Angriffen und
Entwertungen sind wir weniger bereit, Barrieren zu errichten, aber
mehr geneigt, Brücken zu bauen."[22]

Das Plädoyer Verena Kasts, gehobene, also positive Emotionen
wahrzunehmen und zuzulassen, ohne dadurch Probleme auszublen-

---

[19] Kast 1997, 9

[20] Ebd. 10

[21] Ebd. 186

[22] Ebd. 186 f

den, deckt sich, wie ich feststelle, mit dem Wunsch von Menschen, die nach einer kirchlichen Eheschließung fragen, in der kirchlichen Verkündigung nicht mit den Bedrohungen zwischenmenschlicher Beziehungen und der Möglichkeit ihres Scheiterns konfrontiert zu werden. Sie erhoffen, ja erwarten die Wertschätzung und Bekräftigung ihrer Entscheidung für eine lebenslange Beziehung und einer Ermutigung, diesen gemeinsamen Weg zu gehen. So sehe ich hier die große Herausforderung für die Verkündigung der Kirche und ganz konkret für alle im Feld der Ehepastoral und der Ehe-, Familien- und Lebensberatung Tätigen, einen Grund zu Freude und Hoffnung zu erweisen und zu kommunizieren. Für mich als Seelsorger wird in diesem Zusammenhang viel davon abhängen, ob es mir gelingt, für Menschen, denen ich begegne, offen zu sein, ob ihre Freude und Hoffnung wirklich im Sinne des 2. Vat. Konzils meine Freude und Hoffnung sind. Für mich als Seelsorger wie auch für die Kirche insgesamt wird es deutlicher und mehr um eine „Pastoral der Wegbegleitung" gehen.[23] „Unabdingbar für diese Pastoral der Wegbegleitung wird eine noch bessere Kenntnis der Lebenssituationen und der Schwierigkeiten von Ehepaaren und Familien in der heutigen Gesellschaft sein".[24] Ich stimme den deutschen Bischöfen zu, wenn sie das Zusammenleben von Menschen und Familie auch in einer theologischen Perspektive sehen, und wenn sie in allen Aspekten der Ehe- und Familienpastoral die Notwendigkeit sehen, „in den Fragen von Sexualität, Ehe und Familie wieder sprachfähig zu werden. Die Fragen von Ehe und Familie gehören auf der anthropologischen Ebene in den größeren Zusammenhang der Frage, wie Menschen Glück und Erfüllung in ihrem Leben finden können."[25] Die Glaubwürdigkeit der Kirche wird davon abhängen, ob sie in diesen Fragen für die Menschen nachvollziehbare und lebbare Antworten geben kann.

---

[23] Deutsche Bischofskonferenz 2014, Arbeitshilfen Nr. 273, 40

[24] Ebd. 40

[25] Ebd. 45 f

Literatur

- Deutsche Bischofkonferenz (Hg.) (2014): „Trauen Sie sich! Zehn Gründe für die Ehe". Flyer, Bonn

- Deutsche Bischofkonferenz (Hg.) (2014): Die pastoralen Herausforderungen der Familie im Kontext der Evangelisierung. Arbeitshilfe Nr. 273, Bonn

- Rahner, K., Vorgrimler, H. (1966): Kleines Konzilskompendium, Freiburg

- Ständige Kommission für die Herausgabe der gemeinsamen liturgischen Bücher im deutschen Sprachgebiet (1993): Die Feier der Trauung in den katholischen Bistümern des deutschen Sprachgebietes, Freiburg

- Ständige Kommission für die Herausgabe der gemeinsamen liturgischen Bücher im deutschen Sprachgebiet (2000): Messlektionar – Kleinausgabe Sakramente und Sakramentalien/Für Verstorbene, Freiburg

- Kast, V. (1997): „Freude, Hoffnung, Inspiration", München

Birgit Westermann

Compassion –
Mitfühlen und Handeln in der Erziehungsberatung

Ich komme in diesem Buch als theologisch unkundige Praktikerin zu Wort. Diese Vermessenheit ist nur aufzuwiegen mit der Chance, von einem beraterischen Format, das zunehmend dem Schicksal erliegt, administriert und funktionalisiert zu werden, *seelenvoll* zu sprechen. Nach fast drei Jahrzehnten Tätigkeit in einer Erziehungsberatungsstelle, einen Großteil davon in leitender Funktion, erfahre ich an diesem einstmals aus Leidenschaft gewählten Berufsort, dass es mühevoller wird, beratend-therapeutische Arbeit aus dem Herzen zu tun. Beraterisches Wirken im Kontext von Jugendhilfe muss zunehmend mehr der Logik gesellschaftlicher Nützlichkeit folgen und sich über statistische Nachweise und die Erledigung administrativ-funktionaler Aufträge legitimieren. Eine subjektorientierte, ganzheitliche Beratung, die von Freiwilligkeit der Ratsuchenden, Zeit für intensiven Beziehungsaufbau und individueller Passung gekennzeichnet ist, befindet sich auf dem Rückzug.

Die in diesem Beitrag reflektierte Haltung *Compassion* ist ein im theologischen Diskurs vielfach aufgegriffenes, differenziert besprochenes und allgemein gebräuchliches Konzept.[1] Seine Besonderheit liegt nicht nur darin, über keine vergleichbare Benennung in unserer Sprache zu verfügen, sondern vor allem in seiner hohen Komplexität bis hin zu seiner provokativ-politischen, deutlich handlungsorientierten Dimension. Diese möchte ich im folgenden Beitrag beleuchten und tue das aus der Perspektive der eigenen fachlichen Heimat, der Psychologie und Psychotherapie. Mich eines Konzepts theologischer Provenienz zu bedienen, ließ mich beim Ergründen seiner Facetten immer Anklänge von Grenzverletzungen verspüren, so als würde ich

---

[1] Metz 2006, Steinkamp 2012, Kießling 2012

in fremden Gärten wildern. Auf welche Weise ich das Konzept verstehe, adaptiere und mich seiner für meine Alltagspraxis bemächtige, ist deswegen im Fall dieses Beitrags immer und ganz besonders subjektiv bis hin zur unvollkommenen Rezeption all dessen, was den Bedeutungsgehalt von *Compassion* ausmacht.

Der theologische Diskurs

Die Stimme des Initiators

Der hier fokussierte Begriff „compassion" wurde von Matthew Fox, geb. 1940, us-amerikanischer Priester, Philosoph und Theologe, auf die Bühne des theologischen Diskurses gebracht. In Überarbeitung einer 1979 erschienenen Erstausgabe zum Thema definiert er Compassion in der 1990 verfassten Schrift *A Spirituality named Compassion. Uniting Mystical Awareness and Social Justice* als Kraft, die unhinterfragbar und allumfassend unser ganzes Dasein durchdringt:

> *"Compassion is not the eleventh commandment. Why not? Because it is a spirituality and a way of living and walking through life. It is the way, we treat all there is in life – our selves, our bodies, our imaginations and dreams, our neighbors, our enemies, our air, our water, our earth, our animals, our death, our space and our time. Compassion is a spirituality as if creation mattered. It is treating all creation as holy and as divine [...] which is, what it is."[2]*

Sich von einem moralischen Begriffsverständnis distanzierend – kein elftes Gebot – verneint Fox in seiner Analyse weitere sich leicht anbietende Bedeutungen und Verwendungen: Compassion ist nicht Mitleid, *but celebration*, nicht (allein) Empfindung, *but making justice and doing works of mercy*, nicht privat, *but public*, nicht allein menschlich, *but cosmic in its scope and diving in its energies*, es meint nicht asketische Ablösung und abstrakte Kontemplation, *but is passionate and caring*, es ist nicht antiintellektuell, *but seeks to know and to understand the interconnections of all things*, ist nicht Religion, *but a way*

---

[2]   Fox 1990, 30

of life, in example a spirituality, ist nicht Altruismus, *but self-love and other-love at one.*[3]

Drei seinerzeit aufkeimende Bewusstseinsströmungen benennt er als mögliche Schubkräfte der Entwicklung einer Compassion-Spiritualität: die *Wiederentdeckung jüdisch-biblischer Kategorien* zur Überwindung der uns gewohnten hellenistischen Denkschemata, welche Geist, Körper und Seele voneinander entfremden, die *feministische Bewegung* mit ihrem Angebot neuer Bilder und Symbole gemeinsam geteilter tiefer Lebenserfahrung (zB. Empfänglichkeit, Erdverbundenheit, Fürsorge, Hingabe, erg. d. V.) und das *Aufkeimen einer globalen Sicht auf die Notwendigkeit des Erhalts unseres Planeten.*[4]

Diese drei Perspektiven erscheinen mir für die Adaption des Konzepts wegweisend. Sie finden sich in allen folgenden theologischen Aufgriffen und auch in den hier von mir versuchten Anleihen für eine Orientierung im beratend-therapeutischen Bereich.

Fox` Manifest hat allein im Prozess des Lesens eine ergreifende Wirkung, so als würde man unter freiem Himmel gebannt einer mitreißenden Predigt zuhören, und die vermittelte Botschaft beschämt. Wie weit weg sind wir von einer schöpfungsverbundenen Spiritualität, wie achtlos und im wahrsten Sinne des Wortes abgespalten und eingegrenzt gestaltet sich unser alltägliches Denken, Fühlen und Handeln, ausgerichtet auf Individualität, Effizienz und Zukunftsvergessenheit?

Aufgriffe des Konzepts durch Andere

Während Fox den Topos *compassion* aus seiner unmittelbaren Erfahrung der ihn umgebenden Schöpfung ableitet, bezieht sich Johann Baptist Metz, übrigens einer seiner früheren Lehrer, zentral auf die Gestalt Jesus. In seinem Werk „Memoria Passionis" führt er unter dem § 11 *Weltprogramm des Christentums im Pluralismus der Religionen und Kulturen* den Begriff Compassion als von ihm vorgelebte Ausrichtung ein und kennzeichnet sie als genuin christliches, bisher aber theologisch vernachlässigtes Konzept.

---

[3]   Ebd. 1-35

[4]   Ebd. XV, übersetzt d. V.

„Die biblischen Traditionen der Gottesrede und die neutestamentli-
chen Jesusgeschichten kennen eine unverzichtbare Gestalt der
globalen Verantwortung. Dabei ist freilich, und dies wäre genau zu
beachten, der Universalismus dieser Verantwortung nicht primär
orientiert am Universalismus der Sünde der Menschen, sondern am
Universalismus des Leidens der Welt. Jesu erster Blick galt nicht
der Sünde der anderen, sondern dem Leid der Anderen [...].“[5]

Ganz ausgehend vom Beispiel Jesu belegt Metz im benannten Kapitel
eine unauflösliche, dialektische Verknüpfung zwischen Gottes- und
Menschenliebe. Beide bedingten sich, seien liebende Annahme und
nicht wertende Beurteilung. Deshalb gerate als erstes das Leid und
nicht die Sünde des Anderen in den Blick. Er versteht „Leidempfindlichkeit" als das wesentliche Qualitativum christlichen Handelns in der
Nachfolge Jesu:

„Diese elementare Empfindlichkeit für das Leid der anderen kenn-
zeichnet Jesu neue Art zu leben. Diese Leidempfindlichkeit hat
nichts zu tun mit Wehleidigkeit, nichts mit einem unfrohen Leidens-
kult. Sie ist vielmehr der gänzlich unsentimentale Ausdruck jener
Liebe, die Jesus meinte, wenn er – übrigens ganz in der Tendenz
seines jüdischen Erbes – von der unzertrennlichen Einheit von Got-
tes- und Nächstenliebe sprach: Gottesleidenschaft als Mitleiden-
schaft, als politische Mystik der Compassion.“[6]

Die Nutzung des hier eingeführten Begriffs *compassion* begründet er
so:

„Nun gibt es in der deutschen Sprache kein Wort, das diese ele-
mentare Leidempfindlichkeit – und die Tatsache, dass Jesu erster
Blick dem fremden Leid galt – unmissverständlich zum Ausdruck
bringt. „Mitleid" ist kaum mehr unschuldig zu gebrauchen. Es klingt
jedenfalls zu gefühlsbetont, zu praxisfern, zu unpolitisch. Es steht
im Verdacht, die gesellschaftlichen Zustände durch Übermoralisie-
rung zu entpolitisieren, die herrschenden Ungerechtigkeiten durch

---

[5]   Metz 2006, 163

[6]   Ebd. 164

Sentimentalität zu verschleiern. So verwende ich versuchsweise das Fremdwort „compassion" als Schlüsselwort für das Weltprogramm des Christentums im Zeitalter der Globalisierung und des konstitutionellen Pluralismus der Religions- und Kulturwelten."[7]

Meines Erachtens unterscheiden sich hier die Texturen des Konzeptverständnisses. Fox betont zur Erfassung des Gemeinten eine erfahrungsorientierte Kategorie. Ort, Quelle, ja fast Synonym für Compassion ist die uns allumgebende Schöpfung, Metz speist seine Vorstellung aus einer Nachfolgeposition, aus der „Glaubenswürdigkeit" Jesu: Compassion heißt für ihn die in den Jesusgeschichten unmittelbar vorgelebte und erzählte Leidempfindlichkeit.

Beide Protagonisten aber teilen einen sich aus der Haltung zwingend ergebenden Imperativ: die Herausforderung zum Handeln. Compassion im Sinne von Fox bedeutet sich natürlich einstellende Praxis von Gerechtigkeit und Erbarmen, im Sinne von Metz tätige Leidempfindlichkeit, politisches Programm eines Weltchristentums. Beide argumentieren für eine weltbezogene Sicht, die gesellschaftliche, kulturelle und religiöse Widersprüche nicht allein konstatiert, sondern zum eigenen Anliegen macht.[8] Metz schreibt:

„Er (der Geist der Compassion, d. V.) schickt die Christen an die Front der politischen, der sozialen und kulturellen Konflikte in der heutigen Welt [...], er will Inspiration und Motivation für eine neue Friedenspolitik sein. Fremdes Leid – bis hin zum Leid der bisherigen Feinde – wahrzunehmen und beim eigenen Handeln in Betracht zu ziehen, ist die Voraussetzung einer verheißungsvollen Friedenspolitik in unseren globalisierten Verhältnissen."[9]

Eine weitere theologische Autorität mag hier zum Verständnis des Konzepts markiert werden. In seiner Publikation „Diakonie statt Pastoral" gibt Hermann Steinkamp dem Topos Compassion eine zentrale Position.[10] Er bekennt im Vorwort seine „Option für ein Primat der Dia-

---

[7]   Ebd. 166

[8]   vgl. Fox 1990, 221-242

[9]   Metz 2006, 168

[10]   Steinkamp 2012

konie" und plädiert für die Überwindung ihres „herkömmlichen Modus marktförmiger Versorgung in Richtung auf eine neue Praxis selbstorganisierter, basisgemeindlicher Formen solidarischen Miteinanders".[11] Als Anstoß dieser einleitend genannten Vision eines Strukturwandels gilt ihm die Programmatik der Befreiungstheologie, welche mit ihrer zentralen *Option für die Armen* die gesellschaftliche Bedingtheit von Leid, Armut und Marginalisierung benenne und damit gleichzeitig eine rein assistentialistische, aus einer herablassenden Position handelnde Diakonie, wie sie europatypisch sei, als „politisch naiv" etikettiere.[12] Orientiert an dieser Diagnose eines strukturellen Webfehlers herkömmlicher christlicher Praxis postuliert er im zweiten Kapitel die Haltungen Mit-Betroffenheit und Compassion als entscheidende Veränderungsressourcen. Dabei charakterisiert er die parteiliche *Wahr*nehmung gesellschaftlicher Wirklichkeit bereits als eine Facette von Compassion und führt Mit-Betroffenheit nicht nur als diakoniespezifisches Agens, sondern als eine für alle gültige Kategorie ein:

> *„Die Perspektive der Mit-Betroffenheit [...] kann auch für andere wegweisend sein: Die Lebenssituation z.B. Arbeitsloser, Drogenkranker werden nicht länger als Thema „der anderen" und in Zuständigkeit anderer wahrgenommen. Vielmehr geht diese Form „empathischer Wahrnehmung" davon aus, dass die Mechanismen und Strategien, die Arbeitslosigkeit definieren, nicht nur Hartz-IV-Empfänger betreffen, sondern Bedingungen konstituieren, unter denen wir alle leben. So erfolgt die Analyse der Praxis nicht aus der Distanz der Außenperspektive, sondern weiß sich mit ihr verknüpft und in sie verstrickt."[13]*

Steinkamp fordert eine neue, die gesellschaftliche Wirklichkeit nicht abspaltende Kultur der Sorge und eine leidempfindliche Praxis, die einbezieht, dass die notursächlichen Bedingungen unter denen wir leben, uns alle treffen können, sozusagen die Luft ist, in der wir alle atmen. Für die zeitgeistige Chance einer solchen Wahrnehmungsver-

---

[11] Ebd. 1
[12] Ebd. 33
[13] Ebd. 41

änderung sieht er Anzeichen im Aufstieg eines Konzepts therapeutischer Provenienz, der Empathie:

> *„Begriffe und Konzepte von Empathie haben im Zuge der rasanten Verbreitung (insbesondere) der Humanistischen Psychologie einen Bekanntheitsgrad erreicht, der bis in die Alltagssprache hineinreicht (C. Rogers, 1983).*
>
> *Das mag damit zusammenhängen, dass der Begriff ein bekanntes allgegenwärtiges Phänomen benennt, für das schon die griechische Sprache eine bemerkenswerte Bezeichnung kannte: Sympathie. Menschen, die andere nicht nur mit Augen und Ohren wahrnehmen, sondern auch über die „Antenne" ihrer Gefühle, Menschen die „auch mit dem Herzen sehen", die sich also in andere „versetzen", sich einfühlen können, gelten nicht zuletzt deswegen als sympathisch."[14]*

Hervorhebend, dass Empathie eine allgemein menschliche Fähigkeit ist, problematisiert Steinkamp allerdings, dass sie in professionellen Kontexten eingesetzt, z.B. in der Psychotherapie, immer auch mit instrumentellen Funktionen behaftet ist:

> *„[...] sie steht im Dienst eines Ziels, in diesem Fall der Heilung, sie scheint jedenfalls keinen Zweck in sich selbst zu besitzen, es sei denn als Teilkompetenz des professionellen know-how von Mitgliedern helfender Berufe."[15]*

Eine noch weitergehende Kritik formulierte übrigens *Horst Eberhard Richter*, einer der wenigen politischen Psychotherapeuten, vor fast fünfundzwanzig Jahren in seiner „Psychologie des Friedens" mit diesen Worten:

> *„Wir leben immer noch mehrheitlich in der Vorstellung, dass jeder eine psychische Welt wie in einem Kasten in sich trage und dass die darin enthaltenen Gedanken und Gefühle sozusagen frei neben der praktischen Realität schweben. Gewisse soziale Aktivitäten dienen dazu, die Bedürfnisse dieser inneren Welt zu befriedigen. In der*

---

[14] Ebd. 34
[15] Ebd. 35

Kirche, in der Therapie, im sogenannten Kulturbetrieb kann und soll die Seele ihren Hunger stillen und auch ihre Traurigkeit über die Inhumanität der politischen Welt abreagieren."[16]

Im Blick auf seine Vision einer „politischen Diakonie", die Solidarität und Verantwortung nicht delegativ abspaltet, reflektiert Steinkamp diese eben auch für traditionelle Arbeitsfelder kirchlicher Caritas geltende Empathiepraxis als reduktionistisch und plädiert, dabei später hinführend auf den Begriff Compassion, für eine allgemeingültige, politisch wirksame „Einfühlungskultur":

„Die These [...] lautet also, dass Empathie sich als Zielkategorie im Rahmen gesellschaftlicher und politischer Entwicklungen eignet [...] am Ausgangspunkt [...] steht die Tatsache, dass auch psychologisch und therapeutisch nicht geschulte „Laien" empathie-begabt sind bzw. Empathie erlernen können, letztere oft leichter und effektiver als diplomierte Psychologen [...] Wenn die Fähigkeit zur Empathie als ein humanes Potential jedes Menschen unterstellt wird, kann dies eine Spurensuche nach benennbaren Hoffnungsschimmern für die Humanisierung der Gesellschaft und Weltgesellschaft leiten."[17]

Ist dies Hoffnung? Möglicherweise, wenn es im Sinne des Autors gelingen könnte, alltägliche Empathie mit dem Bedeutungsgehalt von Compassion zu verknüpfen. Bezugnehmend auf Fox` weltverantwortliche Spiritualität, auf Metz` Begriff der leidempfindlichen Praxis sowie auf Ansätze real umgesetzter Compassion-Projekte im pädagogischen Bereich[18] liegt für Steinkamp die entscheidende Surplus-Qualität einer compassiven Praxis in drei Dimensionen. Zum einen in der parteilichen Wahrnehmung gesellschaftlicher Wirklichkeit durch Erkennen automatisch verdrängter Marginalität Anderer, zum zweiten in politischer Sensibilität für das Weltgeschehen („Compassion bezieht sich nicht nur auf die Wahrnehmung von Leid und Not der Menschen,

---

[16]   Richter 1982, 143

[17]   Ebd. 37

[18]   Vgl. Kuld und Gönnheimer 2000

sondern auch auf die Erforschung ihrer Ursachen."[19]) und nicht zuletzt in einer theologisch-spirituellen Quelle. Letztere veranschaulicht Steinkamp an der Samariter-Erzählung (LK 10, 25-37), die er nicht – wie traditionell üblich – allein empathisch, sondern auch als eine compassive Gottesbegegnung deutet. Die im Status des entferntesten Fremden agierende Hauptgestalt fühlt sich nicht nur ein und versteht, sie lässt sich anrühren und handelt.

„Berührbarkeit als die Kompetenz des Samariters, das scheint die theologisch adäquateste Bestimmung, die spirituelle Bedeutung von Empathie und Compassion zu sein."[20]

Biblische Bedeutungen im Überblick

Der Begriff Compassion hat als Leitthema des 40. Jahreskongresses der Deutschen Gesellschaft für Pastoralpsychologie 2012 eine Differenzierung erfahren, deren Darstellung hier als letzter Blick auf den theologischen Diskurs hilfreich erscheint.

Jürgen Ebach analysierte in seinem Vortrag „'Compassion?!' Ein beziehungsreiches Wort im Kontext biblischer Erinnerungen und Impressionen" Begriffsdeutungen im Vergleich englisch- und deutschsprachiger Bibelübersetzungen.[21] Seine zentrale Frage ist, für welche alttestamentlich-hebräischen bzw. neutestamentlich-griechischen Wörter und Wortfelder eine englische Übersetzung Compassion verwendet und welche Wiedergaben sich an entsprechenden Stellen in deutschsprachigen Bibeln wiederfinden. Dabei bediente er sich der Bibelversion NRSV (New Revised Standard Version), die unter Beteiligung eines jüdischen Gelehrten entstand und eine seiner Einschätzung nach vergleichsweise hohe Gender-Sensibilität aufweist. Sein Fazit ist: Während die deutschen Übersetzungen vor allem mit Benennungen wie Mitleid, Erbarmen, Gnade, Barmherzigkeit, Verschonung operieren, spiegeln die der englischen Vokabel *compassion* zugrunde liegenden hebräischen und griechischen Textstellen eine reichhaltigere

---

[19] Steinkamp 2012, 41

[20] Ebd. 44

[21] Vgl. Ebach 2013

und lebendigere Bedeutungslandschaft. Auf Ebachs Inhaltsanalyse detailliert einzugehen, würde hier zu weit führen. Bemerkenswert und richtungweisend erscheinen mir jedoch zwei seiner Feststellungen, zumal sie in besonderer Weise an den Wertekodex meiner Profession anknüpfen: Die Bibelstellen beinhalten „eine konstitutive Integration kognitiver, affektiver und körperlicher Dimensionen"[22] und den Wechselseitigkeitscharakter des Gemeinten: „Die Fähigkeit mit zu leiden hat ihren leibhaftigen Ort an eben der Stelle, an der eine und einer selbst verletzlich ist."[23]

> *„Es geht um Empfindungen von Kopf und Gemüt, die im Leib verortet sind. So ist es besonders beim hebräischen rechem, rachamim – „Leib", „Mutterleib" und dann „Erbarmen" – sowie beim griechischen splangchnizomai – auch dieses Verb und seine Derivate bezeichnen ein Erbarmen, ein Mitempfinden, das seinen leiblichen Ort im Bauch hat. Das wird an Stellen deutlich, an denen die folgenden Wiedergaben im Deutschen das ausdrücken, was in der NRSV in das Wortfeld compassion einbegriffen ist, nämlich: ‚sich im Innersten von tiefem Mitgefühl bewegen lassen', ‚im Inneren erregt sein', aber auch die ‚mütterliche Liebe, die sich regt', das ‚mütterliche Herz, das entbrennt', oder die noch leiblicheren Verwendungen: ‚die Eingeweide ziehen sich zusammen', ‚die Eingeweide erglühen'."[24]*

Diese ganzheitlich-dialektische Dimension des Begriffs findet sich an einer Stelle auch für das Erbarmen Gottes.

> *„Jer 31,20 lässt Gott selbst über das eigene Volk im inneren Kampf zwischen Abwendung und Mitleid sagen: ‚Es toben meine Eingeweide und ich muss mich seiner erbarmen'. Gott kann leibhaftig Erbarmen, Mitleid, Mitleiden, compassion erweisen, weil SIE, weil ER selbst verletzlich ist."[25]*

---

[22] Ebd. 111

[23] Ebd. 115

[24] Ebd. 111f

[25] Ebd. 117

Hervorhebend, dass sogar Gottes Erbarmen seine/ihre eigene Verwundbarkeit voraussetzt, wirft Ebach hier ein Schlaglicht darauf, wie zentral für das Gemeinte die eigene Verfasstheit ist – ein Befund, der dem praktischen Teil dieses Beitrags einen hochrelevanten Zusammenhang vorausschickt.

Im Weiteren aber wird mit der Analyse anderer biblischer Wortfelder die mögliche Vermutung, Compassion umfasse immer nur ein unbezwingbares, fast instinktives Geschehen, geerdet und relativiert. Textstellen, die sich um den compassionnahen hebräischen Begriff *chesed* – im Deutschen häufig mit Gnade übersetzt – ranken, legen für ihn eine mildere Bedeutung nahe:

„So knapp wie möglich ausgedrückt: Chesed ist die Freundlichkeit, zu der ich verpflichtet bin, ohne dazu verpflichtet zu sein [...] Eine erhellende Stelle ist dazu [...] Mi 6,8. Zu den nicht mehr und nicht weniger als drei Dingen, die Gott bei uns Menschen sucht, gehört zusammen mit der Forderung des Tuns von Recht und Gerechtigkeit und der Weisung, behutsam, besonnen und bescheiden mit Gott zu gehen, die in dieser Trias mittlere Forderung, chesed zu lieben. Ich soll diesen chesed, diese Freundlichkeit nicht lustlos gewähren, um mir Ärger zu ersparen, und sie auch nicht in Kantischer Erfüllung der Pflicht gegen die Neigung erbringen, ich soll sie lieben als eine Weise der Mitmenschlichkeit, die das Leben reicher und schöner macht."[26]

Zum Schluss seiner Analyse bezieht sich Ebach auf ein weiteres compassionnahes Wortfeld, das mit dem griechischen Begriff *sympathein* verknüpft ist und an einer Bibelstelle eine besondere Präzisierung als *metriopathein* erfährt (Hebr 5,2). An dieser Stelle des Hebräerbriefs geht es darum, dass der Hohepriester zunächst für sich selbst das Sühneopfer darbringt, bevor er im großen Versöhnungsritual Sühne für das Volk erwirkt. Dieser in der griechischen Übersetzung metriopathisch genannte Vorgang zeigt laut Ebach eine Facette von Compassion, die das urwüchsig- biblische Verstehen von Erbarmen und Mitleiden um eine gemäßigtere Variante ergänzt. Bevor der Ho-

---

[26] Ebd. 120

hepriester sich Anderer erbarmt, nutzt er ein ganz auf sich selbst ge-
richtetes Ritual, das ihm ermöglicht, eine allzu heftige Identifizierung
emotional auszubalancieren. Ebach schlägt dieses Verständnis von
Compassion als Brücke zwischen seiner urmenschlichen Qualität und
der professionellen, amtlichen Wirkungsmöglichkeit vor:

> *„Die Fähigkeit zum Erbarmen […] sitzt in den Weichteilen; das Mit-*
> *Leiden hat da seinen leibhaftigen Ort, wo ein Mensch selbst verletz-*
> *lich ist. Eine Metrio-Sym-Pathie behält die Grundhaltung der kom-*
> *munikativen und kommunizierten Sympathie, aber sie beachtet die*
> *Distanz, welche die Differenz zwischen den Leidenden und Mitlei-*
> *denden bewahrt und in dieser Differenz auch die Würde der Lei-*
> *denden, statt sie durch leidaneignende Empathie und überzogene*
> *Betroffenheit anzutasten.“*[27]

Fazit

Dieser Parforce-Ritt durch die theologische Diskurslandschaft hat den
Versuch unternommen, die gemeinte Haltung anzureißen und einen
Geschmack von ihrer Fähigkeit zu geben, sich im geistigen und praktischen Horizont von Pastoralpsychologie festzusetzen und zur Auseinandersetzung anzuregen. Von der Schöpfungsverbundenheit über
die tätige Leidempfindlichkeit und politische Empathie hinweg bis zu
einer den Menschen ganz erfassenden Qualität des Mitgehens, das
verknüpft ist mit einer professionell maßvollen Handlungsanweisung,
bietet Compassion viele Gesichter einer komplexen Beziehungshal-
tung. In ihren Konnotationen und Repräsentationen spiegeln sich mu-
tige Versuche, dem Potential des Begriffs einschließlich seiner moralischen Herausforderung „Herr zu werden". Zu der uns allen eingepräg-
ten Distanz zwischen Kopf und Bauch-Ebene und zu dem schmerz-
haften Gefälle zwischen Vision und Realität ist das Konzept der Compassion ein herausforderndes Gegenprogramm. Vielleicht ist die damit gegebene Spannung seine aufregendste Qualität.

---

[27] Ebd. 125

Erziehungsberatung und Compassion

Welche Adressierungen hält Compassion für den Bereich beraterischen Handelns mit Eltern, Kindern und Familien bereit und wie ist die bis hierher nah gebrachte und untersuchte Feinstofflichkeit des Konzepts dort - wenn überhaupt - sichtbar und wirksam? Ich möchte diesen Fragen im Folgenden aus Sicht meines Praxisfeldes nachgehen und beginne, obwohl gerne hoffnungsvoll, mit einem maßvollen und begrenzenden Blickwinkel.

Psychologische Beratung bezieht ihre Kraft aus Menschenliebe. Das fällt manchmal leichter, manchmal schwerer, je nach Gegenüber, das mit seinen Resonanzen, seiner Geschichte und seinen Übertragungen anrühren oder irritieren kann.

In der Arbeit mit Kindern, dem Surplusmerkmal von Erziehungsberatung, gilt dies ganz besonders: Selbst wenn die unerklärliche Chemie, die sich in jeder Begegnung entspinnt, Sympathie erschwert, was obgleich ein Tabu dennoch sein kann, fordert uns die fundamentale Angewiesenheit von Kindern heraus, sie bedingungslos anzunehmen. Dieser moralische Imperativ, der auch das Compassionkonzept durchzieht und analog zur „Option für die Armen" als „Option für die Kleinen" formuliert werden könnte, ist unhintergehbar. Gleichzeitig beinhaltet das Beziehungsgeschehen mit Kindern besondere Herausforderungen. Kinder und Jugendliche begegnen uns ursprünglich und unverfälscht, was sowohl heißen kann, dass sie ihren ganzen Kummer bei uns lassen, als auch sich nicht scheuen, uns den Spiegel sehr direkt vorzuhalten. So konfrontieren sie BeraterInnen mit den eigenen Grenzen *und* mit der Selbstidealisierung, die für den Auftrag einerseits notwendig ist, andererseits aber auch hinterfragbar sein muss.

Zudem spielt Erziehungsberatung in einer komplexen Dramaturgie. Die innere Landschaft von Kindern ist beileibe nicht ihre einzige Kulisse. Das Ensemble besteht aus Eltern, Lehrern, Betreuern und dem Taktgeber einer sich ständig wandelnden Selbstentwicklung. Die Bühne ist die Realität und darin haben die Bedürfnisse von Kindern manchmal am wenigsten zu sagen. Es gilt also, mit Direktheit und Wirklichkeit zurechtzukommen und die eigene Rolle so zu gestalten, dass die tiefere Botschaft von Kindern in ihrer Lebenswelt gehört werden kann. Beides, die Verantwortung für und die Unmittelbarkeit der Beziehung, definieren einen Auftragsanspruch, den wir nie gänzlich erfüllen, sondern dem wir uns nur annähern können.

„Ich will hier nicht sein!" war das erste, was Alina (10 J.) signalisierte, als sie kam - gebracht von ihrer Mutter, die nach mehreren Einzelgesprächen zum tieferen Thema ihrer Ratsuche vorgedrungen war: Liebt mich mein Kind, kann ich mich auf seine Loyalität verlassen und will es wirklich bei mir bleiben? Hintergrund war ein dramatisches Trennungsgeschehen zwischen den Eltern. Frau S. hatte ihren Mann in einer Nacht- und Nebelaktion zusammen mit Alina verlassen. Dem vorausgegangen waren zunehmende psychische und körperliche Gewaltaktionen seinerseits. Frau S. hatte gehofft, dass sich die von Anfang an trotzige Stimmung Alinas in der Nachtrennungszeit legen und sie sich in der Gewöhnung an das Leben zu zweit entspannen würde. Stattdessen verhärtete sich die Haltung ihrer Tochter und gipfelte in den Augen von Frau S. darin, dass sie während einer entscheidenden Sorgerechtsverhandlung Lügen erzählt habe: Ihre Mutter würde unsinnige und strenge Verbote erteilen, sie manchmal schlagen und die Kontakte zum Vater vereiteln. Das Gericht entschied sich trotzdem für Alinas Verbleib bei Frau S. und verfügte darüber hinaus eine Umgangsform, in der die Übergabe von einer Drittperson zu begleiten sei, weil der Vater bei jeder Begegnung schlimmste Verwünschungen gegen die Mutter ausstieß.

Frau S. beschrieb die innere Situation Alinas einfühlsam, war sehr glaubwürdig darin, ihre Beziehung zum Vater nicht hintertreiben zu wollen, und konnte auch ihrer Trauer und Angst, die Tochter zu verlieren, sehr gut Ausdruck geben.

Die Arbeit mit Alina dagegen war fast unmöglich. Sie verschloss sich dem Kontakt und gab nur oberflächlich über ihr Inneres Auskunft. Projektive Angebote zeigten allerdings, wie sehr sie das alte Zuhause vermisste. Der Vater erklärte sich zu einem Gespräch in der Beratungsstelle nicht bereit.

Ich war als erstverantwortliche Beraterin frustriert. Mir tat Alina sehr leid und gleichzeitig hatte ich tiefes Mitgefühl mit ihrer Mutter. Die Trennungsumstände und ihre spürbare Empathie für Alina ließen mich wünschen, es würde verständlicher und bearbeitbarer werden, was deutlich zwischen Mutter und Tochter stand.

Alina indessen nahm mir offenbar meine Empathie nicht ab. Hinzu kam vielleicht der oben beschriebene Mangel an guter Chemie. Ich fühlte zwar mit ihr, konnte ihre Sturheit und Verschlossenheit aber nicht gut aushalten. Mein Gegenübertragungsknoten war wohl zu komplex und verschlungen, um wirklich zu Alina durchzudringen. Ich wurde konfrontiert mit trotziger Resignation, obwohl ich doch mein Bestes gab.

Ich bat eine Kollegin, mit Alina spieltherapeutisch zu arbeiten und führte die Beratung mit ihrer Mutter weiter. Diese Kollegin konnte mit Alinas Undurchdringlichkeit besser umgehen und brachte erhebliche Geduld auf. Viel mehr als ich verstand sie ihre Verzweiflung und begriff ihr Verhalten in der Tiefe. Frau S. gab genauso wie ich ihr Bestes, dennoch fühlte Alina sich bei ihr einsam und unverstanden. Was sie schließlich in der Spieltherapie deutlich machen konnte, war, wie sehr sie am Anspruch ihrer Mutter, alles richtig machen zu sollen, litt und sich durch den Trennungsschritt überrannt fühlte. Außerdem vermisste sie zutiefst emotionale Echtheit und Unbeschwertheit – eine Qualität des väterlichen Umfelds, nach der sie sich ständig zurücksehnte.

In mehreren Mutter-Tochter-Gesprächen arbeiteten wir an diesen „Beziehungssperren". Frau S. gelang dabei zunehmend ein echter, innerer Kontakt zu Alina, bis hin zu der Aussage, wie traurig es sie machen würde, Alina zu verlieren, sie einen Wechsel zum Vater aber dennoch akzeptieren könne. Alina, die inzwischen zwölf Jahre alt ist, schien unter dieser „Freilassung" erstmalig wieder offen und aufnahmebereit für die Mutter zu sein und will momentan auch weiter bei ihr leben.

Mitfühlen und Handeln – Repräsentationen in unserem Praxisfeld

Auch in Anbetracht von Grenzen gibt es gute Gründe anzunehmen, dass das, was Compassion ausmacht und wirken lässt, gerade für das Praxisfeld „Erziehungsberatung" gilt und hier kennzeichnenden

Rang in Anspruch nehmen darf. Zuallererst und gerade deswegen, weil Compassion in toto sowohl eine Beziehungs- als auch eine Handlungsdimension beinhaltet.

Unter ersterer verstehe ich im Folgenden das, was die psychologische Qualität von Erziehungsberatung ausmacht, während die Handlungsdimension sich vor allem auf ihre gesellschaftlichen und vernetzungsorientierten Einflussmöglichkeiten bezieht. Das bedeutet beileibe nicht, der psychologische Teil entbehre des Handlungscharakters, sei untätig oder unwirksam. Im Gegenteil. Ich glaube, dass in unseren Beratungszimmern verändernde Kräfte vorbereitet und geweckt werden. Aber wenn wir Compassion ernstnehmen, geht es auch um sichtbares Tätigwerden, u.a. im Sinne von *Steinkamp* um die *parteiliche Wahrnehmung und Benennung der gesellschaftlichen Bedingtheit von Leid und Not*. In einer Erziehungsberatungsstelle ist Elend oft psychischer Natur, nichtsdestoweniger aber ebenfalls verknüpft mit schwierigen und nachteiligen Lebenslagen, denen Gehör zu verschaffen der zentralen, emanzipatorischen Botschaft von Compassion zutiefst entspricht.

Im nächsten Schritt wende ich mich dem zu, was die konkrete Beratungsbeziehung an Facetten compassiv-begegnender Haltung insbesondere zu Kindern aufweist. Die theologischen Erfassungen noch im Ohr würde ich sie so benennen: *Gegenwärtigkeit, Ernstnahme, Bezauberung* und *Verbundenheit*. Im Gespräch mit meinen TeamkollegInnen wurden ähnliche Bezüge genannt: den Menschen nah sein, der Realität verpflichtet sein und aus einer inneren Kraft schöpfen.

Die Beziehungsdimension von Compassion

- *„Ich bin ganz bei Dir"*
  – Gegenwärtigkeit, Bezogensein, Einfachheit

Unsere theoretisch gut abgesicherte und methodisch durchgeschulte Professionalität steht uns oft im Weg. Für den Kontakt mit Kindern und oft genug auch für den Kontakt mit ihren Eltern empfiehlt es sich eher „untherapeutisch" zu sein. Fast alle klassischen Therapiemethoden implizieren, dass die sich hinter den sprachlichen Mitteilungen verbergenden Motive, Bedürfnisse oder Probleme entschlüsselt werden müssen. Die sich daraus ergebende distanziert-spiegelnde Haltung verwirrt und irritiert insbesondere Kinder. Sie handeln immer in der Realität. Mit unermüdlicher Zuversicht erobern sie sich Schritt für Schritt deren Eigenart und Gesetze und fordern gleichzeitig die Anleitung der für sie wichtigsten Bezugspersonen. Das Wunder ihres Entwicklungspotentials lässt gar nichts anderes zu. Der bekannten niederländischen Therapeutin *Maria Aarts* fällt der beachtliche Verdienst zu, mit ihrer Methode *marte meo* („aus eigener Kraft") auf den Punkt gebracht zu haben, dass jede Interaktion mit Kindern zunächst und a priori eine auf ihre Welt bezogene Abstimmung braucht.[28] Grundbaustein ihres videogestützten Therapieprogramms ist deshalb das Augenmerk auf die Initiativen des kindlichen Gegenübers. Aarts´ zentrale Botschaft könnte mit dem Appell „Sei einfach!" überschrieben werden. In der Therapiearbeit, zunächst mit autistischen, später mit vielen anderen Symptombildern, gibt sie dieser Haltung den größten Stellenwert. Höre, schaue und erspüre das am Konkreten orientierte Interesse des Kindes und beantworte es im gleichen Modus. Aarts relativiert damit eine oft allzu hoch angesetzte und verklausulierte Resonanzkultur des therapeutischen Raums. Sie rehabilitiert Langsamkeit, Kleinschrittigkeit und Konkretheit und begründet sie nachvollziehbar als wesentliche Zaubermittel erfolgreicher Arbeit mit Kindern.

Josef ist ein Sechsjähriger, den die Eltern erschöpft und genervt mit der Frage nach einer möglichen Aufmerksamkeitsstörung vorstellen. Beim ersten Kennenlernen ist er anders als die meisten Kinder wenig am angebotenen Spielmaterial interessiert und scheint auch die freundliche Frage, ob er wisse, was der Grund seines Kommens sei, zu ignorieren. Stattdessen kommt er später darauf zurück, aber erst nachdem er gründlich die räumlichen Gegebenheiten erkundet und zahlreiche Fragen zur Bedeutung der vorhandenen Alltagsgegenstände gestellt hat. Besonderes Interesse findet er an einer flexiblen Metallspirale, die auf ein Gefälle gestellt die Fähigkeit hat, sich wie von Zauberhand aus eigener Kraft fortzubewegen. Sie begeistert ihn und

---

[28] Aarts 2002

intensiv experimentiert er mit den verschiedenen Möglichkeiten ihrer faszinierenden Eigenart. Das geduldige Eingehen auf diese Selbstak-tualisierung lohnt sich, weil Josef mit mir den Spaß und das Staunen über die Lebendigkeit eines eigentlich leblosen Gegenstandes teilen kann. Ich verliere mich mit ihm ein Stück darin und vergesse genauso wie er für eine geraume Zeit den sachorientierten Hintergrund seines Hierseins. Zwischendurch frage ich mich nach der Bedeutung dieser zeit- und raumgreifenden Beschäftigung. Es drängt sich auf: Josef sucht das Lebendige und Spielerische. Das ist ihm das Wichtigste und er hat es geschafft, sich seine Aufmerksamkeit dafür zu bewahren. Die vielen Fragen der Erwachsenen findet er langweilig und ermü-dend. Das Beste, was er tun kann, ist die Worte zu ignorieren und für seine Anregung selbst zu sorgen. Als dieses Bedürfnis etwas gestillt ist, leitet Josef selbst zum Beratungsanlass über: „Bist du eine Lehre-rin?" „Nein, wir spielen mit Kindern, um sie zu verstehen. Freust du dich denn auf die Schule?" Sein „Ja" darauf ist etwas zögerlich und lässt mich an meine eigene Vorschulzeit zurückdenken. „Hast Du schon mal Schule gespielt?" Josef zeigt auf die kleine Spieltafel des Szenokastens und daraus entspinnt sich seine Darstellung einer Sze-ne, in der er die von ihm phantasierten Vorgänge zum Ausdruck bringt. „Ein Kind kommt zu spät und die Lehrerin schimpft." „Das muss schlimm sein, wenn man der einzige ist, der etwas falsch macht." Ich erinnere mich an die Erfahrung sozialer Scham, wenn alle mitkriegen, dass man geträumt hat. Josef nickt, sagt dann aber verschmitzt: „Mi-chel macht auch immer alles falsch." „Meinst du den Michel aus Lön-neberga ... und der Vater von Michel ist ganz oft wütend?" Josef ist das zu viel und er geht wieder zum Platz des Spiralenspiels, sozusa-gen zur „Oase" unseres Begegnungsraums. Dies erinnert mich daran, wieviel Trost mir als Kind die Erfahrung gegeben hat, neue Dinge zu beherrschen, und ich frage Josef zum Schluss der Stunde, ob er Lust habe, seiner auf ihn wartenden Mutter das Geheimnis der Spirale auf den Stufen der Eingangstreppe zu zeigen.

Diese an sich nicht spektakulären Szenen zeigen, dass das Im-Moment-Sein, die eigenen inneren Bilder eingeschlossen, entschei-dendes Hilfsmittel in der Kontaktaufnahme zu Kindern und in der Deutung ihrer emotionalen Signale ist. Zu schnelle sprachliche, technisch perfekte Symbolisierung ist keineswegs der direktere sondern der oftmals gar nicht gangbare Weg. Die Bewusstheit darüber und die Einstimmung auf diese Ebene machen ein wesentliches Spezifikum erziehungsberaterischer Arbeit aus und das erfordert gerade nicht instrumentell - wie von Steinkamp in Bezug auf professionelle Empathie kritisiert - sondern gegenwärtig zu sein.[29]

- *„Ich nehme Dich ernst und stehe für Deine Wahrheit"*
  – seelische Parteinahme, Achtung, einfühlendes Verstehen

Natürlich entwickeln Kinder im Laufe ihres jungen Lebens eine psychische Schutzhülle, der es gelingt, Verletzungen und Entbehrungen zu kompensieren. Nicht alles, was sie übermitteln, gerade dann, wenn sie ins Jugendlichenalter kommen, ist dazu geeignet konkret verstanden zu werden. Die Eroberung der Welt ist vor allem frühkindliche Entwicklungsaufgabe, später kommen Ausbau und Differenzierung des psychischen Apparats mit dem Ziel von Selbstwert- und Identitätserwerb hinzu. Dann werden Kinder und Jugendliche häufig damit konfrontiert, dass ihre Signale und Problemanzeigen missverstanden oder übersehen werden. Viele von ihnen sind im Moment erziehungsberaterischer Konsultation nur von den Eltern ausgemachte und damit häufig abwartende, fremdbestimmte oder sogar misstrauische Klienten. Deswegen hat oberste Priorität, ihre ungestillte Sehnsucht, wirklich gehört zu werden, in den Fokus des Beziehungsgeschehens zu stellen. Mehr als bei Erwachsenen ist dabei vor allem die Handlungsebene wertvolles Hilfsmittel und ein weiteres beraterisches Agens. Dabei ist von unschätzbarem Vorteil, dass Kinder und Jugendliche sich meistens und glücklicherweise ungern verstecken und für kreative und projektive Zugänge eine natürliche Affinität mitbringen. Wenn sie sich dann mit ihrem Innersten offenbaren, ist der Zeitpunkt gekommen, ihre Wirklichkeitssicht zutiefst anzuerkennen.

Diese Haltung der Ernstnehmens, im fachlichen Diskurs die der bedingungslosen Annahme und des einfühlenden Verstehens,[30] ist für

---

[29] Steinkamp 2012, 35; s. o.

[30] Vgl. Kriz 1985, 204ff

Erziehungsberater ein selbstverständliches Proprium, formatspezifische Verpflichtung. „Ich nehme Dich ernst und stehe für Deine Wahrheit" ist allerdings nicht einfach zu verwirklichen und bedeutet im Einzelfall jeweils unterschiedliches. Die Einfühlung in das Leiden an der Erwachsenenwelt ist uns meistens in Rückschau auf die eigene Kindheit leicht möglich, das Mitgefühl für nicht angenommene, überforderte Kinder schon gar. Aber auch die Annahme verweigernden, per se oppositionellen oder andere ausgrenzenden Verhaltens? Oder von Wirklichkeitssichten, die weit weg von der Realität das eigene Ego zum Maßstab aller Dinge werden lassen? Und wie sieht es aus, wenn Kinder und Jugendliche meinen, sich dem Ideal einer nach Perfektion strebenden Werbewelt z.B. über eine selbstzerstörerische Essstörung unterwerfen zu müssen? Hier liegen die Herausforderungen der gemeinten Haltung. Und sie impliziert gerade bei jugendlichen Ratsuchenden die Balance zwischen glaubwürdigem Ernstnehmen aber auch mutigem Konfrontieren mit lebensfeindlichen Reaktionsmustern ihrer Persönlichkeit. Gemeint ist nicht verbrüdernde Parteinahme, sondern das Einstehen für die sich zeigende seelische Wahrheit.

- *„Ich bin von Dir entzückt und freue mich an Dir"*
  – Bezauberung, Faszination, die Schöpfung feiern

Erstanmelder einer Erziehungsberatungsstelle sind fast immer die Eltern. Mit ihnen beginnt unser Kerngeschäft und vor allem ihr Handlungswille ist Motor des zukünftigen Geschehens. Dessen Antrieb bezieht seine Kraft aus der natürlichen Befriedigung, welche Erwachsene darin finden - im besten Fall in einer tragenden Liebesbeziehung - etwas Lebendiges hervorzubringen und es bei seiner Entfaltung möglichst gut zu begleiten. Die Anstrengung, welche Elternschaft vom ersten Tag an mit sich bringt, wird vielfach belohnt. Dabei ist ein Mysterium, dass die allermeisten Menschen sich dem Zauber eines- Kindes nicht entziehen können. Die magische Begabung kleiner Menschen, sich z.B. einfach daran zu freuen, am Leben zu sein, ist allerdings etwas, das ratsuchende Eltern nach den ersten Jahren häufig gar nicht mehr wahrnehmen. Es würde an dieser Stelle zu weit führen, die zahlreichen, oft im kinderfeindlichen Milieu unserer Gesellschaft liegenden

Gründe dafür detailliert zu benennen.[31] Fakt ist, dass Eltern sich häufig zu einem ihr Kind niederdrückendem Resonanzboden entwickeln. Das Geschenk ihrer Generativität hat sich, weil es beständige Sorge braucht und/oder fremdbestimmten Idealvorstellungen nicht genügt, zum Problemfall entwickelt. Das erste Umfeld eines Kindes ist die innere Landschaft seiner Eltern und, wenn diese mit Ansprüchen und Belastungen überfrachtet ist, kann es sein, dass der Zauber kindlicher Unbeschwertheit und Ursprünglichkeit den Rückzug antritt.

Diesen Schatz wieder zu heben und gegen alle Phänomenologie für möglich zu halten, ist oftmals der direkteste Weg zu einer Veränderung. Dazu bedarf es auf Seiten des Erziehungsberaters einer unerschütterlichen Lebenszuversicht gepaart mit der Faszination für Kinder.

Wenn Eltern uns ihr Kind mit einem Gesicht übergeben, das die zweifelhafte Freude über die kommende Spielstunde zum Ausdruck bringt, und danach erfahren, dass das Miteinander mit ihm großen Spaß gemacht hat, ist das oft ein hoch wirksames Reframing. Ganz abgesehen davon, dass Kinder, die ihre Initiativen gesehen und sich abgeholt fühlen, ihr Strahlen schnell wiederfinden können, sind das Momente, in denen ganz im Sinne der Fox'schen Compassiondefinition als *celebration* möglich wird, „ein Kind gemeinsam zu feiern".

- *„Ich lasse mich anrühren und fühle mit Dir (und mir)."* – *Verbundenheit , Erbarmen, Berührbarkeit*

Diese Compassionqualität ist in meinen Augen Zentrum, Dreh- und Angelpunkt der gemeinten Haltung, weil aus ihm die Kraft dafür erwächst, zu einem gelingenden und beglückenden Aufwachsen von Kindern beitragen zu wollen. Aus neurobiologischer Sicht wird sie dadurch ermöglicht, über die frühkindliche Entwicklung von Spiegelneuronen in der Lage zu sein zu fühlen, was der andere fühlt.[32] Für mich persönlich bedeutet sie eine Schöpfungsmitgift. Wenn wir das Geschenk bekommen, mit Zartheit, Wärme und Respekt aufzuwach-

---

[31] Vgl. Renz-Polster 2013

[32] Vgl. Bauer 2005

sen, und das geöffnete Herz von Menschen als Haus unserer ersten Erfahrungen vorfinden, dann können wir sie bilden und erhalten.

Ich finde fraglich, ob Verbundenheit und Mitgefühl, wie aktuelle Empathietrainingsansätze es nahelegen, zu jedem Lebenszeitpunkt erlernbar sind.[33] Meines Erachtens können wir nur dafür sorgen, dass uns dieses Geschenk der Schöpfungsmitgift erhalten bleibt und wir es sorgsam behandeln, durch das Mitleiden mit uns selbst und die Erfahrung der Verbundenheit mit anderen. Ich sehe, dass diese Qualitäten existieren - jeden Tag, an dem ich an meiner Arbeitsstelle KollegInnen mit Familien arbeiten sehe und ihre Mitschwingung spüre und manchmal auch in Sequenzen meiner eigenen Anstrengungen. Deswegen soll hier ein Beispiel das Gemeinte veranschaulichen:

Michaela ist fünfzehn Jahre und kommt seit einem Jahr in die Beratungsstelle. In den Anfängen unserer Begegnungen beeindruckt mich jedes Mal, wie lebhaft, mitteilungsfreudig und zielstrebig sie den Kontakt nutzt und zunächst kein Anzeichen ihrer Bedrängnis erkennen lässt. Den Wunsch nach Beratung benennt sie damit, ein Gegenüber zu brauchen, bei dem sie sich nicht verstellen müsse. Zuhause könne sie vieles, das ihr durch den Kopf gehe, nicht erzählen, denn der Vater, bei dem sie nach der Trennung ihrer Eltern geblieben ist, und ihre ebenfalls dort lebenden Geschwister sollen sich keine Gedanken um sie machen. Freundinnen, mit denen sie über ihr Inneres sprechen kann, gibt es nicht. Das steht in Bezug zu ihrer Verletzung. Es ist nicht die Elterntrennung und auch keine sich in einer Essstörung manifestierende Identitätsproblematik, wie sie ihre korpulente Erscheinung nahelegen könnte, sondern die Erfahrung massiven Mobbings über mehrere Jahre. Gegenwärtig hat ein Schulwechsel diese Belastung vordergründig beendet, ohne dass die Spuren in ihrem Inneren davon wirklich berührt worden wären. Michaela wurde über lange Zeit systematisch ausgeschlossen, in den Pausen stehen gelassen, in ihren Annäherungsversuchen zurückgewiesen und mit Hänseleien und körperlichen Gemeinheiten, wie Kneifen und Schubsen, permanent geärgert. Auch in den Unterrichtsstunden setzte sich diese Abwertung fort.

---

[33] Vgl. Singer und Bolz 2013

Bei Kleingruppenwahlen blieb sie jedes Mal übrig und ihre mündlichen Beiträge wurden lächerlich gemacht oder ignoriert. Alles, was sie aktiv unternahm, um dazuzugehören, ging ins Leere. Ansätze der Schule, ihre Situation zu verändern, scheiterten.

Wie der Beratungsverlauf zeigte, hatten diese seelischen Verletzungen im Rang zahlreicher Mikrotraumatisierungen Michaela nachhaltig verändert. Sie glaubt nicht mehr daran, in einer Klasse einen guten Platz finden zu können, und hat sich darauf verlegt, die Schulvormittage über ein sperrig-ignorantes bis offensiv-aggressives Auftreten irgendwie durchzustehen. Sehr klar formuliert sie an dieser Stelle ihre Überlebensstrategie: „Ich habe einen Panzer entwickelt, durch den nichts mehr durchdringt. Ich bin nun mal anders als die anderen. Sie sollen mich in Ruhe lassen, dann tue ich das auch.“ Leise aufkeimende Hoffnungen, zB. Interaktionen mit ihrer Sitznachbarin, die sie manchmal um Hilfe anfragt, bewahrheiten sich nicht. Sobald der Kreis grösser wird, wird sie erneut gemieden, wenn auch nicht so brachial wie in der vorherigen Schule. Ihr Bemühen wird nicht mit Zugehörigkeit belohnt und ihr Selbstkonzept als Außenseiterin wie in einem Teufelskreis bestätigt. Da sie so verletzt ist, erweisen sich Wahrnehmungsüberprüfungen und die Besprechung ihrer eigenen Anteile als Sackgasse. Gut tut ihr dagegen, dass ich ihr Schutzbedürfnis würdige und dabei helfe, die Möglichkeiten der Kontrolle ihrer tiefen Wut zu erweitern.

Das ändert sich als sie anders als sonst tieftraurig in die Stunde kommt. Schluchzend berichtet sie vom plötzlichen Verlust ihres Hundes. Dessen Anhänglichkeit, Treue und komisches Talent hatten ihr immer wieder Kraft und Trost gegeben, mit ihm konnte sie sich weich und zugänglich fühlen. Ich anerkenne, wie sehr sie dieses Ereignis getroffen haben muss. Es entsteht ein besonderes Gefühl der Verbundenheit, der gemeinsamen Schwingung, die sie ermutigt, alle wunderbaren Momente des Zusammenseins mit ihrem Hund noch einmal ausführlich zu erzählen. Davon beeindruckt, wie duldsam, fürsorglich und liebevoll sie mit ihm umging, erwähne ich, dass nicht nur er ihr sondern auch sie ihm viel bedeutet haben muss. Michaela ist erstaunt und protestiert ausnahmsweise nicht, als ich vorsichtig an-

spreche, dass heute eine ganz andere Michaela zu spüren sei, eine liebenswerte und eine verwundbare.

In den folgenden Stunden wird diese Erfahrung zum Anker eines Selbstbildes, in das Michaela zunehmend ihre versteckte Liebenswürdigkeit, ihre verlorene weiche Seite, integrieren kann.

Die Handlungsdimension von Compassion

Typisch ist für Erziehungsberatung in den letzten Jahren geworden, dass sich ihre therapeutische Dimension ausdünnt und sie über jugendhilfeorientierte Plausibilitäten ein zunehmend pädagogisch-pragmatisches Gesicht bekommt. Dieser Prozess begann mit der Einbindung in das SGB VIII in 1993, ist seitdem unaufhaltsam und spiegelt sich am sichtbarsten in der Alltäglichkeit gerichtsnaher Beratungen und dem Auftrag insoweit erfahrener Fachberatung bei fraglichen Kindeswohlgefährdungen (§ 8 a/b SGB VIII). Außerdem werden früher in der Erziehungsberatung verortete Bedarfe immer öfter von Hilfen des SGB V (Gesetzliche Krankenversicherung) und des SGB IX (Früherkennung und Frühförderung) abgegriffen, weil in diesen Feldern weiter gefasste Diagnosen, abgesenkte Zugangsschwellen und beziehungsorientierte Therapieansätze grundsätzlich zulässiger werden. Nicht zuletzt: Die beratungstypische attraktive Verknüpfung von Fachlichkeit und Datenschutz (kein Labeling/keine Sorge um Integritätsverlust) verliert im Kontext kindlicher Auffälligkeiten durchaus an Brisanz. Psychische Probleme bei Kindern werden im mittleren Bereich tolerabler, wenn nicht gar von Fall zu Fall „gutachterlich" genehm oder nützlich. Und die Mitarbeit an ihrer Beseitigung, welche dem Beratungsansatz inhärent ist, wird von ratsuchenden Eltern manchmal als belastender erlebt als das passive Zulassen einer fremdgesteuerten Hilfsmaßnahme. Die introspektive und zeitintensive Qualität von Beratung muss deshalb zweiseitig, sowohl gegenüber Kostenträgern als auch gegenüber Eltern, ggf. intensiv beworben werden und dies nicht immer mit Erfolg.

All diese Gegebenheiten fordern eine besondere Fähigkeit zur Kontexteinschätzung. Dreh- und Angelpunkt ist das Kindeswohl. Aufträge an Erziehungsberatung erfolgen aber auch aus anderen Motivlagen

und diese gilt es zu erkennen. Erziehungsberatung ist immer Jugendhilfe und deswegen immer in Gefahr funktionalisiert zu werden. Sie
braucht einen ethischen Bezugspunkt, der außerhalb administrativer,
instrumenteller Plausibilitäten existiert. Die Auftragsorientierung systemischer Provenienz („Was wollen die Beteiligten?") reicht hier nicht,
auch nicht die Jugendhilfelogik und auch nicht die Elternlogik, welche
u. U. zufrieden ist, wenn Kinder im belastenden Familienalltag irgendwie funktionieren. Wenn sich Empfindlichkeiten gegenüber einer
psychologischen Etikettierung von Kindern zunehmend verflüchtigen,
Eltern nicht mehr unbedingt der nächste Anwalt ihrer Kinder sind und
wenn psychologische Beratung zunehmend mehr gesetzlichen Rege-
lungsinteressen statt innerem Wachstum zu dienen hat, dann sollten
ErziehungsberaterInnen, zumal in konfessioneller Trägerschaft, vor
allem eins verfolgen: im Stimmengewirr der Interessen das Anliegen
des Kindes herauszuhören und dafür Anwaltschaft zu übernehmen.

Diese Verwirklichung des Handlungsappells von Compassion ist sowohl im fallbezogenen wie auch im strukturell-öffentlichen Kontext gefordert.

- *Fallbezogene Anwaltschaftlichkeit*

Erziehungsberatung ist immer Beziehungsberatung in großer Komplexität. Die existentielle Angewiesenheit von Kindern impliziert, Eltern
a priori als Mitklienten zu sehen, oft auch als einzige Adressaten,
wenn sie in der Lage sind, die Kontingenz der Auffälligkeiten ihres
Kindes mit sich selbst von vornherein zuzulassen.

Unabhängig davon verdient es immer Wertschätzung, dass Eltern sich
auf den Weg machen. Der Schritt in eine Erziehungsberatungsstelle
bedeutet zunächst mal eine mögliche Bankrotterklärung. Auf jeden
Fall ist dies immer eine Option, die in der Gefühlswelt ratsuchender
Eltern vorkommt und unterschwellig mitspielt. Es muss anerkannt
werden, dass sie bei der Inanspruchnahme externer Hilfe billigend in
Kauf genommen wird, und gleichzeitig bedarf die „Logik der Suche
nach dem einzig Schuldigen" auch einer mäßigenden Korrektur.

Ein zweites Postulat erziehungsberaterischen Handelns ist die Grundidee der guten Absicht. Genauso wie auf Seiten des Kindes von einer

unverbrüchlichen Loyalität zu seinen Eltern auszugehen ist, schreiben wir Eltern ein zutiefst verankertes Wohlwollen gegenüber ihren Kindern zu. Obwohl darüber im Einzelfall und gerade im Zusammenhang mit Kindeswohlgefährdungskontexten zu streiten wäre, ist dies die grundlegende Arbeitshaltung.

Auf dem Fundament dieser freundlichen Prämissen schließen Beratungsprozesse prinzipiell die Notwendigkeit ein, Eltern zu kritisieren. Eine gemeinsame Problemlösung erfordert immer, die Hintergründe, Selbstanteile und Wirkungen ihres erzieherischen Handelns ausführlich zu beleuchten - natürlich aus wertschätzender und zuversichtlicher Warte heraus, aber unverzichtbar auch in konfrontativer und realitätsgerechter Weise. Die hier innewohnende Spannung ist wiederkehrendes Thema zahlreicher Fallvorstellungen, ihre Ausbalancierung eine Frage des Muts und zentraler Maßstab der Reifung von Beraterpersönlichkeiten. Im Rahmen jeder Berufsbiographie gelingt sie nur über die Auseinandersetzung mit der Idealisierung versus Abwertung der eigenen Elternerfahrungen und Elternbilder.

Wenn Eltern das Maß in einer Weise verlieren, in der sie allein selbstbezogen fühlen, sozusagen „aus der Beziehung gefallen sind", ist eine deutliche Anwaltschaftlichkeit von BeraterInnen gefragt. Es kommt vor, dass sich die Suche nach dem Schuldigen als komfortables Erklärungsmodell allein auf das Kind fokussiert. Es kommt außerdem vor, dass Eltern wie unter einer Glasglocke befindlich kaum inneren Zugang zu ihren Kindern haben oder dass sie besetzt von Racheimpulsen gegenüber dem Ex-Partner/der Ex-Partnerin in hochstrittigen Trennungs- und Scheidungsverläufen den Leidensdruck der Kinder völlig ausblenden. Und es gibt Eltern, die ganz im Sinne erwünschten gesellschaftlichen Verwertungsdenkens nur damit beschäftigt sind, wie sie ihr Kind wettbewerbsfähiger machen können.

Dies ist eine Auswahl möglicher Fallkonstellationen, in denen Berater ihrer freundlich-empathischen Haltung, ihrer *chesed*-Praxis, etwas hinzufügen müssen: ein deutliches Stoppsignal. Wir setzen dabei im besten Fall auf eine tragende Beziehung, die erlaubt, Ängste von Eltern zu thematisieren, manchmal aber einfach auch auf unsere Fachautorität, um die Auswirkungen ihres Verhaltens auf die Kinder deutlich beim Namen zu nennen.

Nach heftigen Streitigkeiten sind Herr und Frau M., ein getrenntes Paar, der gerichtlichen Auflage gefolgt, in einer Beratungsstelle an einer gütlichen Regelung der Sorge- und Umgangsrechtsfrage zu arbeiten. Möglicherweise des Kampfes müde oder in der Hoffnung einen weiteren Bündnispartner für das eigene Interesse zu finden, erscheinen beide tatsächlich zum ersten gemeinsamen Mediationstermin, dessen Verabredung sich aber bereits im Vorfeld ausgesprochen mühsam gestaltet hatte. In diesem Gespräch gibt es keine Sequenz, in dem es einem von beiden möglich ist, dem anderen auch nur kurze Zeit wirklich zuzuhören. Stattdessen fallen Vorwürfe um Vorwürfe bis hin zur Negierung jeglicher guten Absicht des anderen. Keiner von beiden nimmt irgendwie Bezug auf den gemeinsamen fünfjährigen Sohn Jens. Aus Vorkontakten ist allerdings bekannt, dass er seit der Trennungseskalation an Schlafstörungen leidet, nach den wortlos abgehandelten Übergaben zwischen den Eltern einnässt und sich im Kindergarten völlig zurückzieht.

Die Beraterin nimmt wahr: „So, wie ich mich jetzt zwischen den Fronten fühle, muss es auch Jens gehen. Wenn diese Atmosphäre schon mir Bauchschmerzen macht, ist sie für Jens schon längst unerträglich." Sie stoppt den Schlagabtausch, bittet beide Kontrahenten sich ausschließlich ihr zuzuwenden und beschreibt lange und eindringlich das, was ein elterlicher „Dauerkrieg und gegenseitiger Vernichtungsfeldzug" in Kindern erfahrungsgemäß anrichtet. Sie spart dabei nicht mit drastischen Aussagen und benennt auch, dass für den Fall des Fortgangs dieser Situation von einer Kindeswohlgefährdung gesprochen werden muss.

Diese Fallkonstellation ist beispielhaft für die Notwendigkeit klarer Anwaltschaftlichkeit im Beratungsprozess selber. Sie muss zur Wirkung kommen, wenn gar nichts anderes mehr geht, und ist mit Vorsicht und Augenmaß einzusetzen – wie eine Medikamentendosis, die immer auch einen gewissen Anteil Gift für den Beziehungsorganismus in sich trägt. Auch andere Bezugspersonen von Kindern, zB. Großeltern, LehrerInnen und ErzieherInnen sind mögliche Adressaten des beschriebenen Stoppsignals, wenn Kinder von ihnen in schädigender Weise übersehen, funktionalisiert oder verletzt werden.

Kindbezogene Anwaltschaftlichkeit hat noch eine zweite Facette, die sich nicht in konfrontativer sondern supportiver Qualität ausdrückt. Sie betrifft Eltern, die wegen ihrer Lebenslage daran gehindert werden, gut für das Wohl ihrer Kinder zu sorgen. Armut, Arbeitslosigkeit, Überforderung durch Doppel- und Dreifachbelastungen in Familie und Beruf insbesondere Alleinerziehender und psychische Erkrankungen sind entsprechende Schlüsselszenarien. Hier nutzen wir unser fachliches Gewicht, um über formlose, nicht gutachterliche Stellungnahmen notwendige Hilfen für die Betroffenen bei Ämtern, Ärzten, Kliniken, Betreuungseinrichtungen zuverlässig und schnell auf den Weg zu bringen.

- *Prävention und öffentliche Anwaltschaftlichkeit*

Die Zugehörigkeit von Erziehungsberatung zum Kanon der Jugendhilfeangebote birgt nicht nur wie vorher benannt die Gefahr ihrer zunehmenden Administrierung, sie beinhaltet auch eine Chance. „Erziehungs- und Familienberatungsstellen sind über ihre Einzelfallhilfe hinaus auch an den allgemeinen Auftrag des Kinder- und Jugendhilfegesetzes gebunden, dazu beizutragen, positive Lebensbedingungen für junge Menschen und ihre Familien sowie eine kinder- und familienfreundliche Umwelt zu erhalten und zu schaffen." (§ 1, Abs. 3 SGB VIII). Damit ist hier eine gesamtgesellschaftliche Verantwortung angesprochen, die sich in Präventionszugängen, wie Vorortsprechstunden und Familienbildungsangeboten aktualisiert, aber auch Vernetzungsaktivitäten, Öffentlichkeitsarbeit und die Mitwirkung in politischen Gremien einschließt.[34]

Das so formulierte Aufgabenfeld legitimiert und erfordert, wenn auch regional begrenzt, für Kinder und ihre Belange im öffentlichen Raum einzutreten und Gefährdungen eines gelingenden Aufwachsens aus der eigenen fachlichen Sicht beim Namen zu nennen. Die Funktion von Beratung als gesellschaftlicher Seismograph ist damit in den ge-

---

[34] Vgl. Westermann 2003

setzlichen Arbeitsauftrag verpflichtend hineingeschrieben.

Was heißt das konkret? Zum einen stellen ErziehungsberaterInnen unter dem Stichwort Prävention ihr Wissen und ihre Einschätzung zu aktuellen Themen von Kindheit und Jugend Eltern und psychosozial arbeitenden KollegInnen zur Verfügung, zB. zu den Themen Medienmissbrauch, sexuelle Gewalt, Trennung und Scheidung, Mobbing und Kindeswohlgefährdungen. In vergleichbarem Modus bietet die regelmäßige Praxisberatung von ErzieherInnen und LehrerInnen in Kleingruppen die Möglichkeit, Multiplikatoren zentraler Lebensfelder von Kindern für die Voraussetzungen seelischen und sozialen Gedeihens zu sensibilisieren.

Mindestens gleichrangiger Stellenwert ist der Präsenz in Vernetzungskontexten und politischen Gremien zuzuschreiben. Diese Foren eröffnen ein Feld öffentlicher Anwaltschaftlichkeit, in dem der erziehungsberaterischen Expertise erfahrungsgemäß eine besondere Kompetenz zugetraut wird, nämlich individuell-psychologische Genesen familiärer Krisen von gesellschaftlich-sozialen Bedingungen abgrenzen zu können. So ist der Hinweis darauf, dass psychische Not keineswegs nur privater Zuständigkeit anzuheften ist, besonders glaubwürdig.

Die Anlässe eines solchen „Whistleblowings" sind vielfältig und betreffen zahlreiche Phänomene. Ich formuliere hier einige davon und das bewusst kontradiktorisch, um der gerne ausgeblendeten gesellschaftlichen Bedingtheit pointiert Gehör zu verschaffen.

- Ist die wachsende Zahl von Aufmerksamkeitsstörungen Ausdruck eines genetischen Defekts oder spiegelt sie die zunehmende Technisierung und Reizüberflutung kindlicher Lebenswelten wider?

- Sind zunehmende Mobbing- und Gewaltprobleme erzieherischen Defiziten geschuldet oder einem Mangel an prosozialen Klimata unseres Zusammenlebens?

- Ist die Verfügbarkeit von Eltern für ökonomische Interessen zu Lasten ihrer Bindungsverfügbarkeit wirklich die bessere Wahl, um unser aller Zukunft zu sichern?

- Kann eine auf maximalen Genuss und Konsum ausgerichtete Lebensplanung kindliche Seelen ausreichend tragen und nähren?

- Welche Folgen wird es haben, „kognitives Humanmaterial" und Wettbewerbsfähigkeit zum Hauptziel unserer Bildungsanstrengungen zu machen und dabei das emotionale, soziale und künstlerische Potential von Kindern auf der Strecke zu lassen?

- Und welche Ressourcen pflegen wir, um Beziehungskrisen, Krankheit, Tod und Verlust standhalten zu können und damit unseren Kindern Hoffnung vorzuleben?

Abschließend sei gesagt, dass Erziehungsberatung im Benennen solcher Zusammenhänge nicht alleine steht, sondern oft genug auf den Schulterschluss mit ihren Trägern und vielen anderen Akteuren der Jugendhilfe bauen kann. Dennoch hat sie aufgrund der Qualität, täglich aus nächster Beziehungsarbeit mit Kindern, Jugendlichen und Familien schöpfen zu dürfen, eine besondere Chance, *Compassion* in Handlung und Wort zu bringen. Wenn es uns gelingt, die Kraft der urmenschlichen Gabe, in unserer ganzen Person mitfühlend zu sein, am Leben zu erhalten, kann auch unser professionelles Engagement heilende Wirkung haben.

Literatur

- Aarts, M. (2000): Marte Meo. Ein Handbuch, Harderwijk

- Bauer, J. (2016): Warum ich fühle, was du fühlst. Intuitive Kommunikation und das Geheimnis der Spiegelneuronen, München

- Brisch, K. H. (1999): Bindungsstörungen. Von der Bindungstheorie zur Therapie, Stuttgart

- Ebach, J. (2013): „Compassion"?! Ein beziehungsreiches Wort im Kontext biblischer Erinnerungen und Impressionen. In: Wege zum Menschen, 108-126

- Ermann, M. (2014): Der Andere in der Psychoanalyse. Die intersubjektive Wende, Stuttgart

- Ferro, M., Jeammet, P. (2001): Kinder und Werte. Erziehung in einer schwierigen Welt, Weinheim, Basel

- Fox, M. (^{2}1999): A Spirituality named Compassion. Uniting Mystical Awareness with Social Justice, San Francisco

- Gruen, A. (2013): Dem Leben entfremdet. Warum wir wieder lernen müssen zu empfinden, Stuttgart

- Hanglberger, M. (2000): Die Geburt des Ich. Wie die Seele „zur Welt kommt", Regensburg

- Jaenicke, C. (2006): Das Risiko der Verbundenheit – Intersubjektivitätstheorie in der Praxis, Stuttgart

- Kriz, J. (1985): Grundkonzepte der Psychotherapie, München

- Kuld, L., Gönnheimer, S. (2000): Sozialverpflichtetes Lernen und Handeln, Stuttgart

- Kießling, K. (Hg.) (2012): In der Schwebe des Lebendigen. Zum theologischen Ort der Pastoralpsychologie, Ostfildern

- Metz, J. B. (2006): Memoria Passionis. Ein provozierendes Gedächtnis in pluralistischer Gesellschaft, Freiburg

- Metz, J. B., Kuld, L., Weisbrod, A. (2000): Compassion. Weltprogramm des Christentums. Soziale Verantwortung lernen, Freiburg

- Müller, J. (2006): Der missverstandene Jesus. Weshalb das Christentum in erster Linie therapeutisch und nicht moralisch ist, Kiel

- Renz-Polster, H. (2014): Die Kindheit ist unantastbar. Warum Eltern ihr Recht auf Erziehung zurückfordern müssen, Weinheim

- Richter, H. E. (1982): Zur Psychologie des Friedens, Reinbek

- Singer, T., Bolz, M. (Hg.) (2013): Mitgefühl. In Alltag und Forschung, Max Planck Gesellschaft, E-Book unter compassiontraining.org

- Steinkamp, H.(2012): Diakonie statt Pastoral. Ein überfälliger Perspektivenwechsel, Berlin

- Stettberger, H. (2012): Empathische Bibeldidaktik. Eine interdisziplinäre Studie zum perspektiveninduzierten Lernen mit und von der Bibel, Berlin

- Westermann, B. (2003): Zum Stellenwert der „Allgemeinen Förderung der Erziehung in der Familie" (§16 KJHG). In: Hutter, C., Hevicke, M., Plois, B., Westermann, B. (Hg.) (2003): Herausforderung Lebenslage. PraxisReflexe aus der Ehe-, Familien-, Lebens- und Erziehungsberatung, Münster, 119-129

Bernhard Plois

Beratung und Psychotherapie: Verwandt und doch zweierlei
- ein Essay -

Psychotherapeuten rechtfertigen ihre Subventionierung durch das Gesundheitswesen damit, dass ihre Patienten unter einschneidenden seelischen Krankheiten leiden, deren Nichtbehandlung Gefahren für Leib und Psyche bedeuten. Pastoralpsychologische Berater rechtfertigen ihre öffentliche und kirchliche Subventionierung damit, dass ihre Klienten Beziehungsklärungen, Lösung familiärer Spannungen, Kindeswohl und Lebenssinn suchen. Sind glückende oder geklärte Beziehungen, Wohlergehen von Kindern und Jugendlichen und Lebenssinn gegeben, hätten diese einen immensen Einfluss auf die gesellschaftliche Funktionalität. Beratung und Psychotherapie reklamieren für sich, dass sie volkswirtschaftlich gesehen gewinnbringend seien.

Die Behandlungen von psychischen Störungen, Beziehungsstörungen und beziehungsbedingten Krankheiten im Gesundheitswesen erfolgen zunehmend standardisiert, was den einzigartigen Biografien, die den Störungen zugrunde liegen, nicht immer adäquat ist. Flexible und kreative, jeweils auf den Einzelfall bezogene therapeutische Begegnungsmöglichkeiten, wären wahrscheinlich angemessener. Aber die durch Krankenkassen immer, durch sozialstaatliche Jugendhilfe gelegentlich definierte Behandlungslogik gibt zB. Richtlinienverfahren, Sitzungsfrequenzen und Stundenkontingente vor, immer häufiger im manualisierten Format. Die Behandler-Klient-Beziehung ist in diesen Fällen wesentlich durch ihre Verrechtlichung, Ökonomisierung und vermeintliche Verwissenschaftlichung charakterisiert. Diese Merkmale bringen es mit sich, dass Kunden zunächst zu „Patienten" (Gesundheitswesen) oder „Fällen" (Kinder- und Jugendhilfe) gemacht werden müssen, um dann eine aus der Diagnose abgeleitete spezielle Behandlung in zuvor genehmigtem Umfang zu bekommen, beispielweise in Form genau bemessener Lese- und Rechtschreibförderung oder Verhaltenstherapie zur Beseitigung sozialer Ängste. Diese sollen nach

wissenschaftlich abgesicherter Richtlinie oder Manual erfolgen. Ratsuchende, die wie Kunden behandelt werden, die mit Fragestellun-
gen, kommen, die eigentlich nicht krankheitswertig sind, mit denen
Krankenkassentherapeuten aber gern arbeiten, werden einer Verfah-
renslogik unterworfen, die erhebliche negative Nebenwirkungen aufweist. Sie bekommen eine stigmatisierende Diagnose, um abgerech-
net werden zu können. Sie werden gegebenenfalls länger als nötig in
Behandlung gehalten und ihre Fragestellung wird mit großer Wahrscheinlichkeit reduziert auf die medizinische Dimension. Analoges
Vorgehen kennen wir auch in der Jugendhilfe. Dort sind die Diagnosen dann jugendhilfeaffin. Die Diagnosen-Handbücher der großen
psychotherapeutischen Vereinigungen (zB. das DSM 5 der APA[1])
kommen in jeder Neuauflage mit immer mehr Diagnosen auf den
Markt. Einer ihrer internen Kritiker, der noch Schirmherr der vorigen,
vierten Ausgabe des DSM war, Allen Frances, stellt fest: „Wir kommen
an den Punkt, wo es kaum noch möglich ist, ohne eine geistige Störung durchs Leben zu kommen oder zwei oder eine Handvoll." Weil
gewollt ist, dass möglichst viele eine Behandlung bekommen, dürften
„allzu leicht viele fälschlicherweise als krank diagnostiziert werden und
Behandlungen bekommen, die sie nicht brauchen."[2] So soll, wer nach
dem Tod eines Partners oder Kindes nach zwei Wochen immer noch
von Traurigkeit, Schlafstörungen, Niedergeschlagenheit und Appetit-
losigkeit geplagt ist, eine krankheitswertige Trauer attestiert bekommen. Der Mensch als ein umfassenderes Rätsel, der Mensch in seinen Sozialbezügen, der Mensch mit seinen existentiellen Dimensionen läuft hohe Gefahr, nicht hinreichend, sondern nur reduktionistisch
oder fragmentiert gesehen zu werden.

Vor diesem Hintergrund bleiben kirchlich getragene Beratungsangebote mit ihren immanenten Freiheiten in methodischer, ideologischer
und wirtschaftlicher Hinsicht ein Hort gelebter Authentizität und Frei-
geistigkeit des „Behandlers", der in diesem Fall ein Berater ist. Der

---

[1]   Diagnostisches und statistisches Manual mentaler Störungen der Amerikani-
      schen psychiatrischen Gesellschaft, neben dem ICD10 in der BRD das ver-
      breitetste Diagnostikmanual

[2]   Frances 2011

Berater einer kirchlichen Beratungsstelle denkt und handelt in einer Welt voller Freiheiten zur Gestaltung seiner Arbeit mit den Ratsuchenden. Statt dem Ratsuchenden ein mit der Krankenkasse abrechnungsfähiges diagnostisches Etikett zu geben kann er gemeinsam mit dem Ratsuchenden eine Problemanalyse nach dem Wortschatz des Ratsuchenden vornehmen. Er kann von Beginn an auf potentielle Wachstumsressourcen des Ratsuchenden fokussieren, mit dessen Talenten wuchern. Gemeinsam mit dem Ratsuchenden verständigt er sich auf die Dauer der Beratung. Sie dauert an, solange es erforderlich ist und muss sich an keiner genehmigten Stundenzahl orientieren. D.h., sie wird weder vorzeitig beendet, weil es keine bezahlten Stunden mehr gibt, noch wird sie unnötigerweise in die Länge gezogen, weil die Stunden genehmigt sind. Beratung ist seelsorgeaffin, und der Berater ist methodisch auf kein Richtlinienverfahren festgeschrieben, wie es in der kassenfinanzierten Psychotherapie vorgegeben ist. Dem Berater stehen auch jene Verfahren offen, die dem jeweiligen Ratsuchenden adäquat sind, seien das nun gesprächstherapeutische, familientherapeutische, psychodynamische, gestalttherapeutische, humanistische, pastoralpsychologische oder pädagogische Verfahren oder eben auch Richtlinienverfahren. Der Standardisierung im Gesundheitswesen steht Flexibilität und Offenheit im Beratungswesen gegenüber. Metaphorisch gesprochen gleicht Psychotherapie, weil primär durch ihren kurativen und rehabilitativen, nicht präventiven Charakter legitimiert qua definitionem einer „Reparaturwerkstatt". Den Auftrag zu heilen, was verwundet ist, hat Beratung zwar auch, zB. in der Klärung und Wiederbelebung familiärer Beziehungen, aber weil sie sich sehr stark auch durch Fokussierung auf Wachstumspotenziale und die Förderung von Ressourcen legitimiert, ist sie, um in der Metaphorik zu bleiben, eher mit einem „Gewächshaus" zu vergleichen.

Den Nimbus naturwissenschaftlicher Exaktheit, den wissenschaftlich fundierte, evidenzbasierte Psychotherapie sich gern gibt, reklamiert Beratung pastoralpsychologischer Provenienz für sich nicht oder nur in Ausnahmefällen. Sie lässt sich da schon lieber den Vorwurf „nur" seelsorglich und „nur" Beratung zu sein gefallen in dem sicheren Bewusstsein, dass die Nachfrage nach ihr belegt, dass die Menschen nicht primär auf Symptome reduziert oder fragmentiert und repariert werden wollen, um wieder besser in den gesellschaftlichen und ökonomischen Produktions- und Verwertungsprozess eingepasst zu werden. Ratsuchende sind auch auf der Suche nach Seelenheil, nach umfassenderen Klärungen ihrer Lebens- und Sinnzusammenhänge. Dieses Genre ist in der Gebührenordnung für Psychotherapeuten nicht vorgesehen, was auch richtig und sinnvoll ist. Denn es wäre fatal, müssten zB. Fragen nach dem Sinn oder – um ein weiteres Beispiel zu nennen – die akute, auch länger als zwei Wochen dauernde Trauer um einen Partner, sei er verstorben oder habe er sich getrennt, als Krankheit definiert werden, um einer Klärung zugeführt werden zu dürfen.

Beratung erhebt nicht den Anspruch, eine exakt evidenzbasierte Heilmethode der Vollkaskogesellschaft zu sein, die nur vorschriftsgetreu angewandt werden muss, um Erfolg zu garantieren. Als pastoralpsychologische Beratung geht sie davon aus, dass es „Vollkasko" im Beziehungsleben der Menschen untereinander und mit Gott nicht gibt. Die Gottebenbildlichkeit des Menschen verbietet die Annahme einer berechenbaren „Manipulierbarkeit" des Menschen. Im Menschen bleibt Gott am Werke. Beratung eröffnet und ebnet Wege der Menschen zueinander und zu Gott. Beratung stützt die Natur des Menschen, der sich selbst oder dem der gnädige Gott weiter hilft. In Worten der scholastischen Theologie: *Gratia supponit et perficit naturam.* Berater sind Fazilitatoren, aber keine letztverantwortlichen Macher und Garanten, sie bereiten vor und versuchen – und vertrauen auch auf Gottes Hilfe. Ratsuchende sind Subjekte eines Selbstwerdungsprozesses, nicht Objekte eines Behandlungsprozesses.

Beratung als ein psychologischer Fachdienst der Seelsorge greift Fragehorizonte auf, die von der institutionalisierten Religion nicht mehr oder nur unzureichend abgedeckt werden. Vielfach haben Ratsuchende den Zugang zur Kirche verloren oder noch nie gehabt. Pastoralpsychologische Beratung täte nicht gut daran, sich ausschließlich auf Wissenschaftlichkeit und gesicherte Qualität (zB. sensu DIN ISO 9000 oder Evidenzbasierung etc.) als Legitimitätsgründe zu berufen. Sie will zwar auch wissenschaftlich fundiert und qualitätsgesichert sein, ihr Kernmerkmal ist aber ein anderes, denn sie ist auch Seelsorge, was Psychotherapie übrigens wörtlich übersetzt ja heißt. Sie rechnet mit dem *Tremendum et Faszinosum* des Menschen, mit seiner Unberechenbarkeit, seiner Überraschungsfähigkeit, seiner Gottebenbildlichkeit. Berater glauben an den Glauben ihrer Klienten, der sich im Vertrauen auf die Künste des Beraters, gelegentlich auch im Vertrauen auf Gottes Hilfe und meistens im Vertrauen auf die Hilfe und das Mittun anderer Menschen äußert. Die als Glaube und gegenseitiges Vertrauen gegebenen Beziehungsmerkmale sind realistischer Weise nicht messbar oder quantifizierbar, wie es Empiriker anstreben. Die verwissenschaftliche Psychotherapie aber glaubt genau das und erhebt den Anspruch, dass ihre Herleitung und Legitimität durch messbare und quantifizierbare Merkmale der Prozessbeteiligten und der Veränderungen in den Symptomen gegeben sei. Pastoralpsychologische Beratung hält diese Auffassung für eine verkürzte Sicht auf den Menschen, mit dem sie wie auch die Psychotherapie es zu tun hat. Das Erbe des rein naturwissenschaftlichen Menschenbildes greift in Seelenbelangen zu kurz. Das zeigt sich auch in dem Phänomen, dass inzwischen allzu oft Krankenbehandlung „eingekauft" wird, wenn Sinnfindung intendiert ist. Psychotherapie als Krankenbehandlung droht zum Religionsersatz zu werden. Der Sozialpsychiater Asmus Finzen sagt das so: „Offenbar glauben Menschen an die Psychotherapie, wie sie an Lourdes glauben. Sie erwarten Wunder von der Psychotherapie!"[3]

Die biografischen Erfahrungen der Ratsuchenden und die Beziehung zwischen Ratsuchenden und Berater sind einzigartig. Sie sind subjektiv und deshalb nicht standardisierbar. Theologisch gesprochen heißt das: Die geglaubte Gottebenbildlichkeit des Menschen lässt den Berater voller Neugier auf den Ratsuchenden schauen, eine Neugier, die niemals ganz befriedigt werden kann, weil – wie es Antony de Mello einmal sagte – stündlich eine Neuauflage des Buches erscheint, dass der einzelne Mensch ist. Der kirchliche Berater sieht, weil er mit dem *Tremendum et Faszinosum* des Menschen rechnet, den Ratsuchen-

---

[3] Finzen 2000, 119

den weniger von einer festschreibenden Diagnose her als vielmehr von seinen Entwicklungspotenzialen. Er sieht ihn als einen von Gott bedingungslos Gewollten, der Sehnsucht hat, hoffen darf, dem eine Zukunft verheißen ist, der scheitern darf, der Fragment sein darf und dem es aufgegeben ist, gegen das, was ihn an einem *Leben in Fülle* hindert, aufzustehen. Er soll den Aufstand leben, auferstehen aus der Nacht seines Dunkels.[4]

Der zumindest anfänglichen Fixierung auf Symptome, auf „krankheitswertige Diagnosen" (So formuliert das Gesetz die Grundlage für Psychotherapiegenehmigungen.) und auf systematisierte, möglicherweise gar manualisierte Behandlungskonzepte in der Psychotherapie steht in der pastoralpsychologischen Beratung eine Haltung „tendenzloser Offenheit" für die „persönliche Biografie und ihren subjektiven Niederschlag in der Innenwelt eines Menschen"[5] gegenüber. Der Berater orientiert sich von Beginn an an der jesuanischen Frage: „Willst du gesund werden?", der Therapeut im Gesundheitssystem muss zunächst die Frage beantworten: „Wie kann ich dich überzeugend als eine kranke Person dem genehmigenden Gutachter vorstellen?" Die alten Psychoanalytiker forderten: „Die psychoanalytische Methode braucht, damit sich eine ganz persönliche Beziehung entwickeln kann, einen Gestaltungsfreiraum in Bezug auf Setting, Stundenfrequenz und Umfang der Behandlung."[6] Sie sind damit der pastoralpsychologischen Beratung sehr viel näher als die kassenrechtlich zugelassenen Richtlinienpsychotherapien heute.

Aus dem Dargelegten dürfen kirchliche Berater keinesfalls eine Geringschätzung psychodiagnostischer und psychotherapeutischer Kompetenz ableiten. Im Gegenteil: Das zu tun wäre verhängnisvoll, weil in einer gefährlichen Weise leichtsinnig, ja naiv. Auch ein Berater muss, um keine Kunstfehler zu begehen, indem er einfach „drauf los" berät, den Ratsuchenden diagnostisch einschätzen können, sich der Wirkung seiner Interventionen in Abhängigkeit von den strukturellen,

---

[4]   Ausführlich in: Plois 2005

[5]   Pollack 2001, 859

[6]   Ebd.

nicht nur den neurotischen Persönlichkeitsmerkmalen des Ratsuchenden bewusst sein und Prozessevaluation vornehmen können. Darüber hinaus sollte er aber mit Selbstbewusstsein zu den Haltungen und Tugenden stehen, die er neben aller psychologischen Fachlichkeit in der Beratung lebt. Diese dürften als Hoffnung, Güte, Milde, Demut, Zuwendung, Glaube, Liebe große heilsame Kraft haben. Gläubige pastoralpsychologische Berater würden vielleicht sagen, dass mit diesen Haltungen Voraussetzungen gegeben sind, unter denen sich im Zwischenraum der Beratungsbegegnung Göttliches ereignen kann.

Literatur:

- Finzen, A. (2000): zit. in: Der Spiegel 36/2000, 119: http://www.spiegel.de/spiegel/print/d-17270073.html Zugriff am 07.03.2015

- Frances, A. (2011): zitiert in: Tagesspiegel vom 13.5.2011: http://www.tagesspiegel.de/wissen/psychologie-was-ist-schon-normal/4167322.html Zugriff am 7.03.2015

- Plois, B. (²2005): Was ist das Proprium kirchlicher Beratung? Anthropologische Aspekte einer Beratungstheologie. In: Hutter, C., Hevicke, M., Plois, B., Westermann, B. (Hg.): Herausforderung Lebenslage, Münster, 63-76

- Pollak, T. (2001): Ist die psychoanalytische Identität bedroht? Zur aktuellen berufspolitischen Situation der Psychoanalyse in der Bundesrepublik, Psyche - Z Psychoanal, 55, 835–863.

Anhang

Bernhard Plois

Informationen zur aktuellen katholischen Beratungslandschaft in Deutschland

Einleitung

Da dieses Buch in der der katholischen Ehe-, Familien-, Lebens- und Erziehungsberatung in Deutschland seinen Ursprung hat und die Beiträge zum großen Teil von Mitarbeitern in der Ehe-, Familien- und Lebensberatung stammen, sollen hier einige Informationen zur strukturellen Verfassung der Beratungsdienste und zu den Ratsuchenden gegeben werden. Vor diesem Hintergrund sind die Beiträge in diesem Buch entstanden und zu verstehen. Zur Entwicklung der kirchlichen Beratungsarbeit in Form der Ehe-, Familien- und Lebensberatung sei an dieser Stelle nur angemerkt, dass ihre Institutionalisierung insbesondere im Anschluss an das zweite vatikanische Konzil und an den Synodenbeschluss „Ehe und Familie" der Gemeinsamen Synode der Bistümer in der Bundesrepublik Deutschland 1975 erfolgte. Auf die weiter zurückliegenden Wurzeln und Vorläufer auch der Erziehungsberatung und der Telefonseelsorge wird in diesem Beitrag nicht eingegangen.

1. Struktur

Die Beratungslandschaft für die beziehungsorientierten Beratungsangebote der katholischen Kirche in Deutschland stellt sich wie folgt dar: Es gibt drei Beratungsbereiche, die Ehe-, Familien- und Lebensberatung (EFL), die Erziehungsberatung (EB), und die Telefonseelsorge mit einigen angeschlossen Offenen Türen (TS/OT). In der Regel ressortieren die Ehe-, Familien- und Lebensberatung und die Telefonseelsorge in den Seelsorgeabteilungen der Bistümer, die Erziehungsberatung bei den Caritasverbänden. Die Telefonseelsorgeeinrichtungen und offenen Türen sind zumeist als Vereine organisiert und arbeiten vielfach ökumenisch mit der evangelischen Telefonseelsorge zusammen. In einigen Bistümern werden die EFL und die EB als ein integriertes Beratungsangebot (EFLE) vorgehalten. In allen (Erz)Diözesen und Caritasverbänden gibt es Fachreferenten für die Leitung und/oder Administration der Beratungsdienste. Als Leiter sind sie selbst auch Berater. Wenn die Beratungsdienste zwischen Caritas und Seelsorge aufgeteilt sind, gibt es zwei Fachreferenten, die meist für eine Vielzahl von Bereichen administrativ zuständig sind ohne selbst Berater zu sein.

Die Trägerschaften der Beratungsstellen sind sehr unterschiedlich geregelt. Sie befinden sich in Trägerschaften von Diözesen, Diözesancaritasverbänden, Gemeinden, Gemeindeverbünden, örtlichen oder regionalen Caritasverbänden. Die Beratungsstellen sind personell sehr unterschiedlich besetzt. Es gibt viele sehr kleine EFL Stellen. In den integrierten EFLE Beratungsstellen als den meist größeren Einrichtungen arbeiten in der Regel 3-4 hauptamtliche und weitere auf Honorarbasis abrufbare Beratungsfachkräfte. Ihre Grundberufe sind zumeist Psychologe, Sozialpädagoge oder auch Theologe. Weitere Berufsgruppen wie zum Beispiel Juristen, Mediziner, Lehrer, Pädagogen und andere sind insbesondere in der EFL vertreten. Personal mit theologischen Grundberufen findet sich in größeren Zahlen in der EFL und unter den Hauptamtlichen der Telefonseelsorge/Offene Türen.

Fast ausnahmslos ist für eine Mitarbeit in der Ehe-, Familien- und Lebensberatung eine vierjährige berufsbegleitende Beraterausbildung bei der katholischen Bundesarbeitsgemeinschaft für Beratung (Kath. BAG e.V.) Voraussetzung. Diese umfasst zurzeit mehr als 1000 Unterrichtsstunden, wenn sie konventionell oder 120 Credits, wenn sie als postgraduales Masterstudium durchgeführt wird. Diese Ausbildungen sind unter den Mitgliedern des Deutschen Arbeitskreises für Jugend- Ehe- und Familienberatung, die das gesamte Spektrum der institutionellen Beratung in der Bundesrepublik vertreten, anerkannt.

Für die Erziehungsberatung gibt es nach dem Subsidiaritätsprinzip des Sozialstaates erhebliche finanzielle Förderungen durch die kommunalen Träger der Kinder- und Jugendhilfe, weil die EB nach dem SGB VIII zum gesetzlich geregelten Pflichtenkanon der sozialstaatlichen Kinder- und Jugendhilfe gehört. Die EFL hat da eine erheblich schwächere Lobby, weil sie immer nachweisen muss, dass ihre Arbeit auch dem Wohl der minderjährigen Kinder der beratenen Eltern dient. Staatliche Förderungen der EFL sind dann meist an die Durchführung von Hilfen nach dem Kinder- und Jugendhilfegesetz (SGB VIII) durch die EFL gebunden, zB. die Durchführung begleiteter Umgänge von Kindern mit dem Elternteil, bei dem das Kind nicht lebt oder Mediationen bei hochstrittigen Paaren. Vermutlich trifft es zu, dass grosso modo die EFL-Beratung der Psychotherapie nähersteht, die EB der stärker sozialpädagogisch geprägten Kinder- und Jugendhilfe. Dennoch arbeiten beide Bereiche auch psychoedukativ sowohl mit therapeutischen als auch pädagogischen Methoden. Den Refinanzierungsmodalitäten der Erziehungsberatung ist wohl geschuldet, dass im Bereich der EB nur vereinzelt Theologen tätig sind, und zwar dann, wenn sie neben dem Abschluss in Theologie auch ein pädagogisches oder psychologisches Studium absolviert haben. Sowohl in der EFL als auch in der EB arbeiten neben den hauptamtlichen Kräften Honorarmitarbeiter in geringen Stundenumfängen sowie vereinzelt auch ehrenamtlich Tätige. Bei der Telefonseelsorge arbeiten speziell für den Dienst ausgebildete Ehrenamtliche. Die Leitung dieser Stellen hat in der Regel ein hauptamtlicher Akademiker.

Die Beratungsdienste EFL und TS/OT sind auf der Bundesebene in Fachkonferenzen organisiert, deren Mitglieder die verantwortlichen diözesanen Fachreferenten sind. Die Beratungsstellen für Erziehungsberatung sind in ihrer fachlichen Ausrichtung sehr an die Bundeskonferenz für Erziehungsberatung orientiert, die die Vertretung der Erziehungsberatung in jedweder Trägerschaft gegenüber Politik und Gesellschaft wahrnimmt. Der bundesweite innerkirchliche Organisationsgrad der EB in katholischen Trägerschaften, außer wenn sie integriert mit der EFL arbeiten, ist eher gering ausgeprägt. Eine kircheneigene curriculare Beratungsausbildung für den Bereich der Erziehungsberatung gibt es auf der Bundesebene anders als für den Bereich der Ehe-, Familien- und Lebensberatung nicht. Für den Bereich der EFL gibt es seit vielen Jahren eine von der Deutschen Bischofskonferenz in Kraft gesetzte Weiterbildungsordnung und seit wenigen

Jahren auch eine Äquivalenzprüfungsordnung zur Einschätzung der durch andere therapeutische Ausbildungen erworbenen EFL Kompetenz. Erste Erfahrungen zeigen, dass in (psycho)-therapeutischen Ausbildungen die Befähigung zur Paarberatung fehlt. Die explizite Auseinandersetzung mit einer anthropologischen Grundlegung fehlt meistens, die mit einer theologischen sowieso.

Unter den Beratungsdiensten dürfte die Ehe-, Familien- und Lebensberatung die ausgereifteste Struktur auf Bundesebene haben. Zur *Katholischen Bundeskonferenz Ehe Familien und Lebensberatung* (KBKEFL), für die die *Katholische Bundesarbeitsgemeinschaft für Beratung e.V.* die Rechtsträgerschaft innehat, gehören fünf Fachausschüsse, die sich mit Weiterbildung, Fortbildung, Online-Beratung, Öffentlichkeitsarbeit und Forschung befassen. So koordiniert die KBKEFL Weiterbildungen bzw. Weiterbildungen kombiniert mit Masterstudiengängen in den Diözesen oder überdiözesan. Die Weiterbildungsstudiengänge werden in Zusammenarbeit mit der Katholischen Fachhochschule Nordrhein-Westfalen durchgeführt. Die KBKEFL initiiert und führt jährlich ein umfängliches neues Fortbildungsprogramm durch und begleitet Forschungsprojekte zur Beratungsarbeit. Sie entwickelt Konzepte und Standards für Online-Beratung und erstellt Materialien für die Öffentlichkeitsarbeit. Das Sekretariat der Deutschen Bischofskonferenz leistet in begrenztem Umfang „strukturelle Assistenz", die sich insbesondere in der Zusammenarbeit mit dem Bundesfamilienministerium und den zuständigen Kommissionen der Bischofskonferenz zeigt.

Neben dieser strukturellen Verfassung auf Trägerseite gibt es in der EFL den Verband katholischer Ehe-, Familien- und Lebensberaterinnen und -berater als Mitgliederverband. Mit Unterstützung durch die KBKEFL/BAG e.V. organisiert der Eheberaterverband alljährlich einen großen dreitägigen Beratungskongress mit weit über 200 Teilnehmerinnen und Teilnehmern. Des Weiteren gibt der Eheberaterverband zweimal jährlich die sehr angesehene, umfassende Fachzeitschrift „Blickpunkt Beratung" heraus.

2. Statistik zur EFL

Die folgenden statistischen Angaben beziehen sich ausschließlich auf den Bereich der EFL. Sie basieren auf die jährlich von der KBKEFL mit Hilfe des Bistums Münster durchgeführten Erhebungen in den (Erz)Bistümern. Die enthaltenen Werte sind gerundet und teilweise hochgerechnet, weil zwar die allermeisten, nicht aber alle Bistümer, an den Befragungen teilnehmen. Die Anteile, die in integrierten EFLE-Stellen auf den Bereich EB entfallen sind herausgerechnet. Die Angaben im Folgenden beziehen sich auf die Erhebungen für das Jahr 2014 und haben die Daten von 24 Bistümern zur Grundlage. [1]

Das Angebot

In der EFL mit fast 300 Standorten leisteten 1.320 Fachkräfte, die umgerechnet 510 Vollzeitstellen vorhalten, 410.000 Beratungsstunden als Einzel-, Paar-, Familien- oder Gruppengespräche. Dabei versorgen sie in 73.000 Fällen 102.000 Personen. Durchschnittlich wird jeder Fall mit gut acht Beraterstunden bedient. Paar-, Familien- und Gruppenberatungen werden fast immer von zwei Beratern durchgeführt. Mit etwas mehr als 30 Mio. Euro kommt die Kirche für drei Viertel der Kosten der EFL Beratungsarbeit auf. Das restliche Viertel setzt sich aus Landesmitteln, kommunalen Mitteln und Spenden der Ratsuchenden zusammen.

Die Ratsuchenden

Trotz rückläufiger Katholikenzahl hat sich die Nachfrage nach EFL Beratung seit 2002 konstant bei 100.000 eingependelt. Unter den Ratsuchenden sind 60 Prozent Frauen und 40 Prozent Männer. Minderjährige Kinder gibt es in 60 Prozent der Fälle. Ratsuchende sind zu 60 Prozent katholisch, 20 Prozent evangelisch, 16 Prozent ohne Konfes-

---

[1] Besonderer Dank für die Erhebungen und Berechnungen gilt dem früheren Fachreferenten für EFL im Bistum Münster, Herrn Norbert Wilbertz, und seinem Nachfolger, Herrn Dr. Markus Wonka. Die KBKEFL gibt die Statistiken alljährlich in einer Broschüre anlässlich einer Mitgliederversammlung für das Vorjahr bekannt.

sion und zu 4 Prozent andersgläubig. Die Altersverteilung ist folgende: unter 20 ca. 1%, 20-30 ca. 10%, 30-40 ca. 26%, 40-50 ca. 33%, 50-60 ca. 21%, 61-70 ca. 7%, 70-80 ca. 2%. Bezug zum Kinder- und Jugendhilfegesetz (KJHG = SGB VIII) haben 60 Prozent der Fälle.

25 Prozent der Ratsuchenden kommen einmal zum Gespräch, gut 40 Prozent zwei- bis fünfmal, knapp 20 Prozent elf bis fünfzehn mal. Häufiger als 20-mal kommen knapp fünf Prozent. Die meisten Anregungen zum Aufsuchen von Beratung kamen in dieser Reihenfolge von Bekannten und Verwandten, aus dem Internet und durch eigene frühere Beratung. Die meistgenannten Themen der Beratungen sind:

- in der personenbezogenen Themengruppe:

  o Selbstwertproblematiken / Kränkungen

  o stimmungsbezogene Probleme (zB. Depressionen)

  o kritische Lebensereignisse / Verluste

  o Ängste und Zwänge

- in der partnerbezogenen Themengruppe:

  o dysfunktionale Interaktion/Kommunikation

  o Trennungswünsche / Angst vor Trennung

  o Auseinanderleben / Mangel an Kontakt

  o heftiger Streit

- in der Familien- und kinderbezogenen Themengruppe:

  o familiäres Umfeld / Eltern, Großeltern, Geschwister

  o familiäre Schwierigkeiten durch Trennung und Scheidung

  o Symptome und Auffälligkeiten der Kinder

  o Familiäre Schwierigkeiten wegen der Kinder

- in der gesellschaftsbezogenen, soziokulturellen Themengruppe:

  o Ausbildungs- und Arbeitssituation

  o Finanzielle Situation

  o Wohnungssituation

In der EFL Beratung als psychologischem Fachdienst der Seelsorge geht es also um Beziehungstraining, Scheidungsassistenz, Streitschlichtung, Nachbeelterung, Erziehungsnachhilfe, Sinnsuche usw. – alles im Sinne der Selbstwerdung und eines glücklicheren Lebens. EFL Beratung ist eine lebensnahe Ehe-, Partnerschafts-, Lebens- und Familienbegleitungspastoral. Entgegen vielen anderen Tendenzen die Kirche betreffend bleibt sie eine konstante Größe mit hohem Nachfrageniveau, dem das Angebot in seiner Quantität nicht immer gerecht wird. Die konstant hohe Nachfrage dürfte ihrer Modernität in aufgeklärter Wertetradition zuzuschreiben sein.

Auf den folgenden Seiten sind die wesentlichen Statistiken der bundesweiten Erhebung für 2014 grafisch dargestellt.[2]

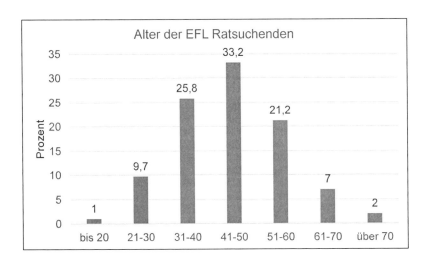

---

[2] Die folgenden Statistiken basieren auf Daten des Berichts der Katholischen Bundesarbeitsgemeinschaft für 2014. S. FN 1

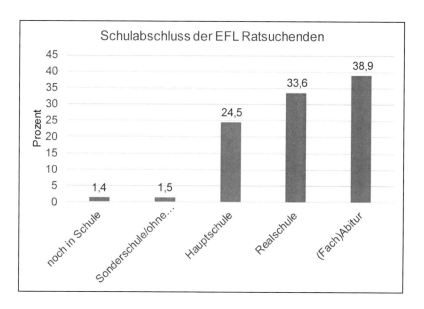

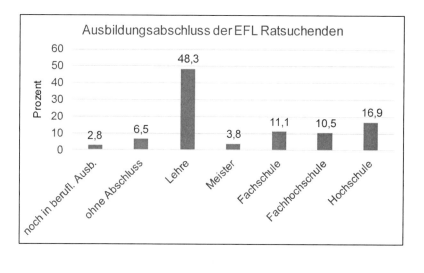

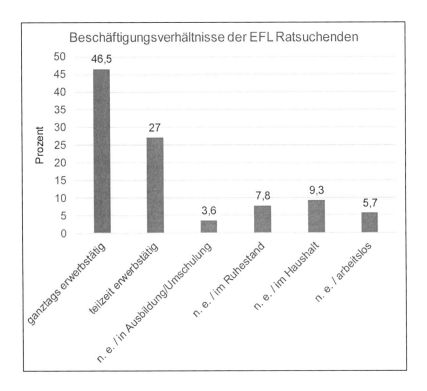

Beschäftigungsverhältnisse der EFL Ratsuchenden

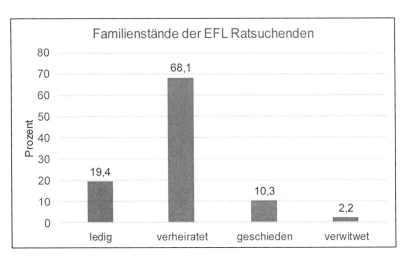

Familienstände der EFL Ratsuchenden

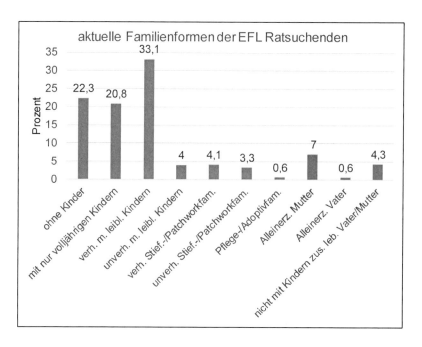

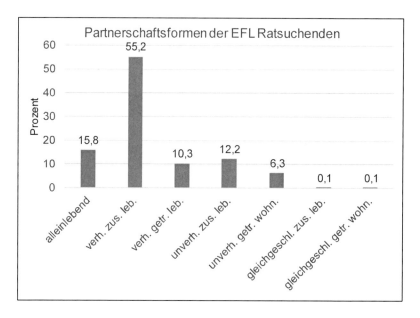

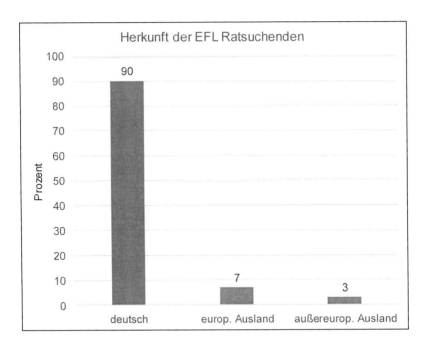

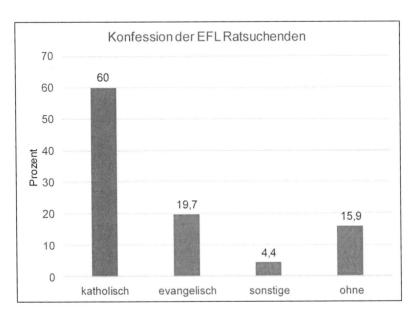

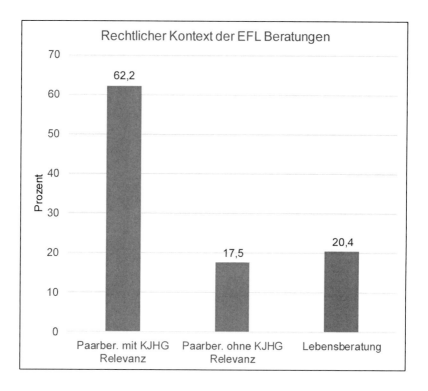

Autoren

Baumann, Klaus, Prof. Dr., Albert-Ludwigs-Universität Freiburg, Direktor des Arbeitsbereichs Caritaswissenschaft und Christliche Sozialarbeit, Priester der Erzdiözese Freiburg und Psychologischer Psychotherapeut in eigener Praxis, v.a. für Menschen in Berufen der Kirche

Bode, Franz-Josef, Dr. Theol., Bischof von Osnabrück, Vorsitzender der Pastoralkommission der Deutschen Bischofkonferenz

Debour, P. Sebastian, OSB, Mönch der Benediktinerabtei Gerleve, Lic. Theol., Pastoralpsychologe, Ehe-, Familien- und Lebensberater (Kath. BAG), Berater in der Ehe-, Familien- und Lebensberatungsstelle des Bistums Osnabrück in Osnabrück

During, Margrit, Dr. rer. pol., Dipl. Volkswirtin, Dipl. Sozialpädagogin, Ehe-, Familien- und Lebensberaterin (Kath. BAG), Psychotherapeutin (HPG), Lehrbeauftragte an der Evangelischen Hochschule für Soziale Arbeit "Am Rauhen Haus" in Hamburg, Beraterin in der EFL-Beratungsstelle des Erzbistum Hamburg-Eimsbüttel

Heine, Reinhard, Dipl.-Theol., Lic. Theol., Propst, Domkapitular im Bistum Hildesheim

Jaschke, Hans-Jochen, Dr. Theol., Weihbischof und Bischofsvikar im Erzbistum Hamburg

Kassens, Bernhard, Dipl.-Religionspädagoge, Dipl.-Sozialpädagoge, System. Berater (SG), Krankenhausseelsorger in Reinbek, Berater in der katholischen Ehe-, Familien- und Lebensberatung in Hamburg

Miggelbrink, Ralf, Dr. Theol., Professor für Systematische Theologie am Institut für Katholische Theologie der Universität Duisburg-Essen

Möde, Erwin, Prof. Dr. Dr., Klinischer Psychologe (Psychotherapie), Ordinarius für Christliche Spiritualität und Homiletik sowie für Pastoraltheologie und Pastoralpsychologie an der Katholischen Universität Eichstätt-Ingolstadt. Forensisch und psychotherapeutisch tätig. Mitglied der "Europäischen Akademie der Wissenschaften und Künste" (Salzburg).

Plois, Bernhard, Dipl.-Psychologe, Dipl.-Theologe, Psychologischer Psychotherapeut, Ehe-, Familien- und Lebensberater (Kath. BAG), Gruppentherapeut, Leiter der Ehe-, Familien-, Lebens- und Erziehungsberatung im Bistum Osnabrück

Strodmeyer, Werner, Dr. Phil., Pastoralpsychologe (Lic. Theol.), Ehe-, Familien- und Lebensberater (Kath. BAG), Gruppentherapeut, Leiter der Ehe-, Familien- und Lebensberatungsstelle des Erzbistums Hamburg in Hamburg-Eimsbüttel

Trouw, Christopher, Dr. Phil., Dipl.-Psychologe, Psychologischer Psychotherapeut, Ehe-, Familien- und Lebensberater (Kath. BAG), Gruppentherapeut, Leiter der Ehe-, Familien-, Lebens- und Erziehungsberatungsstelle des Bistums Osnabrück in Papenburg

Westermann, Birgit, Dipl.-Psychologin, Psychologische Psychotherapeutin, Systemische Familientherapeutin und Supervisorin, Leiterin der Erziehungsberatungsstelle des Bistums Osnabrück in Osnabrück